刑事卷证制度研究

Research on the Criminal Testimony and Documentary Evidence System

孔德伦 著

序

党的十八届四中全会通过的《中共中央关于全面推进依法治国若干重大问题的决定》中提出,"推进以审判为中心的诉讼制度改革,确保侦查、审查起诉的案件事实证据经得起法律的检验。全面贯彻证据裁判规则,严格依法收集、固定、保存、审查、运用证据,完善证人、鉴定人出庭制度,保证庭审在查明事实、认定证据、保护诉权、公正裁判中发挥决定性作用"。该决定首次以党的重要文件形式提出"以审判为中心",对指引我国未来的刑事诉讼制度发展具有里程碑意义。

"以审判为中心",意味着侦查和审查起诉都应当围绕着审判这一中心展开,审判应当发挥对侦查和审查起诉的制约和引导作用,侦查和审查起诉需要接受审判的检验。"推进以审判为中心的诉讼制度改革"旨在解决实践中长期存在的侦查中心主义弊病。侦查中心主义的直接表现是审判以刑事卷证为中心,证人、鉴定人出庭率低,审判中定罪量刑的依据往往是侦查阶段形成的刑事卷证,侦查阶段形成的刑事卷证对于定罪量刑具有决定性作用,庭审呈现出一定的形式化特征,审判难以发挥对侦查和审查起诉的制约和引导作用。推进"以审判为中心"的诉讼制度改革,应当主要围绕严格证据标准和实现庭审实质化来完善我国的刑事诉讼制度,这既是《中共中央关于全面推进依法治国若干重大问题的决定》的要求,也是学界共识。在推进"以审判为中心"的诉讼制度改革的近十年来,办案必须经得起法律检验的理念已经深入人心,证据规范和庭审程序得到了进一步完善,证人、鉴定人出庭率低的情况有所改观,但定罪量刑主要依赖刑事卷证的问题依然未能得到有效解决,庭审实质化改革尚未取得令人满意的效果。

"以审判为中心"与我国的刑事卷证制度是否兼容,一直有争论。主流观点通常把刑事卷证制度视为推进"以审判为中心"的诉讼制度改革的障碍之一。但一个无法回避的事实是,虽然 1996 年修改《刑事诉讼法》时,将 1979 年《刑事诉讼法》中的"案卷移送主义"公诉方式调整为"主要证据复印件主义"公诉方式,但 2012 年修改《刑事诉讼法》时,又恢复了"案卷移送主义"。2018 年修改《刑事诉讼法》时,仍然沿用"案卷移送主义"。为何立法者对刑事卷证制度如此青睐?基于此,一项可行且必要的基础研究就是:回归刑事卷证制度本身,解释其在我国为何具有如此强大的生命力,探讨其在助推我国庭审实质化改革中的功能作用、运行环境、适用方式及体系优化。正是在此背景下,我指导的博士研究生孔德伦选择以《刑事卷证制度研究——以审判阶段为中心》作为其博士学位论文题目。德伦博士未落入对刑事卷证制度进行批评的窠臼,而是主张"以审判为中心"与我国刑事卷证制度并不矛盾,倡导认真对待刑事卷证,在一定程度上达到了为刑事卷证制度辩护的效果。德伦博士从刑事卷证制度的基本理论入手,对域外刑事卷证制度及运行作了比较考察,对我国刑事卷证制度及实践作了深入考察和系统反思,为我国刑事卷证制度的完善提出了客观、可行的方案。他的博士学位论文得到了评阅专家和答辩委员会委员的充分肯定。

该书是德伦以其博士学位论文为基础,参考了评阅专家和答辩委员会委员提出的完善建议,进一步思考后修改而成的。全书观点明确、资料充实、论证充分,是对刑事卷证制度的最新研究成果。书中有很多观点可圈可点:将域外刑事卷证运用的制度模式概括为否定证据能力模式、肯定证据能力模式和附条件肯定证据能力模式,对域外相关国家的刑事卷证制度进行了具体、深入的研究,弥补了其他研究成果对域外刑事卷证制度研究不够细致、不够深入的缺陷,对于加深对刑事卷证制度的认识具有较大的理论意义;提出了我国刑事卷证制度体系优化的思路,对于推进"以审判为中心"的诉讼制度改革具有较大的实践价值。另外,该书对我国刑事卷证制度及实践的深入考察和系统反思,也有助于我们全面、客观地认识我国的刑事卷证制度。当然,该书由一名长期从事司法实务工作的同志写就,其也还存在一些不足之处。如果德伦博士在论证域外刑事卷证制度模式以及分析我国刑事卷证制度运行背景时,能够做更加深入的理论分析,相关论证将会更有说服力,全书内容也将会更加充实。

作为德伦博士的导师,我为该书付梓感到由衷高兴。希望德伦博士能够以该书的出版为新起点,充分发挥自身司法实务经验丰富的优势,继续钻研,将更多实务经验升华为理论成果,在学术研究之路上不断取得新进步。

谨此为序。

张吉喜

2025年2月18日

前 言

长期以来,刑事卷证及其导致的庭审虚化问题被视为我国刑事诉讼的"顽疾"。刑事庭审实质化改革作为"以审判为中心"的诉讼制度改革的重要抓手,其成效如何,决定着司法公正能否实现以及在何种程度上实现。刑事卷证制度的良性运行在刑事庭审实质化改革中具有基础性作用。本书综合运用比较考察、文献梳理、规范分析及实证研究等方法,围绕刑事卷证制度的体系优化如何助力我国刑事庭审实质化改革这一主线展开论述。

首先,本书阐释了刑事卷证制度的概念内涵、功能作用与运行理性。刑事卷证是指侦查、控诉机关在刑事诉讼活动中制作形成的以证据卷为主要形式的具有诉讼效力的各种证据材料的统称。其主要作用在于提供证据信息,以供办案单位和有关人员审查判断刑事案件事实。刑事卷证的外延以法定证据形态呈现,包括以言词证据和实物证据形式表现出来的所有证据材料。刑事卷证制度,是指刑事诉讼活动中基于刑事卷证的制作、移送和运用方式而形成的固定模式。它包括刑事卷证的制作、移送及运用制度。从保障刑事庭审实质化的角度观之,刑事卷证如何制作是刑事卷证制度的基础,刑事卷证是否应当移送是刑事卷证制度的关键,而刑事卷证如何运用则是刑事卷证制度的核心。刑事卷证制作制度的功能包括抑制侦查权力、奠定公正审判基础以及保护被追诉人权利;刑事卷证移送制度的功能有三:规范公诉权、保障辩护权和影响法官庭前预断;刑事卷证运用制度的功能则包括影响卷证的证据能力、影响控方的证明责任以及影响法官的心证。刑事卷证运用制度的证据性功能是整个刑事卷证制度的主要功能,对刑事卷证制度的合理有效运用具有关键作用。

其次,本书考察了域外刑事卷证制作、移送、运用制度及其运行背景。综观世界主要法治国家的刑事诉讼立法和司法实践,刑事卷证制作的制度模式存在诉讼式制作模式、控辩式制作模式和折中式制作模式,刑事卷证移送的制度模式亦有三种:卷证不并送制度模式、卷证并送制度模式和双重卷证制度模式。不论在何种刑事卷证移送制度模式中,就侦控机关庭前所收集的刑事卷证在审判阶段是否具有证据能力而言,域外刑事卷证在审判阶段的运用存在以下模式:否定证据能力模式、肯定证据能力模式和附条件肯定证据能力模式。否定证据能力模式,是指侦控机关庭前收集的刑事卷证在庭审中不具有证据能力,主要适用于被告人作无罪答辩、被告人罪行严重及适用普通程序审理的情形。肯定证据能力模式,是指侦控机关庭前收集的刑事卷证在庭审中具有证据能力,主要适用于被告人认罪、被告人罪行轻微及适用简易程序审理的情形。附条件肯定证据能力模式,是指在一些刑事案件中,侦控机关庭前收集的刑事卷证在审判阶段可依当事人之间达成的合意而具有一定的证据能力。严格来说,该模式属于否定证据能力模式的特殊情形,主要特征体现为当事人之间的诉讼合意性,针对的是刑事案件中的特定刑事卷证。

再次,本书梳理了我国刑事卷证制度的演变脉络及实践运行状况。从历史维度来看,刑事卷证制度在我国刑事诉讼中的发展是一个不断演变的过程。清末修律之前,我国刑事诉讼制度并不存在以卷证为中心的审判模式;清末修律之后,卷证在刑事诉讼中的地位逐步中心化,并影响至今。新中国成立后,我国刑事卷证移送制度经历了一个肯定—否定—再肯定的发展过程。从司法实践来看,在刑事审判活动中法官通常遵循"四步法",由此形成了"阅卷""审卷""核卷""判卷"的全流程刑事卷证审理图景。同时,在刑事庭审实质化的改革样本中,四川省成都市、浙江省温州市等地人民法院的刑事卷证运用也基本上沿袭前述"四步法"。我国刑事卷证制度的良性运行,得益于当前的良好环境。一是在程序制度保障方面,有认罪认罚从宽制度、庭前会议制度、人证出庭制度、刑事简易程序制度;二是在司法改革支撑方面,有"以审判为中心"的诉讼制度改革,法官、检察官员额制改革,规范司法权运行改革;三是在犯罪治理协同方面,呈现罪名修订迈向轻罪化、犯罪惩治迈向轻刑化、刑事司法迈向智能化的态势。这些积极环境有利于我国刑事卷证制度的完善。

复次,本书反思了我国刑事卷证制度及运用的实践问题。我国刑事卷证的制作、移送、运用方面的法律规范存在不足之处。就刑事卷证制作制度而言,存在侦查阶段律师参与性有限、录音录像制度规定的范围狭窄等问题;就刑事卷证移送制度而言,存在刑事卷证移送的法律规范比较粗疏、未规定辩护卷证的移送、协同措施不完善等问题;就刑事卷证运用制度而言,存在未细化刑事卷证运用的制度规范、未规定直接言词原则及其例外、具体制度设计还不完善、现行法律规定部分内容前后相冲突等问题。在刑事卷证运用实践中,亦存在一定不足。从一般审判实务中的刑事卷证运用方面来看,存在的问题有三:刑事审判卷证依赖度高、证人出庭作证难度大、庭前证言效力强;从庭审实质化改革试点中的刑事卷证运用方面看,存在的"短板"亦有三:刑事卷证制度创新不足、刑事卷证运用制度的证据能力否定功能发挥不足、法官心证影响功能发挥不足。我国刑事卷证制度目前所处的运行环境,除积极有利的方面之外,还存在一些消极不利的因素。这些消极因素主要包括刑事司法理念滞后、受司法实践惯性的影响以及法律解释方法运用不足的问题,且在一段时期之内尚难彻底根除。

最后,本书提出了我国刑事卷证制度体系优化的建议。本书从限制权力和保障权利两个维度提出我国刑事卷证制度体系优化的建议,以保障我国刑事卷证制度良性运行,从而助推刑事庭审实质化的实现。第一,从立法层面来看,应完善刑事卷证相关法律规范。就刑事卷证制度立法完善的总体思路而言,当前我国刑事卷证制度的立法思路宜维持现行《刑事诉讼法》的基本结构,将刑事卷证制度及其规则体系分别写入《刑事诉讼法》相关部分,以调整、充实刑事证据制度。就刑事卷证制作制度的立法完善而言,要细化并完善侦查行为规范,探索建立适度沉默权规则以及刑事卷证制作时律师在场制度,建立健全同步录音录像制度等,进一步促使侦查活动的结果都经得起审判的检验。就刑事卷证移送制度的立法完善而言,应在维持现行刑事卷证移送制度的基础上,区分案件类型、被告人罪后表现及审理程序适用等不同情形,分别予以配套规定差异化的刑事卷证移送制度,具体可从两个方面加以完善:一是建立刑事卷证差异化移送制度模式;二是建立独立的辩护卷证移送制度。就刑事卷证运用制度的立法完善而言,我国刑事卷证运用制度模式的选择,主要应考虑两个方面的因素:世界主要法治国家的刑事诉讼制度发展的总体趋势以及我国刑事诉讼制度发展的现实需要。这样方能兼顾对司法规律的遵循和对司法实情的尊重。据此,可从宏观和微观两个层面着手进行建构。在宏观层面上,应将直接言词原则法律化,原则上相对否定刑事卷证的证据能力,使绝大部分人证都能在法庭上以口头形式出示证据,同时将直接言词原则适用范围限缩化。在微观层面上,应将刑事卷证在审判阶段的运用进行分类规范:一是对被告人不认罪且适用普通程序审理的刑事案件,刑事卷证运用制度采行否定证据能力模式;二是对被告人认罪且适用简易程序或者速裁程序审理的刑事案件,刑事卷证运用制度采行肯定证据能力模式;三是对被告人认罪但适用普通程序审理的刑事案件,刑事卷证运用制度采行附条件肯定证据能力模式。这样的制度设计,能够充分发挥刑事卷证制度保障庭审实质化的关键作用。第二,从协同措施完善方面来看,应建立并完善契合我国刑事卷证制度良性运行的配套措施。一是要树立科学司法理念、讼争文化理念及有限追责理念等刑事司法新理念。二是要完善附条件不起诉制度、庭前会议制度、辩护制度等诉讼程序。三是要以单独条款构建刑事卷证法律效力制度、审判人员"阅卷""核卷"适用范围限制制度等刑事证据协同制度。第三,从法律解释方法方面来看,应强化刑事卷证制度法律解释方法的运用。对于直接言词原则及其例外,在司法运用中,应采取不同的法律解释方式。对直接言词原则条款予以扩张解释,对直接言词原则例外条款进行限制解释,从而进一步调适我国长期以来存在的辩护权羸弱,而侦查权、公诉权健硕的明显失衡的刑事诉讼权能结构。

综上所述,本书的研究旨在解释刑事卷证制度对于庭审实质化改革的意义,指出刑事卷证制度运行中存在的问题,倡导认真对待刑事卷证制度,塑造新理念,制定制度规范,通过刑事卷证制度的体系优化,助力我国刑事诉讼制度的完善以及解决在司法改革进程中遇到的一些"瓶颈"问题,全力助推刑事庭审实质化乃至"以审判为中心"的诉讼制度改革的良性发展。

目 录

绪 论 …………………………………………………………… 001
 一、研究背景及意义 ………………………………………… 001
  (一)研究背景 …………………………………………… 001
  (二)研究意义 …………………………………………… 003
 二、域内外研究现状 ………………………………………… 003
  (一)域外研究现状 ……………………………………… 003
  (二)域内研究现状 ……………………………………… 007
  (三)域内现有研究的不足之处 ………………………… 014
 三、研究思路与方法 ………………………………………… 015
  (一)研究思路 …………………………………………… 015
  (二)研究方法 …………………………………………… 015

第一章 刑事卷证制度的基本理论 ………………………… 017
 第一节 刑事卷证的内涵 ………………………………… 017
  一、刑事卷证的概念界定 ………………………………… 018
   (一)何为刑事卷证 …………………………………… 018
   (二)刑事卷证的外延 ………………………………… 021
  二、刑事卷证与易混淆概念的关系辨析 ………………… 023
   (一)刑事卷证与刑事卷宗 …………………………… 023
   (二)刑事卷证与案卷笔录 …………………………… 025
   (三)刑事卷证与书面证言 …………………………… 025
 第二节 刑事卷证制度的内涵 …………………………… 026
  一、刑事卷证制作制度 …………………………………… 026
  二、刑事卷证移送制度 …………………………………… 028
  三、刑事卷证运用制度 …………………………………… 030
  四、刑事卷证各项制度的地位 …………………………… 032

（一）刑事卷证制作制度是刑事卷证制度的基础…………… 032
　　（二）刑事卷证移送制度是刑事卷证制度的关键…………… 035
　　（三）刑事卷证运用制度是刑事卷证制度的核心…………… 036
第三节　刑事卷证制度的功能 ……………………………………… 038
　一、刑事卷证制作制度的功能 …………………………………… 039
　　（一）抑制侦查权力 …………………………………………… 039
　　（二）奠定公正审判基础 ……………………………………… 040
　　（三）保护被追诉人权利 ……………………………………… 042
　二、刑事卷证移送制度的功能 …………………………………… 043
　　（一）规范公诉权 ……………………………………………… 043
　　（二）保障辩护权 ……………………………………………… 045
　　（三）影响法官庭前预断 ……………………………………… 047
　三、刑事卷证运用制度的功能 …………………………………… 049
　　（一）影响卷证的证据能力 …………………………………… 049
　　（二）影响控方的证明责任 …………………………………… 052
　　（三）影响法官的心证 ………………………………………… 055

第二章　域外刑事卷证制度及运行考察 …………………………… 057
第一节　域外刑事卷证制作的制度模式 …………………………… 057
　一、诉讼式刑事卷证制作模式 …………………………………… 058
　　（一）美国模式 ………………………………………………… 058
　　（二）英国模式 ………………………………………………… 064
　二、控诉式刑事卷证制作模式 …………………………………… 068
　　（一）德国模式 ………………………………………………… 068
　　（二）法国模式 ………………………………………………… 075
　三、折中式刑事卷证制作模式 …………………………………… 083
　　（一）日本模式 ………………………………………………… 083
　　（二）意大利模式 ……………………………………………… 087
第二节　域外刑事卷证移送的制度模式 …………………………… 091
　一、卷证不并送制度模式 ………………………………………… 092
　　（一）美国模式 ………………………………………………… 092

（二）英国模式 …………………………………………………… 094
　　　（三）日本模式 …………………………………………………… 096
　二、卷证并送制度模式 ……………………………………………… 097
　　　（一）德国模式 …………………………………………………… 097
　　　（二）法国模式 …………………………………………………… 098
　三、双重卷证制度模式 ……………………………………………… 100
第三节　域外刑事卷证运用的制度模式 ………………………………… 102
　一、否定证据能力模式 ……………………………………………… 103
　　　（一）采行卷证不并送制度模式国家的做法 …………………… 103
　　　（二）采行卷证并送制度模式国家的做法 ……………………… 105
　　　（三）采行双重卷证制度模式国家的做法 ……………………… 106
　二、肯定证据能力模式 ……………………………………………… 106
　　　（一）采行卷证不并送制度模式国家的做法 …………………… 107
　　　（二）采行卷证并送制度模式国家的做法 ……………………… 108
　　　（三）采行双重卷证制度模式国家的做法 ……………………… 110
　三、附条件肯定证据能力模式 ……………………………………… 110
　　　（一）采行卷证不并送制度模式国家的做法 …………………… 111
　　　（二）采行卷证并送制度模式国家的做法 ……………………… 114
　　　（三）采行双重卷证制度模式国家的做法 ……………………… 114
第四节　域外刑事卷证制度运行的背景分析 …………………………… 115
　一、否定证据能力模式的运行条件 ………………………………… 115
　　　（一）程序制度支撑 ……………………………………………… 115
　　　（二）证据制度保障 ……………………………………………… 118
　　　（三）其他支撑性保障条件 ……………………………………… 123
　二、肯定证据能力模式的驱动因素 ………………………………… 124
　　　（一）诉讼程序多元化 …………………………………………… 124
　　　（二）证据形式复杂化 …………………………………………… 125
　　　（三）利益需求多样化 …………………………………………… 127

第三章　我国刑事卷证制度及实践考察 ………………………………… 128
　第一节　我国刑事卷证法律规范考察 ………………………………… 128

一、刑事卷证制作法律规范 …… 128
　（一）新中国成立前的刑事卷证制作制度 …… 128
　（二）新中国成立后的刑事卷证制作制度 …… 129
二、刑事卷证移送法律规范 …… 131
　（一）新中国成立前的刑事卷证移送制度 …… 131
　（二）新中国成立后的刑事卷证移送制度 …… 133
三、刑事卷证运用法律规范 …… 139

第二节　我国刑事卷证运用实践考察 …… 141
一、刑事卷证在一般审判实务中的运用 …… 142
　（一）阅卷 …… 142
　（二）审卷 …… 145
　（三）核卷 …… 153
　（四）判卷 …… 156
二、刑事卷证在庭审实质化改革中的运用 …… 158
　（一）试点改革情况要览 …… 158
　（二）试点法院的实践措施 …… 160

第三节　我国刑事卷证制度运行环境考察 …… 162
一、程序制度的保障环境 …… 162
　（一）认罪认罚从宽制度 …… 162
　（二）庭前会议制度 …… 163
　（三）人证出庭制度 …… 164
　（四）刑事简易程序制度 …… 167
二、司法改革的支撑环境 …… 169
　（一）"以审判为中心"的诉讼制度改革 …… 169
　（二）法官、检察官员额制改革 …… 171
　（三）规范司法权运行改革 …… 174
三、犯罪治理的协同环境 …… 175
　（一）罪名修订迈向轻罪化 …… 176
　（二）犯罪惩治迈向轻刑化 …… 177
　（三）刑事司法迈向智能化 …… 179

第四章　对我国刑事卷证制度及实践的反思 …………………… 182
第一节　对我国刑事卷证法律规范的反思 …………………… 182
一、刑事卷证制作法律规范的不足 …………………………… 182
（一）侦查阶段律师参与性有限 ………………………… 182
（二）录音录像制度规定的范围狭窄 …………………… 183
二、刑事卷证移送法律规范的不足 …………………………… 184
（一）刑事卷证移送的法律规范比较粗疏 ……………… 184
（二）法律规范上未规定辩护卷证的移送 ……………… 185
（三）刑事卷证移送的协同措施不完善 ………………… 185
三、刑事卷证运用法律规范的不足 …………………………… 185
（一）未细化刑事卷证运用的制度规范 ………………… 186
（二）未规定直接言词原则及其例外 …………………… 186
（三）具体制度设计尚不完善 …………………………… 188
（四）现行法律规定部分内容前后相冲突 ……………… 190
第二节　对我国刑事卷证运用实践的反思 …………………… 190
一、一般审判实务中的刑事卷证问题 ………………………… 191
（一）刑事审判卷证依赖度高 …………………………… 191
（二）证人出庭作证难度大 ……………………………… 197
（三）庭前证言效力强 …………………………………… 198
二、庭审实质化改革中刑事卷证存在的问题 ………………… 199
（一）改革试点中刑事卷证制度的创新不足 …………… 200
（二）改革试点中刑事卷证运用制度的证据能力否定功能发挥
　　　不足 ……………………………………………… 201
（三）改革试点中刑事卷证运用制度的法官心证影响功能发挥
　　　不足 ……………………………………………… 202
第三节　对我国刑事卷证制度运行环境的反思 ……………… 203
一、刑事司法理念滞后 ………………………………………… 203
二、受司法实践惯性的影响 …………………………………… 204
（一）刑事司法权力运行异化惯性 ……………………… 204
（二）刑事卷证心理依赖惯性 …………………………… 207
（三）刑事卷证规制重心前置惯性 ……………………… 208

三、法律解释方法运用不足 ……………………………………… 208

第五章 我国刑事卷证制度的完善 …………………………… 211
第一节 我国刑事卷证制度的立法完善 ………………………… 211
一、刑事卷证制度的立法完善思路 ……………………………… 211
(一)程序法思路 …………………………………………… 212
(二)证据法思路 …………………………………………… 213
(三)单行法思路 …………………………………………… 214
(四)本书的主张 …………………………………………… 215
二、刑事卷证制作制度的立法完善 ……………………………… 217
(一)探索建立适度沉默权规则 …………………………… 218
(二)探索建立刑事卷证制作律师在场制度 ……………… 218
(三)建立健全同步录音录像制度 ………………………… 219
(四)完善侦查阶段辩护权的法律保障 …………………… 219
三、刑事卷证移送制度的立法完善 ……………………………… 220
(一)刑事卷证移送制度的完善方案述评 ………………… 220
(二)本书的主张 …………………………………………… 222
(三)刑事卷证移送制度立法完善的具体路径 …………… 224
四、刑事卷证运用制度的立法完善 ……………………………… 225
(一)刑事卷证运用制度的完善方案述评 ………………… 225
(二)现有完善方案的不足 ………………………………… 228
(三)刑事卷证运用制度立法完善的路径选择 …………… 231
(四)刑事卷证运用制度立法完善的具体路径 …………… 235
第二节 我国刑事卷证制度协同措施的完善 …………………… 239
一、树立刑事司法新理念 ………………………………………… 239
(一)树立科学司法理念 …………………………………… 240
(二)树立讼争文化理念 …………………………………… 241
(三)树立有限追责理念 …………………………………… 242
二、完善程序制度的协同措施 …………………………………… 243
(一)完善附条件不起诉制度 ……………………………… 243
(二)完善庭前会议制度 …………………………………… 244

（三）完善辩护制度 ………………………………………… 245
　三、构建证据制度的协同措施 ……………………………… 246
　　（一）构建刑事卷证法律效力制度 ……………………… 246
　　（二）构建审判人员"阅卷""核卷"适用范围限制制度 ……… 247
　第三节　我国刑事卷证司法运用的完善 …………………… 248
　一、扩张解释直接言词原则条款 …………………………… 249
　二、限制解释直接言词原则的例外条款 …………………… 251

结　语 …………………………………………………………… 255

参考文献 ………………………………………………………… 257

后　记 …………………………………………………………… 271

绪 论

一、研究背景及意义

（一）研究背景

2014年10月，党的十八届四中全会通过的《中共中央关于全面推进依法治国若干重大问题的决定》（以下简称《全面依法治国决定》）提出，要"推进以审判为中心的诉讼制度改革"，同时提出要"完善刑事诉讼中认罪认罚从宽制度"。2018年修正的《刑事诉讼法》，正式将认罪认罚从宽制度写入其中。自此，以被告人是否认罪认罚及其程序设置为基准进行观察，我国刑事诉讼活动基本上形成了"繁简分流，快慢分道"的双轨制刑事诉讼模式。然而，不论是认罪认罚案件，还是非认罪认罚案件，刑事卷证在侦查、起诉和审判的过程中均传递着重要的证据信息。正如龙宗智教授所言，刑事卷证内容全面、信息丰富。① 放眼历史视域，我国的刑事诉讼离不开卷证。不仅在漫长的中华法系时期存在刑事卷证，在民国时期的国统区和革命根据地也有刑事卷证；当前我国台湾地区和澳门特别行政区的刑事诉讼同样离不开刑事卷证。但在双轨制刑事诉讼模式下，我国刑事诉讼活动中的卷证制度该如何运行，配套制度该如何设计，直接关乎刑事庭审实质化的实现，亦直接关乎刑事审判公正和刑事司法质效，此即为本书研究的宏观背景。

爱因斯坦曾言：兴趣是最好的老师。一个好的选题不仅要具有理论价值和实践意义，还必须符合研究者的兴趣。笔者担任刑事法官十余年，审理各类刑事案件逾百件，对刑事卷证的实务运行具有一定感性认识，对刑事卷证是否影响法官心证、是否会让法官形成预断以及如何运行才能有效推进庭审实质化、防范刑事冤错案件等抱有浓厚兴趣。近年来，笔者阅读了大量相关文献，进一步深化了对刑事卷证制度的理性认识，也进一步坚定了将刑

---

① 参见龙宗智：《论建立以一审庭审为中心的事实认定机制》，载《中国法学》2010年第2期。

事卷证制度与刑事庭审实质化结合起来进行一体研究,作为自己未来研究的主攻方向的想法,此为本书研究的微观背景。

刑事庭审实质化改革作为"以审判为中心"的诉讼制度改革的重要抓手,其成效如何决定着司法公正能否实现以及在何种程度上实现。确保公正司法是刑事诉讼法的基本价值取向,体现着刑事诉讼中的程序正义原则,反映着国家法治发展水平和文明进步的程度。保障公正司法的根本出路,在于纠正刑事庭审虚化,实现刑事庭审实质化。刑事庭审实质化改革必然涉及程序制度设置、证据规则设计等诸多方面,刑事卷证的制作、移送及其在审判阶段的科学规制与合理运用,就是一个不容忽视的重要"支点"。作为实现刑事庭审实质化的"支点",刑事卷证制度的良性运行在其中无疑具有基础性作用。因此,在推进我国刑事庭审实质化改革进程中,刑事卷证制度的完善是其关键举措之一。

长期以来,刑事卷证制度及其导致的庭审虚化问题被视为我国刑事诉讼的一个"顽疾"。新中国成立以来,刑事庭审以"审卷"为主,审判结果决定于刑事卷证①,时至今日仍无实质变化。近年来试行的刑事庭审实质化改革,虽然证人出庭率、当庭宣判率等有所改观,但实质上判决结果主要还是依赖刑事卷证而非庭审证据的问题依然如故。② 刑事庭审虚化、审判中心主义推进艰难成了难以摆脱的"宿命"。在域外,同属东亚国家的韩国和日本,其审判中心主义改革也收效甚微。③ 就此而言,再把刑事庭审虚化的缘由归咎于人证不出庭、诉讼结构存在"短板"、司法制度不完善等,似乎已经不具有充足的解释力和说服力。

在我国学界,除少数学者认为刑事卷证制度与庭审虚化之间没有必

---

① 参见侣化强、余韵洁:《审判中心主义与卷宗制度的前世今生》,载《法学家》2020年第6期。
② 参见左卫民:《地方法院庭审实质化改革实证研究》,载《中国社会科学》2018年第6期;成都市中级人民法院课题组:《庭审实质化改革:现状、问题及展望——以S省C市法院刑事庭审实质化改革试点为视角》,载卞建林、韩旭主编:《刑事庭审实质化和有效性问题——第九届中韩刑事司法学术研讨会论文集》,法律出版社2018年版,第51—61页;魏晓娜:《以审判为中心的诉讼制度改革:实效、瓶颈与出路》,载《政法论坛》2020年第2期。
③ 参见[韩]吴庆植:《对韩国刑事审判证据调查程序的省思》,载卞建林、韩旭主编:《刑事庭审实质化和有效性问题——第九届中韩刑事司法学术研讨会论文集》,法律出版社2018年版,第204页;施鹏鹏、谢文:《审判中心主义的源与流——以日本刑事诉讼为背景的制度谱系考》,载《江苏社会科学》2018年第5期。

然关系以外①,主流观点通常把刑事卷证制度视为阻碍我国实现审判中心主义的最大障碍。② 但一个无法回避的问题是:为何立法者、司法者对刑事卷证制度如此青睐?因之,一项可行且必要的基础研究就是:回归刑事卷证制度本身,解释其为何具有如此强大的生命力,探讨其在助推我国刑事庭审实质化改革中的功能作用、运行环境、适用方式及体系优化。

(二)研究意义

综上所述,本书的研究意义就在于,尝试推动学界以及立法机关、司法机关更加关注刑事卷证制度在我国司法实践乃至国家法治建设进程中的重要性,解释刑事卷证制度对于庭审实质化改革的意义,指出刑事卷证制度运行中存在的问题,倡导认真对待刑事卷证制度,塑造新理念,制定制度规范,通过刑事卷证制度的体系优化,助力我国刑事诉讼制度的完善,解决在司法改革进程中遇到的一些"瓶颈"问题,全力助推刑事庭审实质化乃至"以审判为中心"的诉讼制度改革的良性发展。

二、域内外研究现状

费正清曾说:"除非站在前辈人的肩上、面上,人类又如何能向上发展呢?"③为使我国刑事卷证制度"向上发展",对相关领域的研究现状进行文献综述,自然成为笔者的"第一要务",因为文献综述的写作目的就在于了解特定领域的研究进展。④ 对刑事卷证制度的研究也是如此。

(一)域外研究现状

"dossier"一词,《元照英美法词典》将其解释为"案卷""卷宗""档案

---

① 参见施鹏鹏:《意大利"双重卷宗"制度及其检讨》,载《清华法学》2019年第4期;黄河:《裁判者的认知与刑事卷宗的利用——直接审理原则的展开》,载《当代法学》2019年第5期等。

② 参见魏晓娜:《以审判为中心的刑事诉讼制度改革》,载《法学研究》2015年第4期;张建伟:《审判中心主义的实质内涵与实现途径》,载《中外法学》2015年第4期;陈瑞华:《案卷移送制度的演变与反思》,载《政法论坛》2012年第5期;周长军:《以审判为中心:一场未完成的改革》,载《法学》2024年第2期等。

③ [美]柯文:《在中国发现历史——中国中心观在美国的兴起》,林同奇译,社会科学文献出版社2017年版,第106页。

④ 参见路阳:《社会科学研究中的文献综述:原则、结构和问题》,载《社会科学管理与评论》2011年第2期。

材料"(record)①,它是一个法语词汇。在采行职权主义诉讼模式的大陆法系国家,"卷宗"一词的英文表述即为"dossier"。在职权主义诉讼模式下,每一个参与刑事诉讼的国家机关都负有查明案件事实真相的职责,其进行的每项调查都必须有详细的记录,形成一个内容完整的"卷宗",故而理论界和实务界对此关注较多。相反,在采行当事人主义诉讼模式的英美法系国家,刑事诉讼中虽然也存在刑事卷证,但其流转、运用与大陆法系国家却大异其趣,故理论界和实务界对其研究自然较少。

国外学界关于刑事卷证制度的研究比较充分。笔者将以刑事诉讼模式分类为基础,对不同诉讼模式下的刑事卷证制度研究状况进行文献梳理。

第一,关于采行职权主义诉讼模式国家的刑事卷证制度研究。澳大利亚学者布朗·麦基洛普(Bron McKillop)在研究中发现,法国的刑事审判高度依赖刑事卷证,在法国的重罪、轻罪及违警罪刑事案件中均是如此。② 德国学者贝恩德·许乃曼(Bernd Schünemann)教授等在关于德国法官的系列实证研究中,依据心理学上的认知失调理论检验了刑事卷证信息以及开启审判程序的决定对判决的影响,并且证实这种影响巨大,即使参与试验的检察官、法官在审判程序中能够保持消极,也难以避免这种影响。③ 德国法学家古斯塔夫·拉德布鲁赫(Gustav Radbruch)认为,在职权主义诉讼模式中,"预审程序卷宗对主审程序的影响,同时威胁到言词原则或直接原则"④。比较刑事诉讼法学家米尔建·R. 达马斯卡(Mirjan R. Damaska)教授直陈:"在大陆法系的司法实践中,只根据当庭提出的证

---

① 参见薛波主编:《元照英美法律词典》(精装重排版),北京大学出版社2017年版,第438页。

② See Bron McKillop, Anatomy of a French Murder Case, 45 Am. J. Comp. L., 527(1997); See Bron McKillop, Readings and Hearings in French Criminal Justice: Five Cases in the Tribunal Correctionnel, 46 Am. J. Comp. L., 757(1998); See Bron McKillop, Police Court Justice in France: Investigations and Hearings in Ten Cases in the Tribunal de Police, 24 Sydney L. Rev., 207(2002).

③ 参见[德]贝恩德·许乃曼等:《案卷信息导致的法官偏见:关于与英美模式比较下德国刑事诉讼程序优缺点的实证研究》,刘昶译,载何挺等编译:《外国刑事司法实证研究》,北京大学出版社2014年版,第74—99页。

④ [德]拉德布鲁赫:《法学导论》,米健、朱林译,中国大百科全书出版社1997年版,第125页。

据对案件作出裁判仍然是罕见的做法。""案卷对大陆法系的审判实践具有重要的潜在影响,尽管这种影响很少被承认。"①美国圣路易斯大学法学院教授、国际和比较法中心主任斯蒂芬·沙曼(Stephen C. Thaman)曾经对采行职权主义诉讼模式国家的法官在刑事卷证并送模式下能否保持居中裁判立场表示怀疑:"传统的参审制能否促使法官中立或者确保法官不受刑事卷证的影响,从而客观地对案件事实作出判断,不无疑问。在只有职业法官才能查阅刑事卷证并由其负责起草判决书的'混合法庭'中,源自法国的'内心确信'即'根据自己的理性和良心作出判决'的原则,又会有多少实际意义?"②

第二,关于采行当事人主义诉讼模式国家的刑事卷证制度研究。德国学者约阿希姆·赫尔曼(Joachim Herrmann)认为,在当事人主义诉讼模式下的陪审团审判以及没有陪审团参加的审判中,除起诉书外,法官在审前并不接受刑事卷证。③ 美国法官马文·弗兰克尔(Marvin E. Frankel)也指出,美国法官在审前不得调查、收集证据,其他任何机关或个人也不得像大陆法系国家的预审法官那样为其准备刑事卷证。④ 关于英国刑事卷证制度的研究,有观点认为,英国"诉讼程序通过完全口头的举证方式查明分歧点,案件没有任何'卷宗',一切均在庭审时口头进行"⑤。澳大利亚学者布朗·麦基洛普也持相同观点,认为卷宗只存在于大陆法系国家,英美法系国家并没有类似'卷宗'的对应物。但德国学者约阿希姆·赫尔曼则持另一种观点,他认为英国的刑事卷证制度问题因审判程序而异,在简易程序中,法官一旦在庭前获取了被告人是否有罪的信息,被告人就难以受到公正审判,但在正式审判程序中,事实问题不由法官负责裁

---

① [美]米尔建·R. 达马斯卡:《漂移的证据法》,李学军等译,中国政法大学出版社2003年版,第98—100页。

② Stephen C. Thaman, Europe's New Jury Systems: The Cases of Spain and Russia, 62 Law & Contemp. prob., 235-236(1999).

③ 参见[德]赫尔曼:《中国刑事审判方式改革》,载樊崇义主编:《诉讼法学新探》,中国法制出版社2000年版,第851页。

④ See Marvin E. Frankel, The Search for Truth: An Umpireal View, 123 U. Pa. L. Rev., 1031, 1042(1975).

⑤ [法]勒内·达维德:《当代主要法律体系》,漆竹生译,上海译文出版社1984年版,第335页。

判,所以法官查阅庭前刑事卷证不存在"先入为主"的弊端。①

第三,关于采行混合主义诉讼模式国家的刑事卷证制度研究。在大陆法系国家中,日本是较早且较为彻底从卷证并送主义完全转向卷证不并送主义的国家。② 英格拉姆·韦伯(Ingram Weber)对日本法官在庭审中依赖检察官于审前阶段形成的刑事卷证提出了批评。③ 日本学者田口守一教授指出,裁判员制度将导致笔录裁判向证言裁判转变,这种司法实务从根本上发生的变化,可以在很大程度上纠正现行刑事司法的笔录裁判所存在的欠缺。④ 但是,也有日本学者对此持谨慎的乐观态度,如三井诚教授认为,裁判员制度的登场,有效促进了刑事诉讼程序的改革,但还有诸多问题有待澄清,其对刑事程序的影响,还需要时间的检验。⑤ 意大利是主动向当事人主义诉讼模式转型的国家之一,1988 年修订后的《意大利刑事诉讼法典》规定了"双重卷证"制度。关于意大利刑事诉讼中的"双重卷证"制度改革,有学者认为,意大利"法官对自己在对抗制审判中的新角色并不适应,法官经常不得不向证人发问,就又回到了传统的审问制诉讼模式"⑥。意大利学者马可·法布里(Marco Fabri)则直截了当地指出,1988 年意大利刑事诉讼改革的大部分目标实际上并未达成,效率和诉讼的实效性还不如以前,"法典的设计者和实施者都不可能割断他们与传统的联系"⑦。比较法学者朱莉亚·格蕾丝·米拉贝拉(Julia Grace Mirabella)更

---

① 参见[德]赫尔曼:《中国刑事审判方式改革》,载樊崇义主编:《诉讼法学新探》,中国法制出版社 2000 年版,第 851 页。

② 对于日本的刑事起诉方式,长期以来,我国学界大多使用"起诉状一本主义"的表述。但这一概念容易让人望文生义,实质上它并非指检察官提起公诉时仅仅提交一份起诉书给法院。正是在此意义上,笔者借鉴我国台湾地区的表述,将之称为"卷证不并送主义",使其与"卷证并送主义"相对应。

③ See Ingram Weber, The New Japanese Jury System: Empowering The Public, Preserving Continental Justice, 4 East Asia Law Review, 125 (2009).

④ 参见[日]田口守一:《日本裁判员制度的创设与证据法的变动》,张凌译,载《证据科学》2008 年第 5 期。

⑤ 参见[日]三井诚:《裁判员审判之实施及其对于刑事程序之影响》,吴秋宏译,载《月旦法学杂志》第 223 期。

⑥ Marco Fabri, Theory Versus Practice of Italian Criminal Justice Reform, 77 Judicature 211, 215 (1994).

⑦ [意大利]马可·法布里:《意大利刑事司法制度改革:理论与实践的悖反》,龙宗智译,载陈光中、姜伟主编:《诉讼法论丛》(第 1 卷),法律出版社 1998 年版,第 298 页。

是明确指出:"意大利有着一套混乱、低效及失败的刑事司法制度。"①

综上,尽管笔者目前收集研习的域外文献还比较有限,但不难发现,域外关于刑事卷证制度的研究成果颇丰。然而,从多维度视角研究刑事卷证制度的学术成果较少,并且在如何防止法官因庭前阅卷而产生预断,如何平衡法官庭前阅卷与刑事审判公正之间的关系等问题上仍然存在很大分歧,值得进一步探讨。

(二)域内研究现状

1996年《刑事诉讼法》修正实施以来,国内学者持续关注并跟进研究我国的刑事卷证制度及其改革完善。简举两例:其一,左卫民教授是较早专题研究我国刑事卷证制度的学者之一,其在《中国刑事案卷制度研究——以证据案卷为重心》一文中指出,我国刑事程序的流转及司法决策的作出,以各种证据和文书材料构成的案卷为主要载体。② 其二,近年来,李长城博士对刑事卷宗制度进行了专门研究,其在《中国刑事卷宗制度研究》一书中分五章论述了刑事卷宗制度,分别是:历史视野中的我国刑事卷宗制度;域外刑事卷宗制度研究;当代中国刑事卷宗制度运行实务;我国刑事卷宗制度存在的问题探讨——以典型错案为例的展开;中国刑事卷宗制度的完善(保障侦查卷宗材料的真实性、加强检察官在审查卷宗信息中的客观公正义务、保障被告方卷宗权利的实现和逐步实现庭审实质化以及完善相关的配套制度)。③ 其他学者及实务人员有关刑事卷证制度的研究成果也很丰富。

由于笔者偏重书面卷证材料在刑事审判中的运用研究,故选取"刑事卷证"一词作为研究主题。根据本书研究主题,结合现有文献掌握情况,笔者选取了刑事卷证的内涵、外延以及刑事卷证的制作、移送、运用五个方面的内容进行较为细致的文献梳理。

1. 刑事卷证的内涵

唐治祥博士认为,刑事卷证是侦控机关和审判机关在刑事诉讼过程

---

① Julia Grace Mirabella, Scales of Justice: Assessing Italian Criminal Procedure through the Amanda Knox Trial, 30 Boston University International Law Journal, 229 (2012).

② 参见左卫民:《中国刑事案卷制度研究——以证据案卷为重心》,载《法学研究》2007年第6期。

③ 参见李长城:《中国刑事卷宗制度研究》,法律出版社2016年版,第13—273页。

中制作的各种诉讼文书以及所获得的证据材料。① 牟军教授认为,刑事卷证是由侦查机关制作、起诉机关补充制作和移送、法院审查和运用的,以文字为载体,并以卷宗(证据卷)为形式所形成的证据材料。② 李毅教授则认为,"案卷材料"和"证据"在我国《刑事诉讼法》的规定中是并列关系,所以把刑事案卷和相关证据材料统称为"刑事卷证"。③ 据此可以看出,目前学界对刑事卷证的内涵界定不一,尚未形成定论。

2. 刑事卷证的外延

唐治祥博士对侦查、审查起诉和审判各阶段的刑事卷证内部结构进行了分析,认为侦查阶段的正卷(包括诉讼文书卷和证据卷)和审查起诉阶段形成的公诉卷对案件的审理发挥了关键作用。④ 牟军教授认为,刑事卷证由各种正卷材料构成,属于书面的证据形式,并指出刑事卷证制作主体的官方身份增强了刑事卷证的可信度,也利于实现刑事卷证的格式化制作和规范化使用。⑤ 李毅教授则认为,刑事卷证有侦查卷证、起诉卷证和审判卷证之分。⑥

3. 刑事卷证的制作

关于刑事卷证制作的研究,学界系统性研究的成果并不多,只是在部分文献中略有提及。例如,林劲松博士指出,我国刑事卷证在制作上具有全面性、规范性、封闭性。⑦ 李毅教授也论及,在我国刑事诉讼中,官方是唯一的刑事卷证制作主体,所以刑事卷证的形成体现出单方性和封闭性的特点,辩方对刑事卷证制作的制约性影响有限。⑧ 此外,实务部门还有人专门研究了刑事诉讼中电子卷宗的制作问题,如刘选检察官在《推行电

---

① 参见唐治祥:《刑事卷证移送制度研究——以公诉案件一审普通程序为视角》,西南政法大学 2011 年博士学位论文。
② 参见牟军:《刑事卷证:以文字为起点的证据分析》,载《法学论坛》2016 年第 6 期。
③ 参见李毅:《我国刑事卷证之局限性及其改进》,载《广西社会科学》2016 年第 1 期。
④ 参见唐治祥:《刑事卷证移送制度研究——以公诉案件一审普通程序为视角》,西南政法大学 2011 年博士学位论文。
⑤ 参见牟军:《刑事卷证:一种文字的叙事体及其价值》,载《西南民族大学学报(人文社会科学版)》2015 年第 9 期。
⑥ 参见李毅:《我国刑事卷证之局限性及其改进》,载《广西社会科学》2016 年第 1 期。
⑦ 参见林劲松:《我国侦查案卷制度反思》,载《中国刑事法杂志》2009 年第 4 期。
⑧ 参见李毅:《我国刑事卷证之局限性及其改进》,载《广西社会科学》2016 年第 1 期。

子卷宗若干问题研判》一文中指出,对于电子卷宗,应从侦查取证环节实现卷宗的电子化,并与公安机关协商,形成规范性文件。①

4. 刑事卷证的移送

我国学界在刑事卷证移送方面的研究,可谓成果丰硕。唐治祥博士是较早专题研究刑事卷证移送制度的学者,其在 2011 年即以《刑事卷证移送制度研究——以公诉案件一审普通程序为视角》作为博士学位论文题目,分四章论述了公诉案件的刑事卷证移送制度:刑事卷证移送制度概述、国外刑事卷证移送制度比较研究、我国刑事卷证移送制度的历史与现状以及我国刑事卷证移送制度的重构。② 颜飞博士以《论书面证言》为题的博士学位论文也论及了刑事卷证移送制度。③

刑事卷证移送制度历来是理论界和实务界关注的重点。有观点指出,我国刑事卷证在移送上具有全程性。④ 梳理现有文献可知,关于我国刑事卷证移送制度的改革方案,学界主要存在采行卷证不并送主义与维持卷证并送主义两种观点:

第一,关于采行卷证不并送主义的观点。很多学者认为,我国欲实现刑事庭审实质化,就要彻底消除法官因庭前阅卷而产生的预断,最佳方式就是实行卷证不并送主义,对刑事卷证信息与刑事裁判信息进行必要切割,以阻断侦审联结。⑤ 据笔者梳理,在《全面依法治国决定》提出推进"以审判为中心"的诉讼制度改革之前,持卷证不并送主义观点的学者更多一些。但自本轮司法改革提出之后,持卷证不并送主义观点的学者则相对较少,⑥并且原

---

① 参见刘选:《推行电子卷宗若干问题研判》,载《人民检察》2015 年第 24 期。
② 参见唐治祥:《刑事卷证移送制度研究——以公诉案件一审普通程序为视角》,西南政法大学 2011 年博士学位论文。
③ 参见颜飞:《论书面证言》,西南政法大学 2009 年博士学位论文。
④ 参见林劲松:《我国侦查案卷制度反思》,载《中国刑事法杂志》2009 年第 4 期。
⑤ 参见陈卫东、郝银钟:《我国公诉方式的结构性缺陷及其矫正》,载《法学研究》2000 年第 4 期;张泽涛:《我国现行〈刑事诉讼法〉第 150 条亟需完善》,载《法商研究》2001 年第 1 期;李奋飞:《从"复印件主义"走向"起诉状一本主义"——对我国刑事公诉方式改革的一种思考》,载《国家检察官学院学报》2003 年第 2 期;吴宏耀:《我国刑事公诉制度的定位与改革——以公诉权与审判权的关系为切入点》,载《法商研究》2004 年第 5 期;陈光中:《推进"以审判为中心"改革的几个问题》,载《人民法院报》2015 年 1 月 21 日,第 5 版;张能全:《论以审判为中心的刑事程序改革与刑事司法职权优化配置》,载《现代法学》2017 年第 4 期。
⑥ 参见张建伟:《审判中心主义的实质内涵与实现途径》,载《中外法学》2015 年第 4 期。

来主张卷证不并送主义的学者也很少再论及该观点。主张我国刑事诉讼应采行卷证不并送主义的观点大多认为,刑事卷证是庭前信息向庭审程序输送的主要载体,故不同的起诉卷证移送方式影响着庭前预断的阻隔效果,为切实防范庭前信息向庭审阶段渗透,保证法官心证"纯洁",我国公诉案件卷证移送制度应采行卷证不并送主义。①

部分持卷证并送主义的学者观点则显得较为温和。有观点认为,目前我国刑事诉讼中面临"证人出庭作证制度和卷证制度共生,当庭认证与书面审理共存"的局面,因为要在短期内消灭刑事卷证制度,实行卷证不并送主义,将对我国刑事审判方式产生剧烈冲击,并不现实。我国刑事诉讼中卷证中心主义及书面审理模式不会是短期"不废不立"的状态,而只能是长期"此消彼长"的过程。②

第二,与持卷证不并送主义观点的情况相反,当前越来越多的学者主张维持卷证并送主义,尤其在 2012 年《刑事诉讼法》恢复刑事卷证移送制度之后更为明显。胡莲芳博士指出,卷证并送主义、"复印件主义"以及卷证不并送主义各有利弊,2012 年修正后的《刑事诉讼法》重新选择刑事卷证并送主义不是历史的倒退,法官庭前阅卷与预判并无必然关联,我国选择卷证并送主义是对现实和法律文化传统的尊重,具有理论和实践上的正当性。③ 蔡杰、刘晶博士也认为,解决我国刑事诉讼庭前预断的出路不在于采用何种方式的卷证移送制度,关键在于完善公诉审查和庭前准备程序,以及进一步理顺诉审关系,实现审判中心主义。④ 如果不考虑我国刑事诉讼制度实际而贸然实行卷证不并送主义,不仅对促进刑事庭审实质化无益,反而会导致庭前准备不充分、庭审效率低下、集中审理难以进

---

① 参见汪海燕、于增尊:《预断防范:刑事庭审实质化诉讼层面之思考》,载《中共中央党校学报》2016 年第 1 期。
② 参见陈实:《刑事庭审实质化的维度与机制探讨》,载《中国法学》2018 年第 1 期。
③ 参见胡莲芳:《卷宗移送主义:对理想的妥协还是对现实的尊重——2012 年刑事诉讼法确立卷宗移送的正当性》,载《西北大学学报(哲学社会科学版)》2013 年第 3 期。
④ 参见蔡杰、刘晶:《刑事卷宗移送制度的轮回性改革之反思》,载《法学评论》2014 年第 1 期。

行等问题。① 同时,有学者在分析了卷证不并送主义的建立需要多种制度配套,并举示了日本刑事诉讼中引入卷证不并送主义带来的一系列问题之后,认为我国暂不宜采行卷证不并送制度。② 此外,还有观点认为,废除或者更加严格地限制刑事卷证在庭审中的使用,未必会获得改革方案设计者的认同;庭审实质化改革并没有为废除或者更加严格地限制刑事卷证在庭审中的使用提供制度保障。③

5. 刑事卷证的运用

刑事卷证运用的研究,主要集中于"以审判为中心"的诉讼制度改革与刑事卷证运用制度能否相容、刑事卷证运用制度是否影响刑事庭审实质化、刑事卷证运用制度如何助推刑事庭审实质化的路径完善等方面。

第一,关于"以审判为中心"的诉讼制度改革与刑事卷证运用制度能否相容的研究,学界存在冲突说与融合说两种观点。冲突说认为,"以审判为中心"必然否定刑事卷证运用制度,应废除刑事卷证移送制度。废除刑事卷证移送制度,自然也就不存在刑事卷证运用一说。融合说则主张,"以审判为中心"的诉讼制度改革与刑事卷证制度之间并不冲突,二者可以融合发展。张吉喜教授是持融合说观点的代表性学者,其在《论以审判为中心的诉讼制度》一文中明确指出:以审判为中心与我国的刑事案卷移送制度并不矛盾。④ 牟军教授也认为,刑事卷证的运用与"以审判为中心"的诉讼制度改革并不冲突,关键是如何运用和规制刑事卷证。⑤

第二,关于刑事卷证运用制度是否影响刑事庭审实质化的研究,学界也存在冲突说与融合说两种观点。陈瑞华教授是持冲突说的代表性学者,其早已指出,我国刑事诉讼中一直存在以案卷笔录为中心的审判方式,致使刑事庭审流于形式,难以形成通过当庭审判得出裁判结论的机制

---

① 参见程雷:《审判公开背景下刑事庭审实质化的进路》,载《法律适用》2014 年第 12 期;宣刚:《从"形式印证"到"实质检验"——庭审实质化改革中事实认定模式的转变》,载《宁夏社会科学》2019 年第 4 期。

② 参见熊秋红:《刑事庭审实质化与审判方式改革》,载《比较法研究》2016 年第 5 期。

③ 参见褚福民:《案卷笔录与庭审实质化改革》,载《法学论坛》2020 年第 4 期。

④ 参见张吉喜:《论以审判为中心的诉讼制度》,载《法律科学(西北政法大学学报)》2015 年第 3 期。

⑤ 参见牟军:《刑事卷证与技术审判》,载《北方法学》2016 年第 4 期。

和文化。① 龙宗智教授亦认为,刑事诉讼的事实认定,应以一审庭审为中心,但司法实践中却存在诸多违反这一诉讼规律的做法。据此,应当适度阻断侦审联结,限制庭前活动的"预审"与"代审"功能,实现庭审实质化,其核心观点在于通过完善刑事一审审理方式,实现司法公正。② 门金玲博士也认为,刑事卷证是我国刑事法官主要的裁判依据,是致使法庭审判流于形式的主要原因。③ 与此相对,融合说则认为,刑事卷证的运用不一定导致刑事庭审虚化。④ 李毅教授指出,多方主体参与刑事卷证的制作,就可以消减刑事卷证的片面性,防止司法人员审前阅卷的行为产生有罪预断。⑤ 黄河博士也认为,2012 年《刑事诉讼法》规定的刑事卷证移送制度,"并不会对直接审理和庭审实质化构成挑战"⑥。

第三,关于刑事卷证运用制度如何助推刑事庭审实质化的路径完善,学者从宏观程序设计思路和具体技术路径两方面进行了研究。其一,关于刑事庭审实质化的宏观程序设计思路的研究,学界进行了诸多有益探讨。其中与刑事卷证制度的理性运行密切相关的主要研究成果如下:汪海燕教授提出了从逮捕中心主义到审判中心主义,从卷证中心主义到言词审理,庭前会议要程序化而非实体化等观点。⑦ 陈实教授认为,刑事裁判心证的内部约束机制主要涉及两个方面:审前程序和庭审程序的阻断以及庭前准备程序和正式庭审程序的理顺。为此,一方面要坚持推进并扩大证人出庭作证制度,降低法官对刑事卷证的依赖;另一方面要进一步理顺庭前准备程序和正式庭审程序两者之间的关系,将刑事法官的

---

① 参见陈瑞华:《案卷笔录中心主义——对中国刑事审判方式的重新考察》,载《法学研究》2006 年第 4 期。
② 参见龙宗智:《论建立以一审庭审为中心的事实认定机制》,载《中国法学》2010 年第 2 期。
③ 参见门金玲:《控方卷宗笔录运行之审思——兼及比较法视野的考察》,载《政法论坛》2010 年第 3 期。
④ 参见李毅:《我国刑事卷证移送制度审视》,载《理论导刊》2015 年第 4 期;李毅:《刑事卷证对庭审实质化的消解与应对》,载《甘肃政法学院学报》2016 年第 5 期。
⑤ 参见李毅:《我国刑事卷证之局限性及其改进》,载《广西社会科学》2016 年第 1 期。
⑥ 黄河:《裁判者的认知与刑事卷宗的利用——直接审理原则的展开》,载《当代法学》2019 年第 5 期。
⑦ 参见汪海燕:《论刑事庭审实质化》,载《中国社会科学》2015 年第 2 期。

裁判心证约束于庭审之中。① 熊秋红教授则以我国当前的司法资源和司法体制为切入点进行分析论证，认为我国刑事诉讼应维持卷证并送主义。② 其二，在具体技术路径研究方面，学界从不同的角度提出了完善思路：一些学者从证据制度的角度研究刑事庭审实质化的完善进路；③ 另一些学者从某一具体的诉讼程序入手研究刑事庭审实质化并提出对策建议。④ 这些研究成果以某一微观视角为切入点，深入探讨了我国刑事庭审实质化改革背景下的具体问题及对策举措，针对性、技术性更强，并且大多触及了刑事卷证如何运用这一关键问题。例如，关于刑事庭审实质化背景下庭前证言的适用问题，史立梅教授提出，应对庭前证言和庭审证言的证据能力进行严格审查和规范，从严限制能够进入法庭的庭前证言范围。⑤ 还有学者认为，刑事卷证在庭审实质化改革中具有重大影响，在普通程序中，刑事卷证对庭审实质化改革的瓦解作用很大，犹如"阿喀琉斯之踵"。据此，提出改革的思路在于，重新定位刑事庭审实质化与刑事卷证之间的关系，通过庭审质证的配套改革，消除刑事卷证影响庭审的原因，切断庭前程序架空庭审程序的中介以及刑事卷证与复审程序的关系。⑥

通过对上述文献的考察分析可以看出，学界关于刑事卷证制度如何助推刑事庭审实质化改革的研究，近些年来方兴未艾。2022年7月，李艳霞博士出版了《我国刑事庭审实质化改革问题研究》一书，系统研究了我国刑事庭审实质化改革面临的困境及改革成效，梳理了刑事庭审实质化

---

① 参见陈实：《刑事庭审实质化的维度与机制探讨》，载《中国法学》2018年第1期。
② 参见熊秋红：《刑事庭审实质化与审判方式改革》，载《比较法研究》2016年第5期。
③ 参见樊崇义：《庭审实质化与证据制度的完善》，载《证据科学》2016年第3期；叶青：《构建刑事诉讼证人、鉴定人出庭作证保障机制的思考》，载《中国司法鉴定》2015年第2期。
④ 参见卞建林、李菁菁：《从我国刑事法庭设置看刑事审判构造的完善》，载《法学研究》2004年第3期；刘广三、李艳霞：《我国刑事速裁程序试点的反思与重构》，载《法学》2016年第2期；汪海燕、殷闻：《审判中心视阈下庭前会议功能探析》，载《贵州民族大学学报（哲学社会科学版）》2016年第3期；刘仁文：《论我国刑事法庭被告人席位的改革》，载《政法论坛》2017年第4期；熊秋红：《审判中心视野下的律师有效辩护》，载《当代法学》2017年第6期。
⑤ 参见史立梅：《庭审实质化背景下证人庭前证言的运用及其限制》，载《环球法律评论》2017年第6期。
⑥ 参见褚福民：《案卷笔录与庭审实质化改革》，载《法学论坛》2020年第4期。

改革试点中新出现的问题及化解对策,提出了我国刑事庭审实质化改革亟待完善的配套措施。① 但随着刑事庭审实质化改革的不断深入,问题也会不断涌现,学界仍需作出学术努力。同时,刑事庭审实质化改革试点虽然取得一定成效,但问题仍然颇多,其中最关键的问题之一是:尚未触及刑事卷证制度运行问题,且相关配套措施较为滞后。从我国刑事庭审实质化改革的角度入手,考察相关制度、理论及实践状况,探讨助推庭审实质化改革背景下我国刑事卷证制度及相关协同措施的完善问题,依然具有重要意义。

（三）域内现有研究的不足之处

刑事卷证制度置身于刑事程序制度、证据制度之中,可谓"沧海一粟",但其在刑事庭审实质化改革中的地位和作用,却又"不容小觑",从学者关于刑事庭审实质化改革的研究中即"可见一斑",况且刑事卷证在当前我国刑事诉讼中被办案机关及当事人均"奉为圭臬"。然而,学界对刑事卷证的研究主要集中在移送环节,而对刑事卷证的审前制作以及在审判阶段的运用的研究较为薄弱。在此背景下,充分挖掘刑事卷证的诉讼功能,尤其是证据功能,规范刑事卷证的制作以及在审判阶段的运用,能够更好地推动刑事庭审实质化,有力助推司法公正的实现和人权保障的加强。

综上所述,我国关于刑事卷证制度的研究成果比较丰富,但也存在以下问题:

第一,研究方法单一。大多数研究成果仅从历史及比较的视角来研究刑事卷证制度,很少有综合运用比较研究、规范研究及实证研究等交叉研究方法的成果。

第二,研究深度不够。现有研究成果很少区分刑事卷证制度所承载的功能,只是泛论刑事卷证移送制度的负面影响,即使有针对刑事卷证运用制度的研究,也未细分其功能,实则是将刑事卷证与刑事卷宗、刑事案卷等概念同等运用并加以讨论。

第三,研究内容系统性不强。鲜有学者将刑事卷证的制作、移送和运

---

① 参见李艳霞:《我国刑事庭审实质化改革问题研究》,中国政法大学出版社2022年版。

用与案件类型、程序繁简、罪行轻重结合起来进行体系化研究,并区分不同情形,提出差异化改革建议的研究成果。

职是之故,对于刑事卷证制度这一十分重要且实践性很强的课题而言,有必要从多维度视角、运用多元化研究方法对我国刑事卷证制度的运行理性进行深入探讨。

三、研究思路与方法

(一)研究思路

笔者遵循"发现问题—分析问题—解决问题"的写作思路,围绕刑事卷证制度的体系优化如何助力我国刑事庭审实质化改革这一主线,论证刑事卷证制度的功能作用与运行理性。一方面,着重分析域外在不同诉讼模式下刑事卷证制作制度的特征,并进一步阐述域外刑事卷证移送制度的已有理论模式,总结域外刑事卷证运用的制度模式以及刑事卷证制度的运行背景。另一方面,重点梳理我国刑事卷证制度的演变脉络及现状,分析我国刑事卷证制作、移送、运用的相关法律规范及司法实践中存在的不足,从积极和消极两个方面探讨我国刑事卷证制度的运行环境。在此基础上,从限制权力和保障权利两个维度提出我国刑事卷证制度体系优化的完善建议,以保障我国刑事卷证制度良性运行,从而助推刑事庭审实质化的实现。

(二)研究方法

1. 案例分析法

笔者从司法实践中的具体案例以及刑事庭审实质化改革的案例着手,对一般刑事审判实务中以及刑事庭审实质化改革试点中刑事卷证的运用状况进行研究。通过分析改革案例等实践做法、存在问题,展开对我国刑事卷证制度的系统梳理和详细阐释。

2. 实证研究法

笔者主要采取直接观察、实地调研等方法,在北京市、重庆市、贵州省等地通过访谈、查阅刑事卷证等多种方式,收集了大量实证资料,为刑事卷证在审判阶段的运用研究提供了问题和改进的思考线索。

3. 比较考察法

"有比较才有鉴别",国外学者对刑事卷证制度进行了深入研究,故有必要比较考察域外,特别是采行职权主义诉讼模式的国家以及已转型国家的刑事卷证相关制度,找出共同规律,以期借鉴域外先进经验用以构建、完善我国的刑事卷证制度。

4. 文献梳理法

我国刑事卷证制度源远流长,国内学者对其进行了一定研究,取得了丰硕成果,国家及地方两个层面也颁行过多部与刑事卷证制度相关的法律文本或规范性文件。笔者将收集到的法律文本或规范性文件等文献资料加以整理、归纳,从中提炼、总结出重要内容、模式,在"扬弃"的基础上加以充分升华。

第一章
刑事卷证制度的基本理论

自从人类进入文字社会以来,文书、档案等书面材料便构成了重要的社会治理技术。近代以来的各种职务运作,"乃是以原本草案形式保留下来的文书档案,以及由幕僚与各种书记所组成的部门为基础的"[①]。在我国,刑事程序的流转及司法决策的作出都是以各种卷证材料为主要载体。[②] 长期以来,我国刑事诉讼中,公安机关对刑事案件进行侦查,都要制作刑事卷证;人民检察院对刑事案件审查后决定向人民法院提起公诉的,需要向人民法院移送相关刑事卷证材料;人民法院可以根据查证属实的刑事卷证,依法作出刑事裁判。刑事卷证的制作、移送、运用涉及实现司法公正、落实人权保障与提升诉讼质效等问题,关系到刑事审判方式改革,影响刑事庭审实质化,故一直是刑事诉讼立法修改与理论研究的重点。[③] 本章主要探讨刑事卷证的内涵及外延、刑事卷证制作制度、移送制度、运用制度的内涵及其功能等基本理论问题,以期揭示刑事卷证制度的来龙去脉及其理论全貌,为后文的研究思路和逻辑框架的展开奠定基础。

第一节 刑事卷证的内涵

何为刑事卷证?其与我们通常所说的刑事卷宗、案卷笔录、书面证言等概念之间是何关系,区别又何在?对这一系列问题的梳理和界定,既是确定本书研究对象和范围的前提,也是决定本书研究思路和逻辑框架的基础。

---

① [德]韦伯:《韦伯作品集Ⅲ:支配社会学》,康乐、简惠美译,广西师范大学出版社2004年版,第23页。
② 参见左卫民:《中国刑事案卷制度研究——以证据案卷为重心》,载《法学研究》2007年第6期。
③ 参见卞建林等:《改革开放40年法律制度变迁·刑事诉讼法卷》,厦门大学出版社2019年版,第259页。

一、刑事卷证的概念界定

（一）何为刑事卷证

概念乃是解决法律问题必不可少的工具。没有严格限定的专门概念，我们便不能清楚地和理性地思考法律问题。① 刑事卷证的内涵，是指刑事卷证这一概念所反映的卷证的特有属性。

从法律规范方面来看，2018年《刑事诉讼法》第162条规定，公安机关侦查终结后移送人民检察院审查起诉的，应当连同案卷材料、证据一并移送；第176条规定，人民检察院向人民法院提起公诉，应将案卷材料、证据移送人民法院。《公安机关办理刑事案件程序规定》第289条以及2019年最高人民检察院下发施行的《人民检察院刑事诉讼规则》第359条规定应当移送"案卷材料、证据"，2021年最高人民法院《关于适用〈中华人民共和国刑事诉讼法〉的解释》（以下简称2021年《刑诉法解释》）规定，公诉案件起诉时应当移送"案卷、证据"。据此可以看出，现行规范性法律文本中并没有运用"卷宗""卷证"的表述，也没有单独运用"案卷"的用语，而是并列运用"案卷材料"和"证据"的用语。然而，何谓"案卷材料、证据"？权威部门认为："全案证据材料，既包括指控犯罪事实以及表明罪行严重等对犯罪嫌疑人不利的证据，也包括有从轻、减轻处罚情节等对犯罪嫌疑人有利的证据。"②不难看出，从立法层面考察，就"卷宗""卷证"的概念而言，我国法律规范中实际上并没有与之相对应的概念表述。③

在理论研究方面，关于刑事卷证的概念，目前我国学界尚未达成共识。据笔者梳理，大致存在三种不同类型的观点：卷宗等同型、证据卷等同型和法律规范结合型。首先，关于卷宗等同型的观点。唐治祥博士是较早研究刑事卷证的学者之一，其认为，刑事卷证是侦控机关和审判机关

---

① 参见[美]E.博登海默：《法理学：法律哲学与法律方法（修订版）》，邓正来译，中国政法大学出版社2004年版，第504页。

② 全国人大常委会法制工作委员会刑法室编：《〈关于修改〈中华人民共和国刑事诉讼法〉的决定〉条文说明、立法理由及相关规定》，北京大学出版社2012年版，第207页。

③ 参见门金玲：《控方卷宗笔录运行之审思——兼及比较法视野的考察》，载《政法论坛》2010年第3期。

在刑事诉讼过程中制作的各种诉讼文书以及所获得的证据材料。① 其关于刑事卷证内涵的这一早期界定,本质上与刑事卷宗的指涉内容并无二致,难以准确体现刑事卷证的特征。实际上,早期研究刑事卷宗、刑事卷证的学者,大多将二者等同,未予细分。其次,关于证据卷等同型的观点。随着相关研究的不断深入,刑事卷证的内涵界定逐渐显得更加清晰、科学。其中,牟军教授就强调指出刑事卷证主要是指证据卷,其认为,刑事卷证是由侦查机关制作、起诉机关补充制作和移送、法院审查和运用的,以文字为载体,并以卷宗(证据卷)为形式所形成的证据材料。② 牟军教授的这一界定将刑事卷证的内涵主要限定于证据卷,具有一定科学性与合理性。但该观点也存在不足:未与法律规范相结合,且所指载体仅包括"文字",与司法实践不完全相符。最后,关于法律规范结合型的观点。该观点将刑事卷证的内涵与我国刑事诉讼法律规范相结合进行界定,较为科学、合理。李毅教授认为,"案卷材料"和"证据"在我国《刑事诉讼法》中是并列关系,故可以把刑事案卷和相关证据材料统称为"刑事卷证"。③ 其认为,刑事卷证是以文字为载体、以卷宗(证据卷)为形式所形成的证据材料。④ 但该观点未明晰刑事卷证的法律效力,并未明确将不具有法律效力的非法证据等刑事卷证材料排除在外,存在一定不足之处。

在我国台湾地区的刑事诉讼理论研究中,学界和实务界也是使用"卷证"这一概念,探讨刑事卷证是否应当移送以及法官预断排除、被告人权利保障、中间程序建构等相关制度如何改良。只不过在笔者掌握的文献中,尚无专门针对刑事卷证概念作出界定的权威表述。但从学者及实务界人士的相关研究中,可以看出其使用的刑事卷证的概念,指向与认定被告人有罪相关的侦查卷证资料。因为相关主题的诸多探讨主要集中于防范法官形成预断、促成法官形成内心确信、保障被告人的防御权等方

---

① 参见唐治祥:《刑事卷证移送制度研究——以公诉案件一审普通程序为视角》,西南政法大学 2011 年博士学位论文。
② 参见牟军:《刑事卷证:以文字为起点的证据分析》,载《法学论坛》2016 年第 6 期。
③ 参见李毅:《我国刑事卷证之局限性及其改进》,载《广西社会科学》2016 年第 1 期。
④ 参见李毅:《我国刑事卷证移送制度审视》,载《理论导刊》2015 年第 4 期。

面,例如:法官于审判前,"业已详阅卷证,其已形成相当程度之心证"①;阅卷或证据开示,都是为了让被告人及其辩护人"得以知悉追诉事由以及追诉所依据的证据资料"②。林钰雄教授也对刑事卷证并送是否导致法官预断进行了探讨,③其认为,在英美法系国家,检辩双方有各自搜集的资料,但是并不存在从侦查、审判中到确定后、执行时检辩双方都可以使用的共同"case file"或"dossier";这种共同的卷证资料在德国法上被称为"Akten",也就是通称的卷证。与此同时,我国台湾地区澎湖地方法院检察署检察官吴巡龙对刑事卷证并送制度是否会影响法官心证及刑事裁判的公正性作了分析,苏友辰律师也从"要完全避免在第一次审判期日前接触卷证""造成心证污染而排除预断难以做到"等维度探讨了刑事卷证制度。但均未明晰刑事卷证的具体内涵。

考察学界关于刑事卷证制度的研究可知,刑事卷证制度所探讨的是将其作为诉讼资源如何利用的问题,应分别从其运用所要达到的诉讼目的、其合理运用所需的保障条件、其运用过程中所产生的冲突的化解以及其运用可采行的模式等维度,为刑事卷证制度的运行理性提供可参考的标准。因此,笔者根据现行规范性法律文本规定的要旨,结合司法实践,参照法律规范结合型的观点,把我国刑事诉讼中侦控机关制作的具有诉讼效力的"案卷材料"和"证据"统称为刑事卷证,以凸显刑事卷证的证据功能。进言之,本书所称刑事卷证,是指侦查、控诉机关在刑事诉讼活动中制作形成的以证据卷为主要形式的具有诉讼效力的各种证据材料的统称,其主要作用在于提供证据信息,以供办案单位和有关人员审查判定刑事案件事实。

梳理法律规范及考察司法实践不难看出,刑事卷证的产生与刑事诉讼的发展阶段密切相关。因此,与刑事诉讼中的侦查、起诉、审判以及执行阶段相对应,刑事卷证可以分为侦查卷证、公诉卷证、审判卷证和执行卷证。但本书研究的刑事卷证主要是指庭前刑事卷证,原则上不包括审

---

① 黄朝义:《起诉卷证并送与法庭权责不明下实施交互诘问之省思》,载《月旦法学杂志》第66期。
② 柯耀程:《起诉卷证并不并送的迷思》,载《军法专刊》2017年第4期。
③ 参见林钰雄:《论中间程序——德国起诉审查制的目的、运作及立法论》,载《月旦法学杂志》第88期。

判卷证和执行卷证。

（二）刑事卷证的外延

刑事卷证的外延，就是具有刑事卷证概念所反映的卷证特有属性的诉讼材料的范围。依照2018年《刑事诉讼法》第50条的规定，证据包括物证，书证，证人证言，被害人陈述，犯罪嫌疑人、被告人供述和辩解，鉴定意见，勘验、检查、辨认、侦查实验等笔录以及视听资料、电子数据八种类型。按照证据形成的方法、表现形式、存在状况以及提供方式的不同，学理上将证据分为实物证据和言词证据两大类别。前者是指以一定实物形态表现出来的证据，它以物理状态、自然现象、痕迹等实在物的形式呈现。后者是指以人的陈述方式表现出来的各种证据，它是人的意识对案件情况作出反应而形成的。我国《刑事诉讼法》规定的证人证言，被害人陈述，犯罪嫌疑人、被告人供述和辩解以及鉴定意见属于言词证据；物证，书证以及勘验、检查、辨认、侦查实验等笔录，视听资料、电子数据属于实物证据。① 与直接证据和间接证据、原始证据和传来证据等其他分类方法相比，只有这一学理上的"二分法"才能将《刑事诉讼法》规定的八种证据类型完全分开，而不至于出现重复交叉的情形。同时，这一分类方法在司法实践中也被广泛运用。考察司法实践发现，办案人员也通常将以人的陈述形式表现出来的证据材料作为言词证据对待，而将以物品、痕迹、文件等实物形式表现出来的证据材料视为实物证据。

据此，刑事卷证的外延以法定证据形态呈现，包括以言词证据和实物证据形式表现出来的所有证据材料。当然，实物证据的刑事卷证形式在实践中的具体表现有所区别，如物证这一实物证据，它的刑事卷证表现形式除物证本身以外，还包括搜查笔录、提取笔录、扣押笔录以及扣押物品清单等刑事卷证材料。书证、电子数据等实物证据亦然。

结合司法实践情况，本书将我国刑事卷证的外延分为两类：一类是言词证据类卷证材料。具体表现为证人询问笔录，被害人询问笔录，犯罪嫌疑人、被告人讯问笔录，鉴定意见以及情况说明，案件侦破揭发情况等卷证材料。另一类是实物证据类卷证材料，包括勘验、检查、辨认、指认、侦

---

① 参见陈光中主编：《证据法学》（第四版），法律出版社2019年版，第217—218页。

查实验等笔录,以及提取物证、书证等实物证据时办案人员制作的搜查笔录、提取笔录、扣押笔录和扣押文件、物品清单等卷证材料。此外,实物证据还包括电子数据、视听资料及其相关刑事卷证材料。

　　在采行职权主义诉讼模式的国家中,任何刑事案件,检察机关在提起公诉时都必须将卷证材料提交审理法院。这里的卷证材料与我国的刑事卷证的外延基本类似,比如,法国刑事卷证的外延与我国刑事卷证就大体一致。澳大利亚学者布朗·麦基洛普对法国刑事案件的实证研究表明,在重罪案件中,审前阶段形成的刑事卷证包括四个部分:文件卷宗、有关被告人个人情况的卷宗、有关审前羁押情况的卷宗以及有关案件事实的侦查卷宗。其中,侦查案卷是审前阶段形成的卷证的主体部分,内容包括警察在初步调查之前及之中的取证情况记录和预审法官的侦查活动记录两部分。具体而言,警察的取证情况记录包括:调查情况概述、讯问犯罪嫌疑人的笔录、询问证人的笔录、文件和物品清单。预审法官的侦查活动记录包括:预审法官讯问被告人的笔录、专家报告、检察官和预审法官交换意见的文件等。① 同时,在轻罪案件和违警罪案件中,审前阶段的刑事卷证包括两个部分:一是笔录类证据材料,如询问(讯问)笔录、搜查笔录、侦查笔录、鉴定意见及报告等;二是文书类证据材料,如搜查证、通知、传票、收据、说明等。② 再如,根据德国学者约阿希姆·赫尔曼的描述,德国审前阶段形成的刑事卷证材料也与我国的刑事卷证大致相同。然而,德国的刑事庭审严格限制刑事卷证的运用,法官的裁判只能依赖刑事庭审所形成的心证作出,而不能依赖庭前或庭后的阅卷活动。

　　综上可知,刑事卷证是采行职权主义诉讼模式国家刑事诉讼的载体,也是刑事诉讼活动的产物,其与刑事诉讼程序相伴而生、相伴而行。由于"正当程序"和认识论等方面的原因,现代大陆法系国家立法上虽然坚持只有当庭提出的信息才能用作裁判的依据的理念,但这种法律设置并没有使法庭放弃依赖刑事卷证的老习惯,"书面证据的帷幕只是从审判

---

① See Bron McKillop, Anatomy of a French Murder Case, 45 Am. J. Comp. L., 527(1997).
② See Bron McKillop, Readings and Hearings in French Criminal Justice: Five Cases in the Tribunal Correctionnel, 46 Am. J. Comp. L.,757(1998); See Bron McKillop, Police Court Justice in France: Investigations and Hearings in Ten Cases in the Tribunal de Police, 24 Sydney L. Rev., 207 (2002).

程序中部分升起:事实审理者继续从以前的取证笔录中寻找出路"①。

二、刑事卷证与易混淆概念的关系辨析

(一)刑事卷证与刑事卷宗

卷宗、案卷分别作为刑事卷宗、刑事案卷的上位概念,有必要对其源流作一简要探究。依照《中华法学大辞典》(简明本)的解释:"卷宗,称案卷。一组具有密切联系的放在卷夹(盒、袋、筒)内加以排列编号拟有标题的文件材料集合体。一般反映一项工作活动的情况或一个问题、一件事的处理过程。"②据笔者梳理,对卷宗、案卷作出专门源流考证的研究成果,在刑事诉讼法学乃至其他法学研究领域几乎没有,其主要存在于档案学研究领域。根据档案学学者以历史语言学研究方法得出的结论,卷宗是我国重要文档名词之一,它起源于少数民族建立的元朝,最初的词义为"记录事件源流的文件整体",指事件发生原委的一系列文件记录。其出现与元代出现的照刷磨勘文卷制度密切相关,卷宗在这里被用于刷卷制度,指的是查阅相关的文件记录,也特指稽查各所属衙门审理刑狱案件的情况。③ 明清以降,卷宗一词的使用范围逐渐扩大至文书管理及法律等领域,并且使用日趋规范。案卷一词最早出现于五代时期,最初出现时,其含义与卷宗并不相同。卷宗最早的含义是"包括事件发生原委的一系列文件"④,其重点是表示"事物源流"和"集合"之义。案卷则自产生之日起就是指与司法刑狱有关的专门档案,其运用领域较为特定,使用范围比卷宗狭窄。但案卷一词在民国时期,词义逐渐演变,有了"集合"之义,与卷宗相同的含义。⑤ 据此可知,随着词义的逐渐演变、相互融合,在法律领域,卷宗和案卷的含义相近。

本书认为,刑事卷宗通常又被称为刑事案卷,是对办案机关和个人在刑

---

① [美]米尔建·R.达马斯卡:《漂移的证据法》,李学军等译,中国政法大学出版社 2003年版,第98页。

② 《中华法学大辞典》(简明本)编委会:《中华法学大辞典》(简明本),中国检察出版社 2003版,第386页。

③ 参见丁海斌、李灵珊:《"卷宗"一词源流考》,载《档案管理》2020年第4期。

④ 同上注。

⑤ 同上注。

事诉讼活动中获得的用以反映刑事案件办理过程和结果的各种诉讼文书和证据材料的总称,其载体形式主要是笔录文件,同时还夹杂着绘图、照片、录音录像等其他形式。侦查、起诉和审判机关在行使刑事诉讼职能的过程中都要形成相应的刑事卷宗,分别是侦查卷宗、起诉卷宗、审判卷宗以及执行卷宗。① 以是否公开为区分标准,无论是何种卷宗,均可分为正卷和副卷两大类别。正卷是公开的刑事卷宗,诉讼参与人、办案机关工作人员均可以查阅,据此可以称为"公开卷"。副卷是不公开的刑事卷宗,它只是在各自系统内部必要时由"自己人"调阅的刑事卷宗,故又称为"内部卷"。故而,侦查卷宗就可以分为侦查正卷和侦查副卷,起诉卷宗、审判卷宗等的亚分类亦然。

侦查正卷又可以分为诉讼文书卷和证据卷两大类别。诉讼文书卷一般不对案件实体处理结果产生实质性影响,更多是发挥着司法管理方面的功能。从内容上看,它是办案机关或个人在刑事诉讼活动中因行使职权、履行职责而产生的诉讼文书,如立案决定书、起诉书、侦查终结报告、搜查证、拘留证、逮捕证以及立案告知书、询问证人通知书、拘留通知书、鉴定意见通知书、释放通知书等。证据卷包括各种证据材料,对案件的实体处理发挥着实质性作用。从内容上看,证据卷通常由三部分组成,对应于刑事卷证的两类外延:实物类卷证材料和言词类卷证材料。在我国司法实践中,证据卷内的刑事卷证第一部分是书证原件、物证原物或者其照片、录音录像等原始证据材料,以及书证的复印件、物证的复制品、录音录像资料的复制件等卷证材料;第二部分是为固定、保存原始证据而形成的各种笔录等书面卷证材料;第三部分是记录证人证言、被害人陈述、被告人供述等言词证据材料。

据此,对照前文所述刑事卷证的外延不难发现,刑事卷证是刑事卷宗的核心组成部分。质言之,刑事卷证是刑事卷宗的下位概念,它大体上相当于刑事卷宗侦查正卷中的证据卷,既影响着案件的实体处理结果,又将侦查、起诉和审判有机地联系在一起。它以文字、图片、电子数据为载体,以卷宗(证据卷)、光盘、电子存储介质等为主要形式。从内容上看,刑事卷宗的内容比刑事卷证更丰富,覆盖面更广泛;刑事卷证所指的内容比

---

① 参见左卫民:《中国刑事案卷制度研究——以证据案卷为重心》,载《法学研究》2007年第6期。

刑事卷宗狭窄得多,它并不包括副卷在内,一定程度上是指侦控机关的证据卷。从功能上看,刑事卷宗具有保障司法管理和提供证据信息的双重功能;但刑事卷证具有提供证据信息的主要功能,也是其基本功能,这是刑事卷证之所以在刑事诉讼中具有旺盛生命力的重要前提,同时刑事卷证也兼具司法管理的辅助功能。

(二)刑事卷证与案卷笔录

有学者在考察了我国刑事庭审方式改革之后,提出了我国刑事审判中存在着一种"以案卷笔录为中心的裁判模式"①的观点,且颇具影响力。按照该研究者的注解,案卷笔录主要是指刑事审前阶段的侦查案卷,实际上就是指侦查卷宗。依笔者之见,其所研究的案卷笔录主要是指,侦查机关在刑事审前阶段就整个侦查过程和所收集的证据情况所作的工作记录,也包括检察机关在审查起诉过程中对一些证据进行调查核实后以笔录方式记载下来并附入案卷的材料。

然而,该研究者使用的案卷笔录的表述,容易让人误以为其仅仅是指刑事诉讼活动中的"询问笔录""讯问笔录"等言词证据材料以及勘验、提取、辨认、指认笔录等"笔录类"证据材料。实际上,刑事卷证是由控诉方制作的对整个侦查过程中证据收集、固定、保管的各种记录的总和,不仅包括各种笔录材料、鉴定意见以及具有法律效力的各种书面文件,②还包括物证、书证、录音录像资料、电子数据等实物类卷证材料。

故而,本书认为,案卷笔录所表述的含义不及刑事卷证的用语贴切、准确,案卷笔录的表述容易引起误解。再者,刑事卷证这一术语的外延比案卷笔录要广泛一些,能够更加准确地呈现提供证据信息的卷证材料在刑事诉讼中的实务运行样态,从而在此基础上展开对刑事卷证应当如何运用这一关键问题的探讨。

(三)刑事卷证与书面证言

与刑事卷证的概念相近的还有另外一个表述,即书面证言。龙宗智

---

① 陈瑞华:《刑事诉讼的中国模式》(第二版),法律出版社 2010 年版,第 161 页。
② 参见兰跃军:《以审判为中心优化案卷笔录的运行环境》,载张中主编:《刑事诉讼法哲理思考——樊崇义教授八十华诞庆贺文集》,中国人民公安大学出版社 2020 年版,第 765 页。

教授认为,"书面证言,是指证人在法庭审判之前对侦查、检察、审判和辩护人作证所形成的证言笔录及亲笔证词"①。实质上,该观点似乎是将书面证言与我国《刑事诉讼法》中规定的"证人证言"这一证据类型等而视之,其所指的含义较为狭窄,仅指询问笔录,属于狭义的书面证言。颜飞博士对此进行了拓展,其认为,书面证言包括证人及专家证人的证言、被害人的陈述以及鉴定人所作出的鉴定意见,"我国刑事诉讼中书面证言的概念事实上包含于大陆法系的询问笔录及英美法系的传闻证据这两个概念之中"②。这里使用的书面证言则属于广义的书面证言。

如前所述,刑事卷证不仅仅包括广义上的书面证言,还包括其他形式的证据材料,如现场勘验、检查笔录,查封、扣押、搜查笔录,辨认、指认笔录等。因此,本书认为,书面证言这一概念应当作为刑事卷证的下位概念来理解使用。采用书面证言的表述,它的内涵和外延相对于刑事卷证而言显得较为狭窄,不当限缩了刑事卷证的内涵。

第二节 刑事卷证制度的内涵

刑事卷证制度,是指刑事诉讼活动中基于刑事卷证的制作、移送、运用方式而形成的固定模式。它的内涵包括刑事卷证的制作制度、移送制度以及运用制度三个方面。

一、刑事卷证制作制度

刑事卷证制作制度,是指在刑事诉讼活动中由有关办案人员按照规定的要求及技术规程将卷证材料整理成册、成卷、成盘的制度。在侦查阶段,侦查、调查机关进行刑事诉讼活动一般都会形成书面材料,有关人员要按照一定的技术规程将这些书面材料整理成册、成卷,同时要将相关语音资料、影像资料、数据资料等刻录成电子光盘,从而形成刑事卷证。此外,诉讼参与人在诉讼过程中提供的书面材料等也被纳入刑事卷证。

在我国,刑事卷证可谓刑事诉讼活动的"地基",侦查、起诉、审判等机

---

① 龙宗智:《论书面证言及其运用》,载《中国法学》2008 年第 4 期。
② 颜飞:《论书面证言》,西南政法大学 2009 年博士学位论文。

关不可不重视刑事卷证的制作。在司法领域,各最高领导机关或指导机关都对各自系统内的刑事卷证如何规范制作、如何装订立卷、如何整理归档等作出了明确具体的规定。根据《公安机关刑事法律文书式样(2012版)》的要求,刑事侦查卷证由封面、卷内文件目录、卷内文件组成。为了使检察机关诉讼文书档案管理工作进一步标准化、规范化,2000年11月最高人民检察院、国家档案局联合颁发施行了修订后的《人民检察院诉讼文书立卷归档办法》,对检察机关诉讼文书档案的分类、内容、装订顺序、装订方法等作出了统一规定,一些地方检察机关还对此进行了细化规定,如《北京市人民检察院关于〈人民检察院诉讼文书立卷归档办法〉的补充规定》(2001)等。最高人民法院一直以来也高度重视人民法院诉讼文书立卷归档工作,早在1984年1月即与国家档案局联合制定了《人民法院诉讼文书立卷归档办法》《人民法院诉讼档案管理办法》以及《人民法院诉讼档案保管期限的规定》等规范性文件,对人民法院诉讼文书的制作立卷、整理归档及保管期限等作出明确规定。此外,随着一些案件审理及监督工作要求的与时俱进,最高人民法院还专门制定出台了卷证材料及诉讼档案的相关规定,如2014年4月最高人民法院发布《关于减刑、假释案件审理程序的规定》,就减刑、假释案件的卷证材料装订专门作出了规范。

在域外,采行职权主义诉讼模式国家的刑事诉讼的一大特征就是具有完整的刑事卷证,其囊括了审前侦查所涉及的所有证据材料,包括犯罪嫌疑人的供述、证人证言、物证、书证等。这些刑事卷证可以为检察官及法官提供必要的指引,且并不必然损及刑事庭审的言词性。在职权主义诉讼模式下,每一个参与刑事诉讼的国家机关都负有查明案件事实真相的责任。因为,"在每一个案件中,裁判都需要有说服力的事实基础———一套足以推翻无罪推定以及中立观察者对被告人是否有罪持有的合理怀疑所需的事实"[①]。故而,侦查、起诉、审判等机关进行的每一项诉讼活动都必须进行详细记录,并形成内容完整的刑事卷证。大陆法系国家普遍要求警察就讯问犯罪嫌疑人的情况制作详细的笔录。比如,在法国,司法警察对被拘留人的

[①] [德]托马斯·魏根特:《刑事诉讼致力于事实真相么———一个德国人的视角》,吴宏耀译,载何家弘主编:《证据学论坛》(第十卷),中国检察出版社2005年版,第520页。

每次讯问,均应在笔录中写明被拘留人接受讯问的持续时间、各次讯问间隔的休息时间、开始拘留的日期和时刻、释放或者移送有管辖权的法官的日期和时刻。① 在意大利,有权机关或相关人员在参与审前阶段时还要形成"双重卷证"②,以顺利推进刑事诉讼进程。此外,在由预审法官主持审前程序的其他大陆法系国家,预审的过程实际上就是刑事卷证制作的过程,办案机关应将全部预审文书以及经预审产生的所有决定都归入刑事卷证。

事实上,英美法系国家近几十年也开始重视卷证的制作。③ 美国刑事诉讼中虽然奉行卷证不并送主义,但其审判无论是采用陪审团审判还是职业法官审判,法官在审判前都可以调阅起诉审查或者大陪审团的记录,这些记录包括有证据能力及无证据能力的证据,以方便法官高效地指挥诉讼。

二、刑事卷证移送制度

刑事卷证移送制度,指刑事诉讼中卷证的流转,核心是侦查阶段制作的刑事卷证如何进入下一诉讼阶段。

根据侦查与起诉之间的关系,在刑事公诉一审案件中,侦查机关移送审查起诉时,必须将全部刑事卷证移送检察机关。但在检察机关提起公诉时,不同的诉讼模式则作出了不同的制度安排:有的要求将所有刑事卷证一并移送审判机关,典型代表如德国、法国及中国;有的则不必然移送,典型代表如日本、韩国及英美法系国家。

根据起诉与审判之间的关系,刑事卷证移送模式可以分为卷证不并送模式与卷证并送模式。所谓卷证不并送模式,是指检察机关在提起公诉时只向法院移送起诉书,有关案件的刑事卷证材料留待法庭审判时由控辩双方向法官出示,法官负责法庭审判,控审职能完全分离的一种程序

---

① 参见孙长永:《侦查程序与人权——比较法考察》,中国方正出版社 2000 年版,第 172 页。

② 双重卷证,是指在意大利刑事诉讼中,将初始的侦查卷证一分为二:一份是庭审卷证,该卷证交由庭审法官查阅,可在庭审中宣读并作为判决的依据;另一份是公诉人卷证,庭审法官不得接触该卷证,以免形成庭前预断。

③ 参见施鹏鹏、李佩云:《日本刑事诉讼中的"精密司法"现象及检讨——兼谈中国刑事诉讼改革的方向性误区》,载施鹏鹏主编:《现代刑事诉讼模式:对话与冲突》,中国政法大学出版社 2021 年版,第 452 页。

结构。① 这种诉讼构造在日本被称为"起诉状一本主义"。这种模式主要施行于英美法系国家以及日本等一些转型国家。所谓卷证并送模式，是指检察机关在提起公诉时，将刑事卷证连同起诉书一并移送给审理法院，法官庭前即可对刑事卷证进行审阅，庭审以"审卷"为主，控审职能相对分离的一种程序结构。这种模式主要适用于大陆法系国家。比如在德国，刑事诉讼分为三个阶段：由公诉检察官主导的侦查阶段、检察官向法院提交正式起诉书之后的中间阶段以及法庭审判阶段。侦查旨在查清案件事实。检察官认为存在充足理由的，就会向审判法院提交起诉书，并将囊括各种文件及侦查结果的刑事卷证一并移送法院。② 在中间阶段，审判法院将审查刑事卷证，并根据侦查阶段所收集的证据，由负责法庭审理的法院作出是否启动或者暂予停止诉讼程序的裁决，如果根据准备程序的结果认为被追诉人有足够的犯罪嫌疑，法院就会裁定启动审判程序。③ 同样，在法国，就刑事卷证移送而言，无论是哪一类犯罪案件，法国检察官都应当立即将刑事卷证材料与裁定转送对案件作出判决的法院的书记官室。

卷证不并送模式与卷证并送模式各有优劣，且此方优点一般是彼方缺点。卷证不并送模式的主要优点是：其一，有利于当事人推进诉讼进程的制度目标的落实。在当事人主义诉讼模式中，所设计的制度目标之一就是诉讼进程由双方当事人共同推进。而当事人要顺利推进诉讼进程，一个很重要的前提就是各方均要向法庭提出有利于己方的证据。刑事卷证不并送模式可以促使控辩双方积极调查收集证据，从而促推当事人主义诉讼模式目标的实现。其二，有利于防范法官庭前预断的形成。卷证不并送模式要求检察机关在庭前不得向法院移送任何刑事卷证，开庭审理时一般只能以"第一手"资料的方式提出证据，并由辩方当面进行质证，防止法官受刑事卷证的影响在庭前形成预断，确保公正审判。其

---

① 参见梁欣：《刑事诉讼文化论》，北京大学出版社2011年版，第95页。
② 参见［德］托马斯·魏根特：《德国刑事程序法原理》，江溯等译，中国法制出版社2021年版，第1页。
③ 《德国刑事诉讼法》第199条第1款规定：是否启动或者暂予停止诉讼程序，由负责法庭审理的法院裁决。第203条规定：根据准备程序结果认为被诉人有足够的犯罪行为嫌疑时，法院裁定启动审判程序。参见《世界各国刑事诉讼法》编译委员会编译：《世界各国刑事诉讼法（欧洲卷·上）》，中国检察出版社2016年版，第291页。

三,有利于贯彻控审分离原则。控辩双方当庭进行举证、质证活动,可以使法官居中裁判,有利于真正实现控审分离,实现控辩平等对抗。

卷证并送模式的主要优点是:其一,有利于职权查明义务的履行。在刑事卷证并送模式中,法官可以在庭前接触全部刑事卷证,对控方提供的卷证材料进行审阅,以便于法官积极履行职责,查明事实真相。其二,有利于诉讼效率的提高。通过接触卷证材料,法官可以在庭前获悉案件事实及双方的争议焦点,在庭审中就能够有针对性地进行法庭调查,以便于调查争点事实、审查重点证据,从而避免刑事庭审冗长、拖沓,提高刑事诉讼效率。"当证人在审判中被询问时,法官已经熟悉了早期从证人那里取得之陈述的主旨。"①法官在审前就刑事卷证准备得越充分,就越熟悉案情,就越能准确地把握争议焦点并努力推进争议焦点的查明。其三,有利于辩方权利的保障。在实行卷证并送主义的国家,法律上一般都会规定辩方的阅卷权,辩护人有权到审理法院查阅刑事卷证。而赋予辩方阅卷权,对于维护被告人的合法权益而言尤为重要。

三、刑事卷证运用制度

刑事卷证运用制度,是指公诉机关、审判机关以及辩护人等从事刑事诉讼活动时,按照有关规定运用刑事卷证的制度。以诉讼阶段划分,刑事卷证运用可以分为审前阶段的刑事卷证运用、审判阶段的刑事卷证运用和审后阶段的刑事卷证运用。一般而言,审前阶段的侦查、调查及批准逮捕、审查起诉活动是为审判阶段的审理、裁判活动做准备的,审判阶段才是最终解决被告人刑事责任有无以及如何承担的核心阶段。

首先需要说明的是,刑事卷证如何运用这一问题,有广义和狭义之分。广义的刑事卷证运用制度,既包括审前阶段的刑事卷证运用,也包括审判阶段的刑事卷证运用以及审后阶段的刑事卷证运用;狭义的刑事卷证运用制度,仅指审判阶段的刑事卷证运用。本书重点研究的是刑事卷证在一审审判阶段的运用问题,即狭义的刑事卷证运用制度。确定这一研究重点的主要考虑是:其一,目前我们所争议的刑事卷证在理论和实

---

① [美]米尔建·R.达马斯卡:《漂移的证据法》,李学军等译,中国政法大学出版社2003年版,第99页。

践中出现的对立问题并不在于刑事卷证作为一种证据形态本身应否存续的问题,而在于刑事卷证制度规范和运用方式的问题。① 究其本质而言,我国刑事诉讼中的卷证问题实际上不是卷证移送制度是否需要废除以及刑事卷证能否运用的问题,而是庭审中如何运用刑事卷证以及刑事卷证运用中如何规制的问题,特别是在证人、鉴定人、侦查人员等出庭后,应如何对刑事卷证进行有效限制,从而使证人等出庭更具实际法律意义。正如一些学者所言,刑事卷证是我国司法固有的被标签化了的特征,也是不能忽略的、运用卷证体现的刑事审判技术特质。② 正是从这个意义上讲,本书认为,研究刑事卷证在公诉案件一审审判阶段的运用,才是实现刑事庭审实质化的核心要点。其二,囿于笔者学识、能力及研究兴趣、所掌握资料等,本书的研究以一审审判阶段的刑事卷证运用相关问题为中心,原则上不涉及审前阶段和审后阶段的刑事卷证运用问题。故本书所称刑事卷证运用制度,系指狭义上的一审审判阶段的刑事卷证运用制度。

刑事卷证运用制度是刑事卷证制度的核心环节,它具有保障当事人诉讼权利以及限制侦、诉、审机关公权力的双重功能。就保障辩方诉讼权利而言,各国采用了不同的方式,概括起来主要有证据开示制度和阅卷制度两种。一般来讲,大陆法系国家的刑事诉讼法大多规定,辩护人具有查阅、摘抄、复制刑事卷证的权利;英美法系国家则规定了证据开示制度。就限制公权力而言,各国采用的方式亦不相同,英美法系国家多通过对质权规则、传闻证据排除规则等限制检察官不得在法庭上宣读刑事卷证,法官也不得将刑事卷证作为定案的根据。大陆法系国家则通过直接言词原则以及侦查程序法治化等规制方式达到上述目标。比如,《德国刑事诉讼法》第250条规定了询问本人原则,明确要求:在法庭审理中,"询问不允许以宣读以前的询问笔录或者书面证言代替"③。此外,在德国的刑事审

---

① 参见牟军:《刑事卷证:以文字为起点的证据分析》,载《法学论坛》2016年第6期。
② 参见牟军:《刑事卷证与技术审判》,载《北方法学》2016年第4期。
③ 《德国刑事诉讼法》第250条规定:对事实的证明如果是建立在个人的认识上的,在法庭审理中应当对其询问。询问不允许以宣读以前的询问笔录或者书面证言代替。参见《世界各国刑事诉讼法》编译委员会编译:《世界各国刑事诉讼法(欧洲卷·上)》,中国检察出版社2016年版,第296页。

判阶段,对于绝大多数刑事案件,法院会针对指控安排庭审。但在审判阶段,法院(通常是主审法官)有责任收集、展示足以支持法官作出刑事裁判的证据。控辩双方享有广泛的参与权,但主审法官才是保证现有证据足以查清事实以及主导讯问的主体。①

在我国刑事诉讼活动中,刑事卷证在审判阶段的运用几乎不受任何限制。依照 2018 年《刑事诉讼法》第 195 条等规定,公诉人可以在一审法庭上宣读有关刑事卷证,审判人员可以将庭审中经举证、质证并查证属实的刑事卷证作为定案的依据。在二审、复核等救济审程序中,上级人民法院可以将刑事卷证作为认定案件事实的依据,并评估一审人民法院的处理结果是否恰当。

四、刑事卷证各项制度的地位

看似简单的刑事卷证各项制度,却涉及刑事庭审实质化、刑事司法公正等诸多关键问题。② 本书认为,从保障刑事庭审实质化的角度观之,刑事卷证如何制作是刑事卷证制度的基础,刑事卷证是否应移送是刑事卷证制度的关键,而刑事卷证如何运用则是刑事卷证制度的核心。

(一)刑事卷证制作制度是刑事卷证制度的基础

如前所述,在任何国家的刑事诉讼活动中,都会形成各具特色的刑事卷证。在采行职权主义诉讼模式的国家尤其如此,"欧陆的法官根据审前官方细致的调查所形成的卷宗来开展工作"③。

首先,在采行职权主义诉讼模式的国家,刑事卷证的制作已然是刑事庭前程序的基础。《德国刑事诉讼法》第 168 条等规定,法官的每一项调查行为都应当制作笔录,并存入案卷,侦查机关的侦查结果也要载入案卷。④ 德国法官在调查刑事案件时,讯问犯罪嫌疑人,询问证人、鉴定人以

---

① 参见[德]托马斯·魏根特:《德国刑事程序法原理》,江溯等译,中国法制出版社 2021 年版,第 1 页。
② 参见刘根菊等:《刑事诉讼程序改革之多维视角》,中国人民公安大学出版社 2006 年版,第 334 页。
③ [美]兰博约:《对抗式刑事审判的起源》,王志强译,复旦大学出版社 2010 年版,第 313 页。
④ 《德国刑事诉讼法》第 168 条规定:法官的每一项调查行为都应当制作笔录。参见《世界各国刑事诉讼法》编译委员会编译:《世界各国刑事诉讼法(欧洲卷·上)》,中国检察出版社 2016 年版,第 289—290 页。

及勘验时,均需要依照法律规定制作笔录,有时还需要进行录音录像。同时,对于法官询问证人、鉴定人或者勘验的行为,法律均明确规定:允许检察官、犯罪嫌疑人和辩护人在场。① 据此可知,在德国刑事卷证的制作过程中,职权机关的侦查、调查行为的合法性、适当性,以及犯罪嫌疑人、被告人及其辩护人权利保障的落实情况,均与之密切相关。在法国,从刑事卷证的形成开始,就注重从立法上对刑事卷证的有效性、合法性进行规范。依照《法国刑事诉讼法典》第 171 条以及第 174 条第 3 款的规定,违反该法典或者其他刑事诉讼程序规定所确定的某项实质性手续,危害有关当事人的利益时,即产生无效的法律后果。同时,被宣布无效的文件或证据,应当从刑事卷证中撤出,并送上诉法院书记室归档;任何机关或个人不得从被撤销的文书和文件及其部分摘取任何材料,用以对抗当事人。如果违反前述规定,将对违反该规定的律师和法官进行纪律追究。②

其次,在采行混合主义诉讼模式国家的刑事诉讼中,刑事卷证的制作也是一项必不可少的基础性工作。根据 1988 年《意大利刑事诉讼法典》的规定,办案人员不管是在询问当事人、在已接受询问或者讯问的人员之间进行对质,还是组织有关人员进行辨认,都要制作笔录。其中,该法典第 214 条第 3 款明确规定,在进行辨认时,笔录中须"记入辨认活动进行

---

① 《德国刑事诉讼法》第 168c 条规定:(1)法官讯问犯罪嫌疑人时,允许检察官、辩护人在场。(2)法官询问证人、鉴定人时,允许检察官、犯罪嫌疑人和辩护人在场。(3)如果犯罪嫌疑人在场将危及调查目的的,法官可以决定排除其审理时在场,此规定尤其适用于犯罪嫌疑人在场时,证人不据实陈述之虞的情形。(4)被限制自由行动的犯罪嫌疑人有辩护人的,只有权要求在在押地法院进行的法官调查时在场。(5)对有权在场人要提前通知讯(询)问日期。如果通知有危及调查之虞的,不予通知。有权在场人就此日期不能出席的,无权请求改期。参见《世界各国刑事诉讼法》编译委员会编译:《世界各国刑事诉讼法(欧洲卷·上)》,中国检察出版社 2016 年版,第 290 页。

② 《法国刑事诉讼法典》第 171 条规定:违反本法典或其他刑事诉讼程序规定所确定的某项实质性手续,危害所涉及的当事人的利益时,侦查行为无效。第 174 条第 3 款规定:被撤销的文书或文件从侦查案卷中撤出,并且由上诉法院书记室进行归档。仅有部分被撤销的诉讼文书或文件,在复制副本经验证与原本相符后,涂销被撤销的部分。副本存交上诉法院书记室归档。禁止从已经被撤销的文书或文件中或者被撤销的文书之部分摘取任何材料,用以对抗当事人,否则,对律师和法官实行纪律追究。参见《世界各国刑事诉讼法》编译委员会编译:《世界各国刑事诉讼法(欧洲卷·上)》,中国检察出版社 2016 年版,第 602、603 页。

的方式,否则辨认无效"①。此外,该法典规定的检查、勘验、搜查、扣押以及通信监听等收集证据的方法,同样须制作笔录以形成卷证材料。在进行检查、勘验时,为了保存原始资料,司法机关可以制作标记、描绘、照片或者进行其他技术工作。② 对于被扣押的文件,如果其是某一不可拆散的卷册或登记簿的组成部分,且司法机关认为不宜制作副本的,那么可以对整个卷册或登记簿实行司法寄存。③ 对于通信监听而言,办案人员应将监听到的通话内容整理成笔录,也可以简明扼要地加以整理。如果法官决定完整地整理所调取的录音或者采用易于理解的形式打印电子或电信联系中的通信流,则须遵循为开展鉴定工作而规定的程序、方式。同时,将整理或打印出的材料并入为法庭审理而准备的刑事卷证。④ 为了保障辩护权的充分行使,该法典明确规定辩护人可以得到上述卷证材料的副本。

最后,我国在刑事诉讼活动中,同样重视刑事卷证制作这一基础性工作。考察刑事诉讼法律规范、相关司法解释以及公安机关等办理刑事案

---

① 《意大利刑事诉讼法典》第 214 条第 3 款规定:在笔录中记入辨认活动进行的方式,否则辨认无效。法官可以决定通过照相、录像或者采用其他手段或程序将进行辨认的情况记录下来。参见《世界各国刑事诉讼法》编译委员会编译:《世界各国刑事诉讼法(欧洲卷·下)》,中国检察出版社 2016 年版,第 1659 页。

② 《意大利刑事诉讼法典》第 244 条规定:(1)当需要查明犯罪的痕迹或其他物理效果时,以附理由命令的形式决定对人身、地点和物品进行检查或勘验。(2)如果犯罪没有留下痕迹或物质后果,或者这些痕迹或后果消失、消除、消耗、改变或移动,司法机关应将现实状况记录下来,并尽可能查明先存的状况,尽力确定有关状况变更的方式、时间和原因。司法机关可以制作标记、描绘、照片或者进行其他技术工作,包括针对电子或电信系统,采取必要的技术措施,以保存原始资料并防止对其删除。参见《世界各国刑事诉讼法》编译委员会编译:《世界各国刑事诉讼法(欧洲卷·下)》,中国检察出版社 2016 年版,第 1662 页。

③ 《意大利刑事诉讼法典》第 258 条第 4 款规定:如果被扣押的文件是某一不可拆散的卷册或登记簿的组成部分并且司法机关认为不宜制作其副本,则对整个卷册或登记簿实行司法寄存。公务员经司法机关批准向提出要求的关系人出具不构成扣押对象的那部分内容的副本、摘要或证明,并在该副本、摘要和证明中注明实行部分扣押的情况。参见《世界各国刑事诉讼法》编译委员会编译:《世界各国刑事诉讼法(欧洲卷·下)》,中国检察出版社 2016 年版,第 1665 页。

④ 《意大利刑事诉讼法典》第 268 条第 1 款规定:对于被监听的通话应当录音,并将有关工作记入笔录。第 2 款规定:监听到的通话内容应整理成笔录,也可扼要地加以整理。第 7 款规定:法官决定完整地整理所调取的录音或者采用易于理解的形式打印电子或电信联系中的通信流,为此,遵循为开展鉴定工作而规定的程序、方式和保证。整理或打印出的材料并入为法庭审理而准备的卷宗之中。参见《世界各国刑事诉讼法》编译委员会编译:《世界各国刑事诉讼法(欧洲卷·下)》,中国检察出版社 2016 年版,第 1667 页。

件的有关规范性文件,一个整体印象就是:它们都非常详细、具体地规定了我国刑事卷证的制作方式、要求、标准等。比如,依照2018年《刑事诉讼法》第142条的规定,对查封、扣押的财物、文件,应当场开列清单一式二份,一份交给持有人,另一份附卷备查。再如,《公安机关办理刑事案件程序规定》第287条第1款明确规定:侦查终结后,应当将全部案卷材料按照要求装订立卷。但从立法层面来看,我国刑事卷证制作具有职权性、封闭性和垄断性的特征,其体现出来的"权力—权利"格局是一种不对等的超职权主义的失衡态势。因之,我国的刑事卷证不能完全等同于大陆法系国家的刑事卷证,即此刑事卷证非彼刑事卷证。有鉴于此,关于刑事卷证制度如何改革,有论者提出了"对卷证分别对待、因诉讼阶段的不同而采取不同措施"[1]的主张。本书认为,该观点具有可取之处。就刑事卷证的制作而言,在侦查及审查起诉阶段,应尽量减少卷证中心主义所致的弊端,如减少刑事卷证制作的封闭性,让当事人的辩护人、代理人参与到刑事卷证的制作中来,并确保当事人对刑事卷证的知悉权。

(二)刑事卷证移送制度是刑事卷证制度的关键

以控诉机关在向法院提起公诉时是否需要一并将刑事卷证移送给法院为区分标准,刑事卷证移送制度可以分为卷证并送主义、卷证不并送主义以及卷证折中主义三种类型。实行卷证并送主义的国家大多为采行职权主义诉讼模式的大陆法系国家,如德国、法国等,我国2018年《刑事诉讼法》也是奉行卷证并送主义的。这一模式的基本特点在于,检察机关向法院提起公诉时须将刑事卷证一并移送法院。实行卷证不并送主义的国家大多为采行当事人主义诉讼模式的英美法系国家,如美国、英国等。这一模式的基本特点是检察机关向法院提起公诉时不得将刑事卷证随案移送给法院,只允许提交起诉书。实行卷证折中主义的国家很少,如意大利,意大利的双重卷证制度就是介于卷证并送主义和卷证不并送主义之间的一种制度,我国1996年《刑事诉讼法》规定的"复印件主义"实际上也是一种卷证折中主义。这一模式的基本特点是检察机关向法院提起公诉时只需将部分刑事卷证移送法院。

---

[1] 刘少军、蒋鹏飞:《关于刑事案件卷宗改革的法律思考》,载《安徽大学学报(哲学社会科学版)》2003年第2期。

刑事卷证移送制度,前承刑事卷证制作制度,后启刑事卷证运用制度,它在刑事卷证制度中的地位与作用尤为关键。一方面,刑事卷证的移送为检验刑事卷证的制作质量以及有效性奠定了基础。刑事卷证制作并移送后,很多国家通过严格的侦查司法监督、司法救济等方式来确认刑事卷证是否有效,如前述《法国刑事诉讼法典》第171条、第174条的规定等,进而确保侦查取证行为的有效性。另一方面,刑事卷证的移送为刑事卷证在审判阶段的合理规制与科学运用提供了前提。在采行刑事卷证不并送主义的国家,刑事卷证不得在法庭上出示,有关案件的证据材料应当在法庭审判时以口头方式当面向事实裁判者提出。在采行刑事卷证并送主义的国家,虽然刑事卷证可以在法庭上出示,但是其受到直接言词原则的严格限制,只有符合直接言词原则例外的刑事卷证,才能在事实裁判者面前出示。

长期以来,我国学界不当夸大了法官庭前阅卷与法官预断之间的关系。[1] 笔者认为,法官庭前阅卷与刑事庭审实质化的要求并不矛盾。首先,在我国"普通程序→简易程序→速裁程序"的三级递简刑事程序格局中,法官庭前阅卷,提升审判质效,有利于将大部分案件通过简易、速裁程序快速结案,为普通程序预留充足的司法资源。其次,在我国司法责任制的严格要求下,法官庭前阅卷会保证刑事庭审的顺利进行,但不会不顾案件事实证据而带着阅卷预断径行作出有罪裁判。最后,随着庭前会议制度等配套制度的逐步完善,法官因阅卷而对被告人产生的有罪预断会得到一定程度的消解。从这个意义上来说,刑事卷证的移送,可以成为我国刑事卷证运用制度良好运行的有益支撑。

与此同时,值得注意的是,我国学界对刑事卷证移送制度进行探讨的热情远超对刑事卷证制作制度、运用制度的研究,且对于我国刑事卷证移送制度大多持批评态度。这一现象颇值得反思。具体内容,笔者将在后文相关论述中渐次展开。

(三)刑事卷证运用制度是刑事卷证制度的核心

第一,刑事卷证运用制度能够助推刑事庭审实质化的实现。一方面,从表面上看,刑事卷证移送制度与运用制度之间的关联似乎不大。但

---

[1] 参见史炜:《借助元数据的刑事卷证电子化管理》,中国政法大学出版社2020年版,第46页。

深入考察发现,无论是大陆法系国家的刑事卷证并送制度还是英美法系国家的刑事卷证不并送制度,问题的关键不在于刑事卷证是否移送以及如何移送,而在于刑事卷证是否被法官直接在审判阶段予以适用并作为裁判的根据,是否在审判阶段贯彻落实直接言词原则或传闻证据排除规则。采行刑事卷证并送制度的国家,也在持续完善刑事卷证运用制度,如构建相应的诉讼程序以保障庭审法官形成准确的心证,进而尽量克服刑事卷证移送制度带来的弊端。以德国为例,毫无疑问,在德国刑事诉讼活动中,刑事卷证是需要移送给法院的,但是德国法院并不当然将其作为可以采信的证据材料,刑事卷证相关制作人还必须到庭接受质询。换言之,探究德国刑事庭审能够实质化的关键因素,不能仅仅局限于其刑事卷证的移送问题,还应该关注其刑事卷证在审判阶段的运用问题。在法国也是如此。法国刑事审判中采用直接言词原则,对刑事卷证的运用作出了一定限制。根据《法国刑事诉讼法典》第429条以及第430条的规定,任何笔录或者报告,只有当其形式符合规定,制作人是在履行职责并且是对他管辖之内的事项表述他亲眼所见、亲耳所闻或者查证的事实时,才具有证明价值。除法律另有规定的情形以外,查证轻罪的笔录与报告,仅具有一般情况的价值。①

另一方面,有研究者指出,卷证的运用是刑事卷证制度的核心,其表现出运用过程的贯通性和运用结果的决定性两个特点。② 笔者赞同该观点。通过考察主要法治国家刑事诉讼中的卷证运用制度发现,就刑事卷证运用过程的贯通性而言,两大法系国家相差无几,即侦查、起诉活动一定程度上均以刑事卷证的运用为中心,侦查、起诉基本上是建立在刑事卷证的基础之上的,并将审前阶段的刑事卷证引入庭审,体现了刑事卷证的中心地位。在运用结果的决定性方面,两大法系国家的差别却较大。

---

① 《法国刑事诉讼法典》第429条规定:任何笔录(procès-verbal)或报告(rapport),仅在其形式符合规定,制作人是在履行职责并且是对其管辖权之内的事项表述其亲自所见、所闻或者查证的事实时,才具有证明价值。第430条规定:除法律另有规定的情况之外,查证轻罪的笔录与报告,仅作为一般情况而具有价值。参见《世界各国刑事诉讼法》编译委员会编译:《世界各国刑事诉讼法(欧洲卷·上)》,中国检察出版社2016年版,第647页。

② 参见左卫民:《中国刑事案卷制度研究——以证据案卷为重心》,载《法学研究》2007年第6期。

但这仅体现在普通程序中,在简易程序中并无多大差别。在简易程序中,两大法系国家的刑事诉讼都表现出对刑事卷证的偏好,案件中的刑事卷证对裁判结果具有决定作用,法院基本上依据书面刑事卷证作出被告人是否有罪、罪状为何、如何量刑等判决。在普通程序中,大陆法系国家比英美法系国家更加青睐刑事卷证,虽然要受到直接言词原则的制约,但是案件中的刑事卷证对裁判结果仍然具有影响力,法官并不会轻易放弃运用刑事卷证来形成裁判结论。由此可见,刑事卷证运用制度的一个主要特征就在于其运用结果具有决定性。正是在此意义上,刑事卷证运用制度成为整个刑事卷证制度的核心。

第二,刑事卷证运用制度可与相关措施协同建设完善。刑事卷证移送至法院后,如何科学合理运用才能更好发挥其应有的功能,与相关配套制度的设计密切相关。在采行卷证不并送主义的国家,通常需要证据开示制度、交叉询问规则、传闻证据排除规则以及发达的律师辩护制度等诸多制度相互配合,协同发力方可顺利实现审判中心主义。同样,在采行卷证并送主义的国家,则需要有预审程序、限制法官庭前阅卷机制、直接言词原则以及当庭裁决机制等予以保障,才能有效实现刑事庭审实质化。因此,在整个刑事卷证制度中,刑事卷证如何运用直接关乎相关制度功能的充分发挥,其与相关制度的有效联动,直接影响着刑事庭审实质化的实现。这足以表明,刑事卷证运用制度在刑事卷证制度中居于核心地位。

第三节　刑事卷证制度的功能

按照牛津高阶英汉双解词典的解释:功能是一种行为模式,通过一定行为,某物就实现了它的目的。① 刑事卷证制度有何功能?刑事卷证制度通过一定方式的运行,其效能如何实现?这些基础理论问题,是深入探讨刑事卷证如何制作、移送、运用的重要方面。有鉴于此,本节将分别探讨刑事卷证制作制度、移送制度和运用制度的功能。

---

① 参见[英]A.S.霍恩比编:《牛津高阶英汉双解词典(第10版)》,于海江等译,商务印书馆2023年版,第711页。

一、刑事卷证制作制度的功能

犯罪是一种特有的社会现象,对社会秩序有着直接的侵害和威胁。国家通过行使侦查权实现对犯罪的惩治。刑事卷证制作制度将合法合规的侦查活动成果加以固定,为检察机关依据侦查机关制作的刑事卷证及时审查犯罪事实、准确提起刑事指控奠定了基础,保证控方有充分的举证能力和获得有罪判决所必要的有罪证据,确保及时有效地打击犯罪。

(一)抑制侦查权力

侦查权具有扩张性、侵犯性、排他性等特征。与其他权力一样,在缺乏制约的情况下,侦查权通常会自行扩张。侦查权的扩张,往往会突破既定的界限和范围,侵犯其他权力、侵害公民权利。进言之,侦查权在行使过程中也会异化,产生与其设置初衷相悖的后果。此外,侦查权具有特别的强制力,侦查机关可以运用搜查、扣押等强制性措施。因此,侦查阶段成为现代刑事诉讼中公民权利最容易受到非法侵害的阶段。[①] 防止侦查权过度异化损害公民权利的制约手段很多,但强化刑事卷证制作制度的运行,是对侦查权进行抑制的有效途径,可以确保侦查权"副作用"最小化。

第一,笔录制作制度对侦查活动的约束。笔录作为审前程序中对讯(询)问侦查取证过程和内容的记载与固定,要想在后续的审判程序中获得承认,应当从形式上和内容上满足法定要求。形式上是否符合法定要求,直接影响庭前笔录是否具有证据能力;内容上是否符合法定要求,则直接影响笔录是否具有证明力。无论是将庭前笔录作为庭审证据的国家,还是将其作为传闻证据的国家,都规定了警察取证时需按照有关规范要求制作讯(询)问笔录,以确保庭前笔录经得起审查和检验。

第二,录音录像制作制度对侦查活动的约束。自20世纪90年代,英国确立侦查讯问阶段的同步录音录像制度以来,该制度已被许多国家接受并采用。我国2012年修正《刑事诉讼法》时增设了侦查讯问过程中的

[①] 参见冀祥德:《控辩平等论》(第二版),法律出版社2018年版,第267页。

录音录像制度,规定侦查人员在讯问犯罪嫌疑人的时候,可以对讯问过程进行录音录像;对于可能判处无期徒刑、死刑的案件或者其他重大犯罪案件,应当对讯问过程进行录音或录像。至此,讯问犯罪嫌疑人同步录音录像制度正式入法施行。同步录音录像制度具有同步性、完整性、复现性等特点,在侦查讯问过程中具有诸多优越性:固定讯问过程和内容、规范警察的讯问行为、保障供述的真实性与自愿性、保护犯罪嫌疑人和讯问人员的合法权益等。连续、完整地制作讯问录音录像,对于从根本上遏制刑讯逼供、诱供等非法侦查手段具有重要作用。

总之,刑事卷证制作制度,因其明确规定了各种侦查措施行使的法定程序以及违反法定程序所应承担的法律后果,可以作为侦查行为的过程性监督方式。刑事卷证要经得起法庭上的检验,侦查活动就要按照审判的标准和要求依法取证,比如,侦查人员讯问时语气不当,存在诱供、逼供的可能或者笔录没有签字、时间地点记录错误、搜查时见证人不符合规定等,都可能影响刑事卷证的证据能力或者证明力。所以,侦查人员就要严格依法取证,并按照有关要求规范、全面制作刑事卷证。例如,美国刑事诉讼始于控告,其中控告应当包含所指控罪行基本事实的书面陈述。假如在此活动中,警察未能及时收集、固定相关证据,并按照有关规定形成刑事卷证,则警察向治安法官申请逮捕时可能就会遇到阻碍,后续刑事诉讼活动也就难以为继。

(二)奠定公正审判基础

一般而言,刑事诉讼分为审前阶段和审判阶段,其中审判阶段是对刑事案件进行实体处理的关键阶段。刑事诉讼涉及生命和自由等人们最为关心的问题,国家和公民个人在刑事诉讼中会进行最激烈的对抗。现代意义上的刑事审判,严格遵循控、辩、裁职能分离的原则,它既不是法官自行实施的单方调查活动,也不是法官自行认定事实、裁断罪行的纯职权行为。刑事审判的目的"在于实现正义的要求,使国家对被告人的定罪或判刑既合乎刑事实体法的要求,也具备正当性和合理性标准"[1]。然而,刑事审判这一目的的实现,依赖于审前程序应有作用的充分发挥。因为"整

---

[1] 陈瑞华:《刑事审判原理论》(第三版),法律出版社2020年版,第9页。

个刑事诉讼程序犹如一座大厦,而侦查阶段如同这座大厦的地基"①。刑事裁判必须通过审查诉讼各方收集并提交的证据来进行,法院的整个审判活动建立在对控辩双方取得的事实和证据的认定基础之上,而侦查阶段是控辩双方取得证据的关键阶段。比如,在法国,刑事卷证是审判的基础,侦查一定程度上可以说是刑事诉讼的关键性和决定性阶段。②

刑事卷证制作制度影响审前程序的规范运行。现代法治国家的审前程序运行实践表明,侦查结果往往体现并固定于刑事卷证之中,同时,为确保不会因控审职能的分离而中断刑事诉讼进程,各法治国家均要求侦查机关将制作的刑事卷证移送检察机关,由其审查决定是否提起公诉。例如,在法国,"预审法官面对侦查所得到的结果,如果认为没有必要继续进行已开始的追诉,则作出不起诉裁定。作出这一裁定,原已开始侦查而发动的公诉即告停止。不起诉裁定书是具有司法裁判权性质的文书"③。近年来,许多国家规定在侦查阶段可以对某些案件作出实体处理,这些案件对刑事卷证制作制度的依赖性更强,特别是在一些事实清楚的轻微犯罪案件中,如日本法律规定,当判明犯罪极其轻微而没有处罚必要时,司法警察有权予以训诫而免于追究。④ 由此可见,刑事卷证制作制度成为审前程序和审判程序有机衔接的纽带。

刑事卷证制作制度影响刑事审判公正进行。刑事诉讼法的直接目的是得出审判结果,评价犯罪行为,促进实体法的实施,从而实现对犯罪的控制。公正审判权是被追诉人在刑事诉讼中所拥有的一系列权利。⑤ 作为一项国际人权标准,公正审判权包括对被追诉人审判前的权利、审判中的权利以及审判后的权利保障。公正审判意味着控辩双方应受到平等对待和同等重视。刑事卷证的制作与公正审判权密切相关。被追诉人审判前的权利包括及时获知被指控罪名及理由、获得律

---

① 李心鉴:《刑事诉讼构造论》,中国政法大学出版社1992年版,第179页。
② See Bron McKillop, Anatomy of a French Murder Case, 45 Am. J. Comp. L., 565(1997).
③ [法]卡斯东·斯特法尼等:《法国刑事诉讼法精义》(上册),罗结珍译,中国政法大学出版社1999年版,第680页。
④ 参见程味秋主编:《外国刑事诉讼法概论》,中国政法大学出版社1994年版,第187页。
⑤ 参见熊秋红:《解读公正审判权——从刑事司法角度的考察》,载《法学研究》2001年第6期。

师帮助、保持沉默、提出辩解等。这些权利的实现一定程度上依赖于刑事卷证的制作过程。刑事卷证制作制度的良性运行,有利于为国家证实犯罪、惩罚犯罪提供事实上的便利条件,比如,尽可能少地限制证据能力,允许法官自由判断证据的证明力,奉行当事人诉讼模式的国家甚至允许以被告人在法庭上的口供(有罪答辩)作为有罪判决的证据。

(三)保护被追诉人权利

第一,刑事卷证制作制度能够保障被追诉人的知悉权。知悉权是指被追诉人有权知悉与自己被指控、审判相关的信息;参与侦查的国家机关则负有让被追诉人的知悉权得以实现的义务。换言之,知悉权既是被追诉人的一项基础性权利,又是侦查等机关的法定义务。知悉权的有效保护通过刑事卷证制作来实现。大多数国家在法律中明确规定了国家司法机关的告知义务和履行告知的程序,以及告知规则和告知方式,如口头或书面等形式。如果刑事卷证中未记载相关告知情况及内容,且侦查机关违反该义务,则相应的侦查行为可能无效。

第二,刑事卷证制作制度能够保障被追诉人的沉默权。沉默权是犯罪嫌疑人在侦查阶段享有的一项重要权利。"与无罪推定和举证责任相关联的是被告人反对自我归罪的权利,防止人们被迫承认有罪。如果没有反对自我归罪的权利,无罪推定将是一个空洞的承诺。"[①]作为无罪推定原则的延伸,侦查机关不得强迫犯罪嫌疑人自证其罪,犯罪嫌疑人在接受讯问时具有保持沉默的权利和不作陈述的自由。这一权利在采行当事人主义诉讼模式、职权主义诉讼模式以及混合主义诉讼模式的国家都得到了确认。

犯罪嫌疑人在侦查阶段行使沉默权,最有效的方式就是由警察等将有关过程及内容完整、准确地记入笔录或者录入音像资料,制作刑事卷证,以此保障口供的自愿性、真实性和合法性。否则,犯罪嫌疑人违背自愿性作出的口供,不具有证据能力,这是世界各国普遍的做法。特别是在采行当事人诉讼主义模式的国家,如果侦查机关在讯问犯罪嫌疑人时,没有将其享有沉默权的告知情况记入笔录,则所获得的口供及其相关证据

---

① [美]爱伦·豪切斯泰勒·斯黛丽、[美]南希·弗兰克:《美国刑事法院诉讼程序》,陈卫东、徐美君译,何家弘校,中国人民大学出版社2002年版,第65页。

在以后的诉讼程序中可能被排除。

第三,刑事卷证制作制度能够保障被追诉人的有效辩护权。有效辩护是被追诉人辩护权实现的保障。有效辩护是尽职尽责的辩护,也就是在刑事辩护过程中忠诚履行辩护职责,完成"授权委托协议"所约定的辩护义务。[①] 有效辩护能否充分实现一定程度上取决于犯罪嫌疑人在侦查阶段享有的权利,如会见律师权、律师在场权、对质权等。为了落实有效辩护制度,主要法治国家都在法律上规定:受到刑事指控的人有权通过自己选择的辩护律师的帮助为自己辩护,还有权询问辩方证人或接受控方询问,有权要求双方证人出庭,以及在同等条件下对其进行询问。

在英国,对于警察采取的一些侦查行为,犯罪嫌疑人及其律师有权在场。警察与犯罪嫌疑人见面的场合,如警察讯问、从犯罪嫌疑人处提取指纹以及辨认时等场合,犯罪嫌疑人都有权要求律师在场。同时,犯罪嫌疑人在侦查阶段随时有权咨询律师。在德国,犯罪嫌疑人和辩护律师在侦查法官调查证据、询问证人和专家时有权在场。犯罪嫌疑人被逮捕后可以随时咨询律师,甚至在接受警察讯问之前、接受警察讯问之时也有权随时咨询律师。如果犯罪嫌疑人在接受警察讯问时咨询律师,讯问通常就要停止,待犯罪嫌疑人和律师谈话结束后再继续进行。英国和德国均规定,在上述侦查活动中都要制作刑事卷证。由此可见,被追诉人获得律师帮助的权利、申请传唤和询问证人的权利、讯问时律师在场权等权利的最基本的保障方式是通过刑事卷证制作充分体现。

二、刑事卷证移送制度的功能

规范起诉权的行使、保障辩方的阅卷权、影响法官庭前预断的排除以及据此推进控辩双方的庭审对抗性,是刑事卷证移送制度的重要功能。换言之,刑事卷证移送制度的功能主要是:规范公诉权、保障辩护权和影响法官庭前预断。

(一)规范公诉权

从本质上讲,控诉职能和审判职能都是从古老的侦查职能中逐步分

---

① 参见陈瑞华:《刑事审判原理论》(第三版),法律出版社2020年版,第334页。

离出来的。因此,现代刑事诉讼发展的内在规律就是防止侦、诉、审"合而为一"。① 一般认为,刑事起诉程序介于侦查程序和审判程序之间,是连接侦查和审判的关键环节。它的直接目的在于开启审判程序,促使法院开庭审理刑事案件,为国家刑罚权的实现奠定必要基础。鉴于不告不理的法理原则,刑事审判以提起公诉为前提,没有刑事起诉,法院则不能主动追究犯罪。这也是现代弹劾式刑事诉讼区别于法院不经法定机关或个人的起诉程序,就主动开启审判程序以追究犯罪的纠问式刑事诉讼的一个基本特征。

为了规范刑事起诉活动,各国都在公诉案件正式进入第一审刑事审判程序之前设置了公诉案件审查程序,以决定是否将被告人正式交付法庭审判。尽管各国都实行形式审查,但对于公诉机关起诉指控的犯罪事实是否存在的判断,几乎都需要依赖庭前刑事卷证才能有效进行。依照《法国刑事诉讼法典》第206条的规定,预审庭对送交的刑事卷证是否符合程序规定进行审查;如果预审庭发现存在某种无效原因,那么就要宣告受该原因影响的行为、文书无效;在撤销无效文书、无效行为之后,预审庭可以提审刑事卷证,并按照以下方式进行处理:要么将刑事卷证发回同一预审法官,要么将其移送另一预审法官,以便继续进行侦查。② 因为在法国的刑事诉讼中,如果从现有刑事卷证来看,被移送预审庭的被告人实施的重罪、轻罪或违警罪的各项罪证,无论涉及主要犯罪还是关联犯罪,只要预审法官的裁定中未涉及,或者是在包含一部分不起诉、诉讼分离或者向轻罪法庭或违警罪法院移送起诉的裁定中被分离而未能涉及,预审庭就可依职权或者依检察长的意见书,命令就这些犯罪证据对被

---

① 参见马永平:《论审判中心主义对重构诉审关系的影响》,载《法学论坛》2016年第5期。
② 《法国刑事诉讼法典》第206条规定:预审庭对送交的案卷是否符合程序规定进行审查,但保留适用第173-1条、第174条与第175条之规定。如果预审庭发现存在某种无效原因,得宣告受该原因影响的行为、文书无效,以及如有必要,宣告在此之前进行的程序全部或一部分无效。在撤销无效文书、无效行为之后,预审庭可以提审案卷,并按照第201条、第202条、第204条规定的条件进行处理;或者将案卷发回同一预审法官,或者将其移送另一预审法官,以便继续进行侦查。参见《世界各国刑事诉讼法》编译委员会编译:《世界各国刑事诉讼法(欧洲卷·上)》,中国检察出版社2016年版,第611页。

告人进行侦查。① 我国同样存在审判机关利用检察机关移送的刑事卷证,对检察机关提起公诉的刑事案件进行审查的规定。例如,我国2021年《刑诉法解释》第218条就对提起公诉的刑事案件进行审查的内容作出了规定,其中一项就是审查"是否移送证明指控犯罪事实及影响量刑的证据材料",此外,还需要审查"是否就涉案财物处理提供相关证据材料"。上述内容与2012年《最高人民法院关于适用〈中华人民共和国刑事诉讼法〉的解释》(已失效)第180条的规定一脉相承。经审查公诉机关移送的刑事卷证,如果发现被告人不在案,则应当退回人民检察院;如果没有移送证明指控犯罪事实及影响量刑的刑事卷证或者没有提供涉案财物处理等相关刑事卷证,需要补充刑事卷证材料的,应当通知公诉机关在三日以内补送。

据此可知,刑事诉讼中虽然奉行的是"不告不理""无诉无判"的原则,但刑事起诉也并非不受任何约束。对于有明确的指控犯罪事实但移送的刑事卷证不符合法律规定的,公诉机关则面临刑事卷证被发回以继续进行侦查或者案件被退回的风险。就此而论,刑事卷证移送制度具有规范公诉权的作用,它能够促使公诉审查功能得到进一步强化,从而防止检察官作出起诉决定时的不当恣意,保障被追诉人的人权。

(二)保障辩护权

刑事诉讼的发展史,本质上是辩护权与时俱进的演进史。辩护权的内容,"必然与'公正'联系在一起"②。但考察各国刑事司法实践发现,普遍存在辩方权利弱小这一问题,这使控方在审判过程中一方独大,从而容易造成庭审流于形式等弊端。关于该问题的解决之道,其中最重要的就是强化对辩护权的保障。而刑事卷证移送制度就是有效保障辩护权的基

---

① 《法国刑事诉讼法典》第202条第1款规定:如果从诉讼案卷来看,被移送预审庭的受审查人或被告人实施的重罪、轻罪、违警罪的各项罪证,无论涉及主要犯罪还是有关联的犯罪,只要预审法官的裁定中可能并未涉及,或者是在包含一部分不起诉、诉讼分离或者向轻罪法庭或违警罪法院移送起诉的裁定中被分离而未能涉及,预审庭均可以依职权,或者依检察长的意见书,命令就这些犯罪证据对受审查人或被告人进行侦查。参见《世界各国刑事诉讼法》编委员会编译:《世界各国刑事诉讼法(欧洲卷·上)》,中国检察出版社2016年版,第610页。

② [瑞士]萨拉·J.萨默斯:《公正审判:欧洲刑事诉讼传统与欧洲人权法院》,朱奎彬、谢进杰译,中国政法大学出版社2012年版,第75页。

础和前提之一。

第一,刑事卷证移送制度保障自行辩护权。刑事诉讼的一个基本要求是,对刑事指控的当事人给予公开、言词参与的机会。正是在此意义上,被告人才有机会为自己辩护并进行质证。实质上,各国刑事审判设立的目的就是要为被告人提供质证的机会。被告人如果在证据开示或者庭前会议等审前程序中难以获取必要的刑事卷证信息,他就不能为自己的利益进行有效辩护,该刑事案件的审判也就不能称"实现了正义"。在不了解刑事卷证的情况下,即使被告人提出一些可能有价值的证据信息,并对控方的证据提出疑问,他也不能获得随之而来的审判程序中可能出现的答辩与质证之机所带来的好处。由此,刑事卷证移送制度为被告人行使自行辩护权提供了良好基础,被告人有机会在审前了解更多的刑事卷证信息,也为刑事诉讼查明真相提供了必要条件。因为自行辩护在刑事诉讼中具有双重性:对于被告人而言,它是一种自被追诉时起至判决作出时止的过程中自由行使的"为自己说话"的权利;对于刑事司法来说,它是一种诉讼手段,是构成刑事诉讼程序要素的重要一面,也是案件真相的直接来源。从某种意义上讲,没有自行辩护,刑事诉讼就难以查明事实真相。

第二,刑事卷证移送制度保障律师辩护权。律师的帮助及辩护的重要意义在于,它直接关系到在中立法官面前控辩双方对抗时辩护职能的发挥,而刑事卷证移送制度的作用即是平衡控、辩之间的关系。其中,保障律师辩护权的落实,是较为重要的内容。《法国刑事诉讼法典》第279条明确规定,在重罪案件中,应当向每一个被告人及民事当事人无偿提供刑事卷证材料的副本。[①] 再以我国刑事诉讼法的修改为例。为充分保障辩护权,我国2012年《刑事诉讼法》在这一逻辑起点上重新确立了刑事卷证移送制度。因为在1996年《刑事诉讼法》施行期间,一直存在辩护人在审判阶段"阅卷难"的问题,致使被告人的利益在一定程度上受损,辩方在刑事诉讼中的发言权被严重削弱。从大陆法系职权主义诉讼模式的经验

---

① 《法国刑事诉讼法典》第279条规定:向每一个重罪被告人、民事当事人无偿提供诉讼案卷材料的副本。参见《世界各国刑事诉讼法》编译委员会编译:《世界各国刑事诉讼法(欧洲卷·上)》,中国检察出版社2016年版,第626页。

来看,法院削弱控方影响力的有效手段主要有两个:对庭审进程的主导权行使,以及直接言词原则的贯彻。① 但在我国1996年《刑事诉讼法》中,这两个条件都不具备。2012年《刑事诉讼法》对刑事卷证移送制度的恢复,有效解决了辩护人在审判阶段"阅卷难"这一问题,②同时有力增强了辩方的辩护能力。同样,在法国,律师辩护权被看作刑事司法功能发挥的工具,因为没有控辩双方的积极有效参与,刑事庭审中的控辩对抗是难以开展的。

第三,刑事卷证移送制度保障"平等武装"的落实。"平等武装"意旨在于辩护方与控诉方的程序平等,欧洲人权法院将其称为"平等武装原则",该原则被看作考察《欧洲人权公约》第6条第1款任何具体程序公正性的起点。因为一直以来平等武装原则都被视为公正审判的固有原则。按照"平等武装"的要求,一方获得阅卷的权利,另一方也应该拥有该权利;一方获得听证、提交卷证等权利,另一方也应该拥有同样的权利。否则,控辩双方就不对等,也就违反了平等武装原则。一般而论,"刑事程序以及包含了刑事因素的程序都应该是对抗式诉讼程序,应当实现控辩双方的平等武装"③。因此,对抗审判的权利,其要旨就是"在刑事诉讼中,控辩双方都应当被赋予机会了解并质疑刑事卷证和对方所举出的证据材料"④,以便对法庭的裁决施加一定影响。刑事卷证移送制度能够为平等武装原则的落实提供前提条件。从司法公正的角度来看,如果向辩方提供了就控方移送的刑事卷证展开阅卷或者质疑的机会,那么就契合了平等武装原则的要求,为公正审判奠定了基础。

(三)影响法官庭前预断

能否排除法官的庭前预断,是刑事卷证移送制度存废探讨中的主要内容。有观点认为,采行刑事卷证移送制度,必然会致使法官产生庭前预

---

① 参见孙远:《卷宗移送制度改革之反思》,载《政法论坛》2009年第1期。
② 参见胡莲芳:《卷宗移送主义:对理想的妥协还是对现实的尊重——2012年刑事诉讼法确立卷宗移送的正当性》,载《西北大学学报(哲学社会科学版)》2013年第3期。
③ Rowe and Davis v. United Kingdom, Merit, App no. 28901/95, ECHR 2000-Ⅱ, (2000) 30 EHRR 1, para 60.
④ Brandstetter v. Austria, judgment of 28 August 1991, Series A no. 211, (1993) 15 EHRR 378, para 66.

断。在职权主义诉讼模式中,为了准备审判,法官都要反复查阅、仔细研究刑事卷证。没有这种准备,法官可能无法判断在庭审中应当调查何种证据或者如何询问证人。在庭审过程中,法官也会参考庭前的刑事卷证材料,以进一步澄清证人庭前的陈述。例如,德国的刑事卷证是由警察和检察官制作的,故有人据此批评法官对刑事卷证的运用,认为法官在庭审中可能很难毫无预断地听取庭审内容。心理学研究成果也指出,感知在很大程度上取决于某人对其所处的特定情境的无意识的假设。这一研究成果在一定程度上肯定了这种批评。该观点将感知视为某人想要看到的与实际看到的事物之间的一种"妥协"。这说明法官在庭审中的感知能力可能受到他以前查阅的刑事卷证的影响。[1]

反对的观点则认为,基于刑事卷证的庭前法官预断会被职业法官的审判经验所抵消,职业法官能够清楚地了解如何区分刑事卷证中所记载的内容与庭审中出示的证据。当然,该主张能在多大程度上克服一般的心理倾向还有待探讨。在英国和美国的刑事诉讼中就不存在这个问题。因为决定有罪与否的责任不在于职业法官,而在于陪审团或者独任审判中的法官,且他们并不阅览刑事卷证。在职权主义诉讼模式中,职业法官形成了认定案件事实的专长,反复听取同样或类似的案情故事,一般都能够迅速找到案件审理的核心。由于法官的职业训练和审判经验,他有时还能超越自身,以外行公民所不具备的公正眼光看待整体情形。当然,法官在认定事实的过程中也会有障碍。反复听取同样或类似的案情故事可能会使法官变得无动于衷,不像那些初次考虑这些问题的人有能力抓住每个刑事案件的细微差别和独特之处。这容易导致人们过高估计专业法官有助于事实认定的程度。

刑事卷证移送制度是否必然导致法官庭前预断,可谓见仁见智。本书认为,刑事卷证移送制度与法官预断之间并不存在必然联系,采行刑事卷证不并送主义并不能很好地阻断法官对于刑事卷证的依赖以及由此产生的不良影响。因为法官是否会由于庭前阅卷而形成预断和诸多因素有关,其中包括法官个人的办案经验、性格特点以及认知风格等。事实

---

[1] 参见[美]弗洛伊德·菲尼、[德]约阿希姆·赫尔曼、岳礼玲:《一个案例 两种制度——美德刑事司法比较》,郭志媛译(英文部分),中国法制出版社2006年版,第339页。

上,刑事卷证移送制度对法官的庭前预断具有一定影响,要求法官彻底排除庭前预断,并让其在庭审前保持一无所知的空白状态,既不现实,也无必要。就刑事案件审判而言,关键是要确保法官对移送的刑事卷证信息输入的客观性,尽量防止刑事卷证信息失真带来的误导。同时,法官要树立科学的刑事司法理念,秉持一种客观公正、不偏不倚的态度来面对控辩双方,不要对被告人抱有有罪偏见。如此一来,刑事案件审判即可弱化刑事卷证移送制度对法官预断产生的影响,从而确保依法公正判决。

三、刑事卷证运用制度的功能

已有论者指出,就属性而言,刑事卷证属于一种证据形式,只是这种证据具有典型的书面特征。[①] 本书认为该观点颇有道理,对刑事卷证的认识绕不开对其作为一种证据的认识。这里就涉及刑事卷证运用制度的证据性功能问题。从本质上看,刑事卷证运用制度的证据性功能是整个刑事卷证制度的重要功能,该功能居于刑事卷证制度的核心地位,对刑事卷证制度的合理有效运用具有关键作用。该项功能由刑事卷证运用制度承载并发挥作用,刑事卷证的司法运用主要影响刑事卷证的证据能力,促使控方切实履行证明责任,并影响法官内心确信的形成。换言之,刑事卷证运用制度的功能包括:影响卷证的证据能力、影响控方的证明责任以及影响法官的心证。

(一)影响卷证的证据能力

西方法治国家关于庭前刑事卷证的法庭准入问题,采取了两种不同的规制方式:一种是通过直接言词原则来设定刑事卷证证据能力的一般标准;另一种是通过传闻证据排除规则来解决刑事卷证的可采性问题。两种方式均是为了最大限度地保障事实裁判者庭审的亲历性、直接性,从而在立法上设置了用以解决刑事卷证证据能力问题的有效制度。只有在满足直接言词原则例外或者传闻证据排除规则例外的情况下,刑事卷证才获准进入法庭;否则,刑事卷证就不具有进入法庭的资格。

学界关于刑事证据能力的理论探讨,大多采用资格说或适格性说。

---

① 参见牟军:《刑事卷证:一种文字的叙事体及其价值》,载《西南民族大学学报(人文社会科学版)》2015年第9期。

证据能力,就是证据在法律上所具有的法庭准入资格,①即证据具有可为严格证明系争的实体法事实之资料的能力②。简言之,就是一定的事实材料在法律上可以充当证据的资格。③ 我国台湾地区的学者关于证据能力的界定采用资格说或者容许性说。不难看出,判断证据能力的关键标准包括两个方面:一是从实体方面来看,某一项证据材料是否具有事实基础;二是从程序方面看,该项证据材料是否符合程序价值。同时满足实体和程序两个条件,证据材料才具有证据能力。在我国,长期存在证据"事实说"和证据"三性说"(客观性、关联性、合法性)的理论分歧。但近年来,越来越多的学者主张采用证据"二力说"的观点,即探讨证据是否具有证据能力、证明力,如陈光中教授在其主编的书籍中早就论述了证据的两大特性——证据能力和证明力。④

本书认为,采用证据"二力说"较为可取,且该观点已逐渐被司法实务所接受。中国裁判文书网刊载的刑事裁判文书显示,越来越多的刑事裁判文书说理论证中采用了某某证据"不具有证据资格""证据能力存疑""证明力较强"等表述。此外,许多司法解释及司法解释性文件也明确规定了相关证据的证据能力及证明力。例如,2021 年《刑诉法解释》第 139 条第 2 款规定:"对证据的证明力,应当根据具体情况,从证据与案件事实的关联程度、证据之间的联系等方面进行审查判断。"

实质上,当前学界讨论的刑事证据能力问题,是在探讨刑事卷证作为证据进入庭审程序所需要满足的法律条件问题。从一定程度上讲,关于证据能力的现有理论学说是针对刑事卷证的证据能力这一对象展开的,因为"卷证的证据能力是指卷证作为证据为法院接受并纳入庭审调查的资格"⑤。根据证据材料应满足事实基础和程序价值这一证据能力标准的要求,刑事卷证的证据能力大致应符合形式和实质两个方面的基本

---

① 参见陈瑞华:《关于证据法基本概念的一些思考》,载《中国刑事法杂志》2013 年第 3 期。

② 参见肖建国:《证据能力比较研究》,载《中国刑事法杂志》2001 年第 6 期。

③ 参见汪建成、孙远:《刑事证据立法方向的转变》,载《法学研究》2003 年第 5 期。

④ 参见陈光中主编:《刑事诉讼法学》(新编),中国政法大学出版社 1996 年版,第 148—154 页。

⑤ 牟军:《刑事卷证:以文字为起点的证据分析》,载《法学论坛》2016 年第 6 期。

要件:一是形式要件,包括刑事卷证制作人适格、刑事卷证制作程序合理以及刑事卷证书面格式规范三个方面。这一要件主要由刑事卷证制作制度及移送制度进行规范。二是实质要件,是指刑事卷证的功用在于其传递的案情信息能为裁判者运用,甚或作为裁判的重要证据,因而刑事卷证具有初步可靠性是其证据能力应具备的实质条件。这一要件由刑事卷证运用制度予以规范。形式要件和实质要件是叠加运用的,缺一不可。

在证据能力的判断问题上,从排斥刑事卷证的证据能力方面来看,大陆法系国家的直接言词原则与英美法系国家的传闻证据排除规则具有相似的法律要求。这里的直接言词原则和传闻证据排除规则对刑事卷证证据能力的要求,体现了刑事卷证运用制度否定证据能力的功能。一方面,在采行卷证并送主义的大陆法系国家,通过确立直接言词原则,使公诉方移送的刑事卷证失去了证据能力,即对刑事卷证的证据能力予以否定,这就迫使司法人员不得不通过传唤证人、鉴定人以及物证、书证的提取人、侦查人员等出庭作证,来对案件事实进行当庭认定,摆脱了对公诉方提交的刑事卷证的依赖,也就大大缓解了刑事卷证移送制度所带来的负面影响,[1]为刑事庭审实质化提供了前提和基础。另一方面,在采行卷证不并送主义的英美法系国家,通过传闻证据排除规则否定刑事卷证的可采性,禁止刑事卷证进入审判程序,从而限制刑事卷证被准许进入事实裁决者——陪审团的评价范围。传闻证据排除规则否定刑事卷证的证据能力,其意在提高法院发现事实的准确度,而非妨碍法院的事实真相发现职能,这是传闻证据排除规则设置的主要目的。因为在一些情况下,传闻证据产生的风险很小,如果不采纳却将其排除,反而可能会妨害事实真相的查明。加拿大传闻证据排除规则的发展轨迹就表明:为了防止有价值的证据不当流失,进而影响到事实真相的发现,加拿大最高法院在传闻证据领域采用了较为灵活的处理方式。[2] 原因在于采纳经受住检验的传闻证据,有助于发现事实真相,并

---

[1] 参见陈瑞华:《新间接审理主义——"庭审中心主义改革"的主要障碍》,载《中外法学》2016年第4期。

[2] 参见刘慧:《加拿大传闻证据规则的发展轨迹及启示——以1990年R. v. Khan案为起点》,载卞建林主编:《诉讼法学研究》(第二十一卷),中国检察出版社2017年版,第314页。

实现程序公正和实体公正的动态并重。

由此可见,没有卷证的英美法系国家的刑事审判,关键在于刑事裁判与刑事卷证之间没有必然联系,因而刑事庭审实质化得以保障。英美法系国家排除传闻证据实质上是对刑事卷证证据能力的否定,并以此保证了刑事庭审的口证形式。大陆法系国家的刑事卷证在一定程度上会影响庭审,进而影响法官的最终裁判。但是,在有卷证的大陆法系国家的刑事审判中,庭审严格限制刑事卷证的运用,且法官裁判依靠的是刑事庭审所形成的心证,不能依靠庭后再次阅卷来作出裁判。① 这实质上也是对刑事卷证证据能力的否定。

在我国,为学界所诟病的是,刑事诉讼中长期存在对刑事卷证可采性的天然"推定"。只要刑事卷证被视为天然具有证据能力的证据,有关证据能力方面的证据规则就难以建立起来。有学者直截了当地指出,即便未来刑事证据法确立了传闻证据规则,进一步完善了证人出庭作证制度,若检察机关提交的刑事卷证仍然对法院具有预定的证据效力,则这些证据规则就没有实施的基础。② 本书认为,我国刑事庭审实质化的改革,以及通过法庭审理过程来形成裁判结论的机制和文化的实现,既要关注刑事审判方式的改革,又要着眼于刑事卷证证据能力的制度建设。在我国刑事审判中,刑事卷证运用制度构建的着力点,首先在于确立合理可行的刑事卷证证据能力规则,且需充分关注不同程序背景下证据规则运用的共性和差异性。

(二)影响控方的证明责任

刑事卷证在审判阶段的运用,会对刑事诉讼中的证明责任分配机制和证明责任承担方式产生影响。

第一,刑事卷证运用制度对证明责任分配机制的影响。"证明责任乃诉讼之脊梁。无论是对抗式诉讼还是职权式诉讼,作为风险分配的证明责任分配都具有适用性。"③"在刑事诉讼过程中,原则上检察官负有客观

---

① 参见李毅:《比较视野下的刑事审判与卷证考察》,载《长白学刊》2018年第2期。
② 参见陈瑞华:《案卷笔录中心主义——对中国刑事审判方式的重新考察》,载《法学研究》2006年第4期。
③ [德]汉斯·普维庭:《现代证明责任问题》,吴越译,法律出版社2000年版,第30—31页。

的举证责任,但这种客观的举证责任不能转嫁给被告人。"①客观的证明责任,是指在事实真相真假不明时,由在法律判断上处于不利地位的当事人承担的责任。② 这一原则适用于所有刑事案件,至于案件中被告人是否认罪认罚则在所不问。

刑事庭审实质化意味着刑事证明实质化,而对证据能力的审查、判断是刑事证明实质化的前提。"证据能力—证明力—证明标准—证明责任"之间形成的关联体系,是证据裁判原则由浅入深递进发展的必然结果。③ 对于刑事案件事实的证明,只有经过严格的证据能力检验的第一道"关卡"之后,才能判断证明力的问题。一旦负有举证责任的公诉机关未能完成证明责任,即未能使之达到法定证明标准,就将承担"败诉的风险",被告人将被宣告无罪。因为在司法实践中,证明责任的分配至关重要,"它往往在很大程度上决定着诉讼的结果"④。

在刑事卷证运用制度否定证据能力的情况下,大量不具有证据能力的刑事卷证被禁止进入法庭,使得剩余的刑事卷证的证明力一旦较低,就会导致刑事案件事实模糊不清。假如通过采取一定的补强方法,甚至运用经验法则进行最大限度地弥补,案件事实仍然处于真伪不明状态,难以达到刑事案件法定证明标准,当法官不能产生被告人有罪的内心确信时,司法实践中无疑会引发证明责任分配机制的反应:法官将依照"疑罪从无"原则宣告被告人无罪,最终就必然影响到刑事案件裁判的结果走向。证明责任的激活,使刑事案件事实真正形成于法庭,才能彻底切断法官对于刑事卷证的过度依赖,为法官的内心确信提供事实基础。我国的刑事卷证运用制度改革,实有必要朝着这个方向努力。

第二,刑事卷证运用制度对证明责任承担方式的影响。有裁判必有证明。"检察官对案件主要事实的严格证明是证明活动实质化的关键,是

---

① [日]田口守一:《刑事诉讼法(第七版)》,张凌、于秀峰译,法律出版社 2019 年版,第 450 页。
② 同上书,第 449 页。
③ 参见李奋飞:《从"顺承模式"到"层控模式"——"以审判为中心"的诉讼制度改革评析》,载《中外法学》2016 年第 3 期。
④ 何家弘:《司法证明方法与推定规则》,法律出版社 2018 年版,第 134 页。

庭审检验的核心"①。在刑事卷证移送制度模式中,刑事卷证移送制度使侦查程序和审判程序衔接起来,让侦查程序成为审判程序的准备,让审判程序成为了侦查程序的继续,从而将公诉机关提升到了与审判机关平等的地位,使得由公诉机关承担证明责任等一系列规则流于形式。②对此,有观点认为,应考虑由立法规定检察机关承担保证证人出庭的义务,如无特殊情况,检察机关不能保证证人出庭,应负不利的诉讼责任。③该观点具有一定合理性。刑事卷证运用制度一旦否定了卷证的证据能力,就不得将该项证据用作定案根据,如果在案的其他证据不能达到法定证明标准,那么公诉机关将要承担不利的诉讼后果。为避免承担不利的诉讼后果,公诉机关将全力进行举证,力争达到法定证明标准。例如,在案的目击证人证言询问笔录或者书面鉴定意见等刑事卷证的证据能力被否定,公诉机关就应当积极履行证明责任,主动通知该目击证人或者鉴定人、有专门知识的人出庭作证。如此一来,也有利于使被告人及其辩护人的质证权等诉讼权利有效实现。在否定卷证证据能力的模式下,有了刑事卷证并不代表检察机关的证明责任即告完成。如果辩护方对证人证言笔录等刑事卷证有异议,那么检察机关就负有确保证人等出庭接受辩护方质证的责任。④

为了实现庭审实质化,需要对我国刑事卷证运用制度进行适当改革。但是,当前我国刑事审判不可能实现采行当事人主义诉讼模式的国家那种刑事卷证不并送制度,因为我国刑事诉讼中一直存在检察机关在提起公诉时一并把刑事卷证移送给审理法院的传统诉讼制度和文化,且其制度根源和文化具有一定合理性。在现有刑事卷证移送制度下,采行刑事卷证证据能力否定模式,适度否定刑事卷证的证据能力,限制刑事卷证的证明力,合理规制刑事卷证在一审庭审中的运用,让证人、鉴定人、侦查人

---

① 杨波:《审判中心下印证证明模式之反思》,载《法律科学(西北政法大学学报)》2017年第3期。
② 参见卞建林、孙锐:《诉审关系论辩——兼论对诉审关系异化的程序性抑制》,载《环球法律评论》2006年第5期。
③ 参见刘少军、蒋鹏飞:《关于刑事案件卷宗改革的法律思考》,载《安徽大学学报(哲学社会科学版)》2003年第2期。
④ 参见刘金松:《规训型司法模式:刑事案卷背后的法律秩序》,载《学术探索》2022年第5期。

员等出庭以口头方式向法庭作证,既是对刑事卷证运用制度的最大限制,也是进一步强化公诉机关切实履行证明责任的关键所在。

（三）影响法官的心证

自由心证,是指证据的评价及证明力的大小及其如何运用,法律事先不作规定,而是由法官秉持"良心""理性"进行自由判断后形成内心确信,并据此对案件事实作出裁决。① 它的基点是信赖人的理性。很多国家在刑事诉讼立法中确立了自由心证制度。《德国刑事诉讼法》第261条规定:对证据调查的结果,由法庭根据它在审理过程中建立起来的自由内心确信而决定。② 依照《日本刑事诉讼法》第318条的规定:证据的证明力,由法官自由判断。③ 在法国刑事诉讼中也是如此,法官得以完全地自由来评判向其提出的证据的价值。④ 在英美法系国家,对于证据证明力的判断,是委诸事实裁判者自由进行的,这实质上相当于大陆法系国家的自由心证原则。前已述及,刑事卷证运用制度能够影响卷证的证据能力,甚至证明力。在此基础之上,刑事卷证运用制度自然会影响法官的心证。

第一,从刑事卷证运用制度影响法官心证的方式来看,在法官形成心证的过程中,限制刑事卷证的运用,会对法官的心证产生影响。美国刑事诉讼很关注证据的可靠性,这种证据的可靠性通过对抗模式加以检验,⑤法官的心证在控辩双方的对抗中逐步形成。德国刑事诉讼中也很关注证据的可靠性和证人亲身感知问题,如《德国刑事诉讼法》第250条规定了直接言词原则,如果证明一项事实的证据建立在某人观察的基础上,按照直接言词原则的要求,其就得在刑事庭审中接受询问,法官的心

---

① 参见宋英辉等:《刑事诉讼原理》(第3版),北京大学出版社2014年版,第211页。
② 参见《世界各国刑事诉讼法》编译委员会编译:《世界各国刑事诉讼法(欧洲卷·上)》,中国检察出版社2016年版,第298页。
③ 参见《世界各国刑事诉讼法》编译委员会编译:《世界各国刑事诉讼法(亚洲卷)》,中国检察出版社2016年版,第351页。
④ 《法国刑事诉讼法典》第427条规定:除法律另有规定外,犯罪得以任何证据形式认定,并且法官得依其内心确信作出判决。法官只能以在法庭审理过程中向其提出的并且在其当面经过对席辩论的证据作为其判决的依据。参见《世界各国刑事诉讼法》编译委员会编译:《世界各国刑事诉讼法(欧洲卷·上)》,中国检察出版社2016年版,第647页。
⑤ 参见[美]弗洛伊德·菲尼、[德]约阿希姆·赫尔曼、岳礼玲:《一个案例 两种制度——美德刑事司法比较》,郭志嫒译(英文部分),中国法制出版社2006年版,第346页。

证在言词审理中形成。只有当该证人无法出庭时，法官才可以传唤其他证人提交"第二手"刑事卷证材料。但法官对被告人的定罪量刑的判决必须提供具体的书面理由，并解释如何评价证据，在判决基于"第二手"刑事卷证材料的情况下，尤其要详细说明理由。这样要求的实质目的在于公开法官心证。

第二，从刑事卷证运用制度影响法官心证的抑制目的来看，有可能导致事实裁定者产生误判的刑事卷证排除在诉讼之外，可以约束法官心证的形成。自由心证的核心是法官自由评价证据的证明力，法律不预先限定证据的证明力，但证明力具有相对性。考察世界各国刑事诉讼立法可知，很多国家都会制定少量的证明力规则，对某些证据的证明力预先作出规定。美国就对测谎结论的证明力作出限定，明确规定：测谎结论只能有限运用，即除用于审查言词证据是否真实可靠以外，不能用以证明任何案件事实。在刑事卷证运用制度中，对某些证据事先规定证明力，有利于促使法官形成正确心证，防止法官擅断。刑事卷证运用制度对卷证证明力进行限制，意味着该卷证不具有刑事证明价值，裁判者不可能将其作为认定案件事实的根据。

第二章
域外刑事卷证制度及运行考察

基于不同的司法理念和诉讼制度,世界各国对刑事卷证如何制作以及是否应移送给审理法院的做法各异。英美法系国家一般采行卷证不并送主义,大陆法系国家多采行卷证并送主义。就比较刑事诉讼而言,刑事卷证制度一直是区分职权主义诉讼模式和当事人主义诉讼模式的标签之一。通说认为,卷证并送主义是职权主义诉讼模式的表征,卷证不并送主义则是当事人主义诉讼模式的标签。但依笔者之见,这只是从刑事卷证庭前移送的角度说的,如果从审判阶段刑事卷证如何运用这一角度进行观察,则会有不同结论。此外,关于刑事卷证制作制度的理论分析,学界鲜有论述。本章将以世界主要法治国家的刑事诉讼立法为基础,梳理刑事卷证制作制度模式,评析刑事卷证移送制度现有理论模式,并提炼总结出刑事卷证在审判阶段运用的三种模式,即否定证据能力模式、肯定证据能力模式和附条件肯定证据能力模式。

第一节 域外刑事卷证制作的制度模式

考察各国立法及司法实践发现,在刑事诉讼中制作审前刑事卷证几乎是所有国家通行的做法。刑事卷证的制作,是与侦查行为密切相关的,刑事卷证的制作直接或间接承载着侦查活动的结果。在此意义上,刑事卷证的制作模式,就必然会与侦查结构模式产生紧密联系。借用刑事审判程序的结构模式对刑事卷证的制作制度进行分析可以发现,在世界主要法治国家刑事诉讼法律规范中,刑事卷证制作存在诉讼式、控诉式以及折中式三种模式。诉讼式刑事卷证制作模式主要存在于美国、英国等采行当事人主义诉讼模式的英美法系国家,控诉式刑事卷证制作模式主要存在于德国、法国等采行职权主义诉讼模式的大陆法系国家,而折中式刑事卷证制作模式主要存在于采行混合主义诉讼模式的国家,如日本、意大利。

一、诉讼式刑事卷证制作模式

诉讼式刑事卷证制作模式存在三方结构,在作为第三方的中立法官的主持下,由追诉方和被追诉方各自收集固定证据。诉讼式刑事卷证制作模式注重强调程序公正性,它具有以下特点:一是在刑事卷证制作过程中,被追诉人享有充分的律师参与权保障;二是法官中立地主持刑事卷证制作过程,不参与刑事卷证制作;三是被追诉人享有与证人对质的权利。诉讼式刑事卷证制作模式下形成的卷证,虽然不像控诉式刑事卷证制作模式下形成的卷证那样无所不包,但其中的诉讼文书和相关证据材料仍然很多。

(一)美国模式

美国的法律制度属于英美法系,实行判例法制度,没有统一的成文刑事诉讼法典。由此可见,美国刑事诉讼具有自身特色,美国是采行当事人主义诉讼模式的典型国家。然而,在美国刑事诉讼中,同样存在刑事卷证的制作、移送及运用问题。① 就刑事卷证制作制度而言,美国属于典型的诉讼式刑事卷证制作模式,颇具特色。在美国证据法上,刑事证据主要分为四类:实物证据、书面证据、言词证据和司法认知。其中,司法认知并不涉及刑事卷证制作问题,它是指对于某些事实,当事人无须举出任何证据,法官有权将这些事实作为普通常识加以确认。对于其他三类刑事证据,《美国联邦刑事诉讼规则》规定,法院书记员应当按照美国法院行政办公室主任制定的格式在刑事诉讼中进行记录,书记员应当将法庭作出的各项命令或判决及其日期计入笔录。② 依照《美国联邦刑事诉讼规则》的

---

① 例如,在著名的米兰达案中,警察对犯罪嫌疑人米兰达进行讯问并制作了笔录。米兰达被逮捕后关押在警察局,证人指控了他。然后警察把他带到"二号讯问室"接受两名警察的讯问。两个小时后,警察拿到了米兰达签署的书面供述。书面供述的顶部是一个打印的段落,表示其认罪是自愿的。审判时,陪审团采纳了该书面供述,米兰达被判有罪;上诉后,亚利桑那州最高法院支持了一审的定罪判决。See Miranda v. Arizona, 384 U.S. 436 (1966).

② 《美国联邦刑事诉讼规则》第 55 条规定:地区法院的书记官应当按照美国法院行政办公室主任制定的格式在刑事诉讼中进行记录。书记官应当将法庭作出的各项命令或判决及其日期记入笔录。参见《世界各国刑事诉讼法》编译委员会编译:《世界各国刑事诉讼法(美洲卷)》,中国检察出版社 2016 年版,第 647 页。

规定,美国刑事诉讼程序可以分为审前程序、审理程序和审后程序。① 在审前、审理和审后程序中,都存在刑事卷证制作问题,这里重点探讨审前程序中刑事卷证制作的相关问题。

1. 实物证据的制作

实物证据又称物证,是由有形物体构成并在法庭出示以供事实裁判者审查的证据,如犯罪工具、犯罪遗留物品等。具体包括:物体(武器、子弹、衣服、赃物)、血迹、指纹、声纹、纤维和其他从犯罪现场、嫌疑人或证人处搜集来的证据。实物证据的制作,与警察的搜查、扣押等侦查行为密切相关。对于搜查、扣押等侦查行为的实施,美国法律确立了一系列限制性规定,包括实行令状制度、被告人的防御权以及辩护律师参与程序等。正是这些规则,才使侦查活动被纳入"诉讼轨道",美国的刑事卷证制作制度才具有了诉讼模式的典型特征。

搜查是指警察对嫌疑人的人身、住宅、物品等进行的实际搜索行为,其后果是将发现的与犯罪有关的物品、文件等予以扣押,并作为指控犯罪的证据使用。警察对任何人实施搜查都必须首先向中立的法官提出申请,证明被搜查者实施犯罪行为具有"可成立的理由",并说明对其予以搜查的必要性。法官经过审查,认为申请符合法律规定的,才许可发布搜查令。搜查令一般界定了警察行使搜查权的方式、程序和界限。警察进行的搜查过程以及获得证物的具体情况等需要记入笔录,形成刑事卷证。违反有关"禁止无理搜查和扣押"原则所获得的物证或书证,除一些由美国联邦最高法院确定的例外情况以外,都属于非法证据,都要被排除于法庭审判之外。

2. 书面证据的制作

书面证据又称文书证据,是由文字构成而非有形物体的证据,如信件、合同、电报等。它一般包括事务记录、纳税报告或公司备忘录等书面证据以及录音、录像等"书面证据"。其中,记录企业和政府规律性活动的

---

① 在美国刑事诉讼中,审前程序具有重要地位,一般包括提出控告、逮捕、在警察局"登记"、在治安法官面前聆讯、预审、正式起诉、传讯、被告人答辩等基本步骤;审理程序是美国刑事案件的正式审判程序,包括选定陪审团、开场陈述、控方举证、辩方举证、终结辩论、指示陪审团、陪审团评议以及陪审团裁决等步骤;审后程序主要涉及法官对被告人进行量刑及被告人提出上诉两个方面。

书面文件,通常也可以作为传闻证据规则的例外在庭审中予以出示并被采纳为证据。

一个例外情形是,诸如警察报告等侦查机关在刑事诉讼活动中所制作的文件,一般不能作为证据。因为警察报告等文件通常都是记录证人的陈述,在不具备其他传闻证据规则例外的情形时,不得作为证据提交庭审。具体而言,警察报告中记录公务活动的部分,一般可以采纳为证据,但职务上的观察一般不能作为证据使用;调查报告可以作为针对检方的证据,但不得作为针对被告人的证据。

3. 言词证据的制作

言词证据以言词形式存在,它是一些人的陈述,通常称为证人证言,由证人、被害人以及犯罪嫌疑人、被告人以口头形式向法庭提供。

美国刑事诉讼始于控告。控告是指包含所指控罪行基本事实的书面陈述,①可以分为指控、报案或检举,通常由被害人或获得有关犯罪信息的警方人员向治安法官或法律授权的其他官员提出,一般可以构成签发逮捕令的基础。在审查控告或者决定是否签发逮捕令或者传票时,治安法官可以考虑根据电话或者其他可靠电子手段传达信息。治安法官应当对经宣誓的申请和作出申请依据的证人证言予以采纳,也可以对其进行调查,并对证言和物证进行记录。如果申请仅限于证明通过可靠电子手段提交的书面证言的内容,治安法官应当承认该书面证言。如果治安法官考虑附加证言或者物证,则应当满足:第一,通过电子录音设备或者书记官逐字记录的证言或者书面证言;第二,转录的录音或者书记官的记录,经认定为准确的副本并且归档;第三,签署其他书面记录,认定其准确性并归档;第四,保证物证归档。从前述治安法官审查内容及实施的一系列活动来看,警察在前期调查阶段对刑事卷证的制作是否规范以及是否会全面影响逮捕令或传票的签发。除此之外,警察在提出申请时,还应当准备控告书、逮捕令或者传票的复制正本,并且向治安法官宣读或者以其他方法向其准确传达。如果申请人宣读了复制正本的内容,治安法官应

---

① 《美国联邦刑事诉讼规则》第 3 条规定:控告是指包含所指控罪行基本事实的书面陈述。除本规则第 4.1 条另有规定,指控应当在治安法官前宣誓后提出,在治安法官因正当理由不在的情况下,则应于州或者地方方法官前宣誓。参见《世界各国刑事诉讼法》编译委员会编译:《世界各国刑事诉讼法(美洲卷)》,中国检察出版社 2016 年版,第 614 页。

当将上述内容记入控告书、逮捕令或者传票的正本。当然,治安法官可以修改控告书、逮捕令或传票,同时将修改后的正本归档并指示申请人对提交的复制正本作相应的修改。治安法官签署逮捕令或传票时,应当签署原始文件,并将签发日期与时间记入逮捕令或者传票。

在美国,刑事诉讼过程离不开警察的询问(美国刑事诉讼程序中并不区分讯问和询问),警察实施的询问,不仅包括对犯罪嫌疑人、被逮捕人进行询问以获取其有罪供述以及其他犯罪嫌疑人的信息,也包括对普通民众进行询问以获取所需案件信息。根据被询问人是否被逮捕,可以分为对未被逮捕的人实施的询问以及对被逮捕的人实施的询问。[1] 对于被逮捕的人,美国宪法对其赋予了两项权利:当事人的沉默权和申请律师出席询问的权利。尽管其有权放弃这些权利,但放弃必须是明知且自愿的。因此,警察有义务在询问被逮捕人之前告知其享有上述两项权利,否则警察询问所得信息不能作为庭审证据使用。在被逮捕人明确表示其想行使沉默权和律师辩护权的情况下,警察的询问应当立即停止。如果被逮捕人没有告诉警察其想保持沉默或者想与律师交谈,则警察有权继续询问。[2] 没有宣读米兰达警告而对被逮捕人进行询问,此时获取的证据通常是一种非法证据,一般不能用来证明被逮捕人犯罪。此外,警察亦不能使用残酷手段、人身威胁或其他胁迫方式强迫当事人作出供述。

警察将犯罪嫌疑人逮捕后,应毫不迟延地将其带至治安法官面前,由治安法官告知其被逮捕的罪名以及享有的权利(包括沉默权、律师辩护权等)。这是初次到庭。初次到庭可能发生在检察官正式起诉之前,也可能发生在检察官正式起诉之后。聆讯,是指被告人被起诉后第一次在审判法院的出庭,审判法官告知被告人被起诉的罪名及其享有的权利,并询问被告人作何答辩:有罪、无罪或不争辩。上述活动,由法庭记录员做好记录并整理归入刑事卷证。

聆讯和初次到庭是两个不同的刑事程序。聆讯的主要目的是书面告知被告人其被指控的罪名并获取其答辩。在聆讯时,审判法官需要确认

---

[1] 美国刑事诉讼中的逮捕,是指被询问人处于一种被羁押状态,即被询问人处于不自由状态。参见陈玲:《美国刑事诉讼法》,上海社会科学院出版社 2016 年版,第 7 页。

[2] See Berghuis v. Thompkins, 560 U.S. 370 (2010).

以下事项并留存记录:其一,被告人存在认罪的事实基础,即被告人承认构成被指控的犯罪事实。其二,被告人自愿认罪,而非受到非法胁迫或诱导。其三,被告人了解其作出认罪或不争辩答辩所放弃的权利,如提供辩方证人的权利、不自证其罪的权利、要求陪审团审判的权利等。其四,被告人理解被指控的罪名并认可作认罪或不争辩答辩的可能后果。聆讯程序有可能是作出认罪或不争辩答辩的被告人第一次,也是最后一次出庭。

在预审程序中,被告人可以交叉询问对方证人,也可以提供证据,但不得以取证手段非法为由对证据提出异议。如果证据显示存在合理根据相信犯罪已经发生并且由被告人所为,治安法官应当及时命令被告人在进一步的诉讼程序中到案。如果证据表明不存在合理根据相信犯罪已经发生或者由被告人所为,治安法官应当驳回控告并释放被告人。上述预审程序的全部诉讼活动均应当由法庭记录员或者适当的记录设备予以记录。该记录的副本或者誊写本可以提供给各方,但需满足两个条件:一是提出申请;二是支付一定费用。①

4. 大陪审团刑事卷证的制作

美国刑事诉讼是政府提起的公共控告,没有政府的合作和正式诉讼,个人不能提起刑事诉讼,政府在刑事法院诉讼程序中担任原告的角色。大多数一般管辖法院的刑事案件,在警察逮捕了一名犯罪嫌疑人并将案件移交给检察官后,由检察官进行指控,从而开始诉讼。许多案件在进入司法程序后,需要通过一系列正式或非正式的审查。在每一个诉讼阶段,都一些案件被撤销,而一些案件被移送至下一个诉讼阶段的情形。无论在哪一个诉讼阶段,证据都是刑事案件的关键。警察收集大部分证据用以支持检察官起诉,据此警察成为刑事诉讼程序的"守门员"。警察和其他刑事侦查人员常规发现和收集刑事案件的言词证据、物证和文书证据,而检察官常常通过会见嫌疑人和主要证人收集言词证据。

然而,在美国的刑事诉讼中,一项颇具特色的侦查行为就是大陪审团的调查活动。在这一项活动中,亦要形成刑事卷证。当公共利益需要

---

① 《美国联邦刑事诉讼规则》第 5.1 条规定:预审应当由法庭记录员或者适当的记录设备予以记录。此记录可以经申请由各方获得。经申请并支付司法会议规章规定的费用后,记录的副本或誊写本可以提供给各方。参见《世界各国刑事诉讼法》编译委员会编译:《世界各国刑事诉讼法(美洲卷)》,中国检察出版社 2016 年版,第 617 页。

时,法庭应当召集一个或数个大陪审团。大陪审团由16人至23人组成。被告人可以以大陪审团未依法抽签、召集或者选任为由对陪审团的组成提出异议,也可以不符合法定资格为由对其中的陪审员提出异议。大陪审团组建后,法庭应指定陪审员中的一位为陪审团主席。大陪审团主席或者其指定的另一名陪审员应当记录同意签署起诉书的陪审员人数,并将记录提交法院书记官存档。在大陪审团开庭时,检察官、接受询问的证人、翻译人员、法庭记录员以及记录设备操作人员等可以在场。这些在场人员负有保密义务,不得泄露大陪审团开庭期间的一切情况。所有诉讼过程,除大陪审团的评议和表决外,均应当由法庭记录员或者适当的记录设备进行记录。诉讼全过程或其中一部分的记录出现非故意的差错时,不影响起诉书的效力。记录或报告者的笔记以及其他有关证据材料应当由检察官保管和控制,但在特定案件中法庭另有命令的除外。

  在检察官审查证据之前,警察通常已经收集所有的物证且将其分门别类,并记录了所有所需的言词证据,据此形成了刑事卷证。实践中,一些案件的检察官需要或要求进行补充侦查,一些案件的检察官可能举行指控协商会以了解更多的案件情况。在特殊情况下,检察官可能借助大陪审团进行调查以发现证据支持指控。大陪审团一般调查复杂的有组织犯罪、政府犯罪和其他警察通常运用的方法很难侦查的犯罪。大陪审团可以自由地传唤辖区内的任何人担任证人。召集大陪审团的法院,可以强制证人作证或出示书面文件或其他物品。证人在大陪审团面前必须宣誓作证。传闻证据和其他通常在法院不被采纳的证据,同样不被大陪审团考虑。出现在大陪审团面前提供证言的人都是证人,尽管一些证人可能被怀疑犯罪,但他们只是证人。大陪审团证人,即使他们是调查的目标,也不享有交叉询问与对质的权利、出席大陪审团程序的完整权利以及提供陈述或传唤其他证人的权利。一旦收集了充分的证据或听取了完整的陈述,大陪审团就投票决定证据是否足以证明起诉是正当的。针对上述活动,在每次开庭时,法院书记官都必须记录和标上日期,必须接收和保存提出的每项动议,必须保管好整套文字记录。对于据此形成的刑事卷证,法院书记官可以制定有关要求,这些要求对案件处理可能产生影响。例如,律师需要即时调阅被告人以前的刑事卷证,如果法院书记官制定了一项要求律师必须提前几天提出申请的规定,法官则不得不迟延庭审,直到律师能拿到这份刑事卷证。

5. 辩方刑事卷证的制作

在美国刑事诉讼中,辩方可以通过证据开示获取大量证据信息。一般而言,检察官有义务将下列刑事卷证材料提交给辩方:专家证人证言、鉴定意见和报告、被告人供述、警察调查过程中获取的相关实物证据、照片、录音录像、警察报告和记录以及搜查证、逮捕证等程序性法律文书。除此之外,辩方也可以自行收集证据,为庭审做准备。辩护律师可以询问控方证人,并对谈话内容进行录音或制作笔记,也可以找对己方有利的证人。警察和检察官不能阻止证人和受害人与辩方交谈。在证人不愿意参与交谈的情况下,辩方可以申请法官向其签发传票,强制证人参加供述录取程序并回答辩方的问题。在供述录取过程中,法庭记录员也会参与并记录证人作供,生成笔录。绝大多数州的供述录取目的不在于证据开示,而在于保存证据,只有少数州认为供述录取的目的是证据开示。证人在供述录取时所作的陈述在审判中可以作为实体证据、反驳证据或弹劾证据。

值得关注的是,在美国,刑事卷证制作完成后,可根据刑事诉讼的不同进程分别予以移送:为答辩和量刑而移送;为审判而移送。前一种移送是指在收到被告人的声明和所需的批准后,受理大陪审团起诉书、检察官起诉书或者控告书的法院的书记官,应当将案卷或其业已证明的副件向接受移送的法院的书记官移送;后一种移送是指当法庭命令移送时,法院书记官应当向被移送法院的书记官移送全部案卷及其副本。

(二)英国模式

在英国刑事诉讼中,一个比较显著的特点是检察机关不参与刑事侦查活动,侦查行为由司法警察独立实施。因此,刑事卷证的制作由警察负责完成。例如,羁押警察要对羁押的全部过程制作书面笔录,并在条件具备时将案件移交检察机关,由检察机关起诉。英国针对侦查程序确立了较为完善的司法审查机制,通常情况下除法律允许采用"无证逮捕"或者"无证搜查"的情形以外,警察对任何公民实施的逮捕或者搜查、扣押行为,均须事先向治安法官提出申请,并说明相应的正当理由。只有经过治安法官审查许可,发布令状以后,警察才能实施具体的逮捕或搜查、扣押行为。除这种事前审查许可机制以外,针对侦查措施的司法审查还有事后进行的听审和裁决两个机制。在英国刑事诉讼活动中,警察收集证据以确认犯罪嫌疑人确实实施了某一罪行的方法众多,相应的刑事卷证的制作也多种多样,无法也无必要逐一进行全面考察。据此,本书将重点考察英国刑事诉讼中的搜查笔录、列队辨认笔录以及被告人讯问笔录等刑事卷证的制作。

1. 搜查笔录的制作

1984年《英国警察与刑事证据法》明确规定,警察有制作搜查记录的义务。① 如果警察有合理根据怀疑能够发现被盗物品或违禁物品,那么其便可对人员或车辆进行搜查。违禁物品包括攻击性武器,以及携带、制作或意欲被用于入室行窃、偷窃、偷盗车辆或骗取财物的物品等。在搜查之前,警察必须告知被搜查人他的姓名及所属警察局,以及准备搜查的目的和进行搜查的理由,并做好搜查记录。记录必须当场制作或在搜查后一有可能即行制作。记录必须给出相关警官的姓名,并且在知道的情况下给出被搜查人的姓名,否则要对被搜查人进行描述。记载搜查车辆、船舶、航空器及气垫船情况的笔录,应当注明车辆、船舶、航空器及气垫船的特征,搜查的目的、根据、日期、时间、地点、是否发现以及发现了什么物品等。连同搜查发现的结果和明显导致的对人身的伤害或对财产的损害的具体细节都必须明确列明。如果在12个月内提出申请,被搜查人有权得到一份搜查记录的副本。

2. 列队辨认笔录的制作

列队辨认,是指证人从一排与犯罪嫌疑人相似的人员中指认犯罪嫌疑人。如果在对犯罪嫌疑人的审判中对于他是否在某地被看到或在实施某犯罪行为时被看到存在任何争议的可能,警察都应当给他进行列队辨认的机会,以让证人可以把他辨认出来。② 列队辨认的情况,应当记录于专用表格上。在潜在证人初次给出对犯罪嫌疑人的描述时,应当制作书

---

① 1984年《英国警察与刑事证据法》第3条规定:搜查记录义务。参见《世界各国刑事诉讼法》编译委员会编译:《世界各国刑事诉讼法(欧洲卷·下)》,中国检察出版社2016年版,第1784页。

② 参见[英]约翰·斯普莱克:《英国刑事诉讼程序》,徐美君、杨立涛译,中国人民大学出版社2006年版,第65页。

面记录。这样做的目的是确保证人的描述与犯罪嫌疑人的实际相貌刚好"吻合"。该记录可能成为证人陈述的一部分,也可能以即时记录的形式出现。犯罪嫌疑人及其律师应尽可能及时获取该份书面笔录,并且警方通常要求其在列队辨认之前获取。

进行列队辨认时,辨认警官应由其他警官担任,任何负责调查的警官均不得参与列队辨认的安排和实施。在列队辨认之前,辨认警官应当向犯罪嫌疑人解释列队辨认的目的、举行的程序、其可以拒绝这一安排以及其拒绝的后果。上述解释需要记入书面通知,并将该书面通知交给犯罪嫌疑人,由其在书面通知的副本上签字,以示其是否愿意参与列队辨认。列队辨认时,需要遵守一系列具体规则,例如,除犯罪嫌疑人外,参与列队辨认的人至少应当包括 8 人;检阅列队之前,证人不得相互讨论案情;如果有两个以上的目击证人,证人必须单独观看列队;证人应逐一进行辨认;等等。列队辨认结束后,辨认警官必须询问犯罪嫌疑人对此有何评价。

列队辨认进行的全过程,需要制作书面记录,该书面记录要在适当的表格内填好。该记录应当包括证人或犯罪嫌疑人讲过的与任何辨认或程序有关的陈述,以及无法遵守有关规定的原因。如果某人因干扰列队辨认而被要求离开辨认现场,当时的情况也应当被记录在案。通常情况下警方还要给列队拍一张彩色照片或者进行录像,并在犯罪嫌疑人及其律师要求时为他们提供一份副本。

3. 被告人讯问笔录的制作

1984 年《英国警察与刑事证据法》规定,警察对犯罪嫌疑人进行讯问的过程,应当同步制作讯问笔录并存档备查。警察讯问的实施过程一般可以分为告知有保持沉默的权利、在警察局外讯问、在警察局内讯问以及指控等主要阶段。同时,被警察讯问的犯罪嫌疑人具有咨询律师的权利。[1] 所有对犯罪嫌疑人的讯问,不管是在警察局内还是在警察局外进行,都必须由警察精确记录。如果讯问是在警察局内进行,必须在为此目的特制的表格或警察的笔记本上同步把讯问内容记录下来。除了可能存

---

[1] 1984 年《英国警察与刑事证据法》第 58.1 条规定:被逮捕且被羁押于警察局或其他地方的人如果提出要求,有权在任何时候向律师私下咨询。参见《世界各国刑事诉讼法》编译委员会编译:《世界各国刑事诉讼法(欧洲卷·下)》,中国检察出版社 2016 年版,第 1811 页。

在录音记录的情况,同步记录的唯一例外是,侦查警官认为记录不可行或这样会干扰讯问的进行。讯问结束时,应当让犯罪嫌疑人通篇阅读记录或让人为他阅读,并让他签字以证实记录是准确的。如果他拒绝签字,应将这一情况告知资深警官并在记录上注明。记录亦应由犯罪嫌疑人签名,作为包含供认内容,或与其辩护相一致且对其有帮助的证据,以后可能在法庭上出示。当讯问记录不是同步制作时,其原因必须记录在警察随身携带的笔记本上,而且必须一旦讯问结束即加以记录。

此外,《英国警察与刑事证据法规程C》中明确要求,警察制作的讯问笔录必须一字不差地记载双方所说的话,如果确实无法做到一字不差,至少应当对讯问过程进行了准确且充分的概括性叙述。

不遵守以上规则可能导致犯罪嫌疑人回答中的证据在审判时被排除。依照1984年《英国警察与刑事证据法》第60条及60A条的规定,讯问过程必须录音、录像。这一规定的目的是防止在讯问过程中警察对犯罪嫌疑人施加压力或者威胁,以及防止篡改或伪造口供。故而,对讯问书面记录的明显替代方式是录音或录像记录。《警察讯问嫌疑人录音工作规程》《对警察讯问嫌疑人进行录像的工作规程》对原始录音、录像的录制与密封,录音、录像的适用条件,录音、录像设备出现故障时的处理以及录音、录像的保管等作出了明确具体的规定。其中,录音记录适用于:一是对因可诉罪接受权利告知的当事人进行讯问的;二是讯问人员对指控后的犯罪嫌疑人进行进一步讯问的;三是讯问人员希望告诉指控后的犯罪嫌疑人其他书证或他人的讯问口供的。[①] 录像记录的适用除了包括录音记录适用的三种情形,还包括另外三种情形:其一,聋哑人、盲人或因语言障碍而使用手语进行交流的犯罪嫌疑人;其二,被讯问人需要"合适成年人"在场的;其三,犯罪嫌疑人或其代理人要求进行录像的。[②] 对犯罪嫌疑人进行录音、录像讯问后,警察局长应当作出安排,按所属警察局现行指令,将录音带、录像带安全保存,与其他可用作证据的材料一样,其转移、使用均应登记。

[①] 参见彭勃编译:《英国警察与刑事证据法规精要》,厦门大学出版社2014年版,第178页。

[②] 同上书,第192页。

实践中，为了防止控辩双方将来在庭审中就警察讯问是否合法产生争议，对犯罪嫌疑人讯问的录音或录像采用同期双套录制的做法。讯问结束后，其中一套交由治安法官封存，作为将来裁判的证据；另外一套则交给警察作为起诉的依据之一。据此警察准备一份讯问摘要，并交给被告人一份复印件。如被告人提出请求，其有权再得到一份复制件以便检查摘要的准确性。若有争议，可命令制作一份录音的手写本，然后将其作为管理上的便利品在审判时使用。

通过前述考察分析可以看出，追求侦查权与犯罪嫌疑人权利之间的平衡是英国刑事卷证制作模式的一个明显的特征，英国的刑事卷证制作始终以人权保障为经纬、以利益平衡为主轴，侦查机关在行使公权力时必须对公民权利给予关照。这些举措中最为重要的是犯罪嫌疑人享有保持沉默的权利以及接受律师帮助的权利。与此同时，1984年《英国警察与刑事证据法》还特别规定，在警察局内设立专职的"羁押警察"和"审核警察"，以监督办案警察对相关法律规定的严格执行，从而进一步维护犯罪嫌疑人的合法权益。

二、控诉式刑事卷证制作模式

在控诉式刑事卷证制作模式中，法官一般会中立地主持追诉方与被追诉方制作刑事卷证。但必要时，法官也会参与到刑事卷证的制作之中，从而形成相对独立的法庭卷证。该模式具有以下特点：其一，在刑事卷证制作过程中，被追诉人享有一定的律师参与权。其二，法官通常主持刑事卷证制作过程，但有时也参与刑事卷证制作。例如，在德国刑事诉讼中，为了查明事实真相，法官可依职权将证据调查延伸至对刑事裁判具有意义的相关文书证据上。其三，被追诉人享有一定的与证人对质的权利。控诉式刑事卷证制作模式强调法官在各方当事人之间注重保持中立，不偏袒任何一方，促进控辩双方平等对抗。

（一）德国模式

《德国刑事诉讼法》规定了五种证据形式：证人证据、鉴定证据、文书证据、勘验证据以及被告人或共同被告人的陈述。从严格意义上讲，被告人或共同被告人的陈述并不是证据，但被告人或共同被告人的陈述系法官自由心证时需要注意的事项,①因而在德国刑事诉讼中被称为广义的证据。

1. 证人证据的制作

依照《德国刑事诉讼法》第 48 条的规定,证人,是指在某个不针对自己的刑事案件中以陈述的方式表达其对案情的感知的人。② 在德国刑事诉讼中,任何人都有作证能力。询问证人应当分别进行,且后续待询问的证人不得在场。在询问证人之前,应当告知其须如实作证,并提示其作证可能需要宣誓,告知其如果提供不实或不全的证言,将会带来刑事法律后果。询问开始时,应当首先就证人进行人别询问,特别是要问清楚姓名、年龄、职业、住址以及与被追诉人或被害人的关系。③ 对证人进行案情询问时,分为两个部分:首先,应当让证人就询问的内容前后连贯地陈述其所知悉的情况。其次,就证人所知悉的情况提出必要的问题,以进一步澄清和补足证言内容以及考察证言的依据。④ 前一部分称为汇报部分,后一部分称为诘问部分。但是,关于可能给证人或其亲属招致耻辱或者触及他们私人生活领域的事项,仅当有绝对必要时才可以进行问询。上述内容均应记入证人询问笔录。

随着 1998 年《德国证人保护法》的实施,德国刑事诉讼开始运用视讯技术作为取得证据和询问的手段,对证人的询问可由音像设备记录。同时,《德国证人保护法》还建立了证人辅佐人制度,该制度在 2009 年 7 月颁布的《关于在刑事诉讼中强化被害人和证人权利的法案》中得到了进一步发展。《德国刑事诉讼法》第 68b 条规定了证人可以得到法律顾问的

---

① 参见[德]维尔纳·薄逸克、[德]萨比娜·斯沃博达:《德国刑事诉讼法教科书(第15 版)》,程捷译,北京大学出版社 2024 年版,第 199 页。

② 《德国刑事诉讼法》第 48 条第 1 款规定:证人有义务按照约定的日期到法官面前接受询问。如果法律没有规定特别的例外许可,证人有义务作证。参见《世界各国刑事诉讼法》编译委员会编译:《世界各国刑事诉讼法(欧洲卷·上)》,中国检察出版社 2016 年版,第 254 页。

③ 《德国刑事诉讼法》第 68 条第 1 款规定:询问开始时应首先就证人的名、姓、婚前姓、年龄、职业和住所发问。如果证人是以公务身份了解案情的,可以用办公地点替代住所。参见《世界各国刑事诉讼法》编译委员会编译:《世界各国刑事诉讼法(欧洲卷·上)》,中国检察出版社 2016 年版,第 257 页。

④ 《德国刑事诉讼法》第 69 条规定:(1)证人应被告知连贯地陈述对被询问事项所知道的所有情况。在询问之前要告知所要调查的事项,如果已有被告人,就要告知被告人的姓名。(2)为了使证言清晰、完整,以及为了确认所知的依据,必要时可以作进一步询问。参见《世界各国刑事诉讼法》编译委员会编译:《世界各国刑事诉讼法(欧洲卷·上)》,中国检察出版社 2016 年版,第 257 页。

帮助,在没有事实依据表明其会明显妨碍顺利举证的,证人的法律顾问可以被允许出席对证人的询问。询问证人时,其辅佐人是否在场等情况也应当记入笔录。由此可见,在德国刑事诉讼中询问证人的刑事卷证资料包括两种形式:证人询问笔录和有关录音录像资料。

2. 鉴定证据的制作

德国刑事诉讼中的鉴定人通常由法院委任,他是弥补法院专业知识不足的人。就具体待证事实而言,鉴定人掌握着法官所欠缺的特殊专业知识,他可以凭借这类专业知识解答案件事实或者判断具体的事态,如法医对尸检结果的报告、精神科医生关于被告人脑结构异常的说明。在侦查程序中,检察官也可以委托鉴定人。在专业事项上,法院无权对鉴定人发号施令,鉴定人全权负责鉴识工作的专业实施。① 鉴定人应法官或者检察官的传唤到场,实事求是地完成鉴定任务,并具有提交鉴定意见的义务。鉴定人所作的鉴定过程、论证方法、鉴定结果等须记入鉴定意见。在侦查程序中,鉴定意见按侦查法官的要求可以以口头或者书面形式报告。② 但是在庭审中,鉴定意见通常应该由鉴定人以言词方式报告。司法实践中,当存在立法规定的例外情形时,也可以宣读鉴定意见。

3. 文书证据的制作

在德国,刑事诉讼意义上的"文书",是指具有适合宣读的思想内容的书面文件。"文书证据体现为通过宣读的方式获悉书面文件或电子文件的思想内容。"③如果仅仅通过文书的外观去证明,则可能属于勘验的对象。因此,可以宣读的电子文件,也属于文书证据,如先前的刑事判决、犯罪记录、教会档案和个人情况登记档案摘要等。④《德国刑事诉讼法》中

---

① 参见[德]维尔纳·薄逸克、[德]萨比娜·斯沃博达:《德国刑事诉讼法教科书(第15版)》,程捷译,北京大学出版社2024年版,第217页。
② 《德国刑事诉讼法》第82条规定:在审前程序中,鉴定人用书面或是口头作鉴定,由法官决定。参见《世界各国刑事诉讼法》编译委员会编译:《世界各国刑事诉讼法(欧洲卷·上)》,中国检察出版社2016年版,第260页。
③ [德]维尔纳·薄逸克、[德]萨比娜·斯沃博达:《德国刑事诉讼法教科书(第15版)》,程捷译,北京大学出版社2024年版,第219页。
④ 《德国刑事诉讼法》第249条第1款(1)规定:证书及其他作为证据的文书应当在法庭审理中宣读。此规定特别是对先前的刑事判决、犯罪记录、教会档案和个人登记档案摘要适用,以及对法官勘验笔录适用。参见《世界各国刑事诉讼法》编译委员会编译:《世界各国刑事诉讼法(欧洲卷·上)》,中国检察出版社2016年版,第296页。

并未明确规定文书证据合法性的一般性规则,因而,但凡未经立法明确禁止的情形,文书证据均系合法。由此可知,某一具体个案中需要多少文书证据以及是否有必要调查文书证据,通常取决于法官的澄清义务。① 进言之,为了查明事实真相,法官可以依职权将证据调查延伸至对刑事裁判具有意义的相关文书证据。

4. 勘验证据的制作

德国刑事诉讼中的勘验证据,是指通过看、听、摸、尝、闻等手段对人或物获取的感官认知。例如,现场勘查、查验凶器或者观看照片、影像等,都属于勘验。在德国,通说认为辨听录音也应当被视为勘验。勘验行为可以由受命或者委托法官进行。法官进行勘验时,其发现的事实应当记入笔录,该笔录应当载明那些能推断案件特征的,但仍然缺失的痕迹、标记。同时,法官勘验时,允许检察官、犯罪嫌疑人和辩护人在场。② 一般而言,刑事程序参与者具有较为充分的在场权,但如果犯罪嫌疑人在场将危及调查目的,法官可以决定不让其在勘验时在场。这些勘验活动都要形成勘验笔录,归入刑事卷证。

5. 被告人或共同被告人的陈述的制作

检察官领导侦查程序,是德国侦查程序的显著特点。依照《德国刑事诉讼法》的规定,司法警察作为检察官的助手,在检察官领导和指挥下实施具体的侦查活动。实践中,大多数侦查活动由司法警察独立完成。若检察官认为有必要由法院实施调查,可以在提起公诉前向检察院所在地或者提起申请的检察院分支机构所在地的初级法院提出申请,由侦查法官负责实施其期望的调查行为。侦查机关的侦查结果,都要载入刑事卷证。针对讯问这一侦查行为而言,无论是侦查法官、检察官,还是司法警察,在对被告人进行初次讯问之前,都必须首先告知其被指控的罪名和法律依据,即其被指控何罪以及适用哪些刑法规定;再告知其有拒绝陈述

---

① 《德国刑事诉讼法》第244条第2款规定:为了调查事实真相,法院应当依职权将证据调查延伸到所有的对裁判具有意义的事实、证据上。参见《世界各国刑事诉讼法》编译委员会编译:《世界各国刑事诉讼法(欧洲卷·上)》,中国检察出版社2016年版,第295页。

② 《德国刑事诉讼法》第168d条第1款第1句规定:法官勘验时,允许检察官、犯罪嫌疑人和辩护人在场。参见《世界各国刑事诉讼法》编译委员会编译:《世界各国刑事诉讼法(欧洲卷·上)》,中国检察出版社2016年版,第290页。

权,即其依法有权就指控进行陈述或者对案件不予陈述。① 另外,还应当告知被告人有权委托律师,随时向其选任的辩护人咨询。

真正的讯问,开始于人别讯问。在对事实讯问时,讯问人还必须告知被告人可以申请收集有利于自己的个别证据,并且给予其消除嫌疑、提出有利事实的机会。在适宜的情形中,讯问人还应当向被告人指明,其可以用书面形式进行陈述。讯问的全部过程和有关情况必须如实记录,并交由被告人进行审阅,从而形成讯问笔录。《德国刑事诉讼法》第168a条设4款内容对笔录的形式作出了详细具体的规定:笔录必须载明调查地点、日期、共同参与人及参加人员的姓名,还要载明讯问是否遵守了程序的重要程式。笔录须就其所涉及的内容向调查参加人宣读核对或者供其阅读核对。核实的,应予注明。笔录应当由参加人签名或者注明不签名的原因。讯问人和记录人均应在笔录中签名。如果笔录内容是在未委托记录员的情形下,全部或者部分用录音设备临时记录的,由讯问人和后来制作笔录的人员签名。后来制作笔录的人员签名时应当注明其证实从录音设备转记的正确性,同时准许其就转记的非正确性作出说明。

德国刑事诉讼中的讯问笔录包括:法官笔录②、检察官和警察笔录③。如果未就讯问活动制作笔录,应当在卷宗中载明被告人或者犯罪嫌疑人的辩护人参加了讯问活动。根据《德国刑事诉讼法》第163a条的规定,在讯问之前告知犯罪嫌疑人或者被告人的活动,应该制作书面记录,并将其

---

① 在德国刑事诉讼中,犯罪嫌疑人或者被告人无论如何都没有协助为自己定罪的义务——"不自证己罪"原则。这项从一般人格权和"法治国"原则中推导而来的原则,主要体现为犯罪嫌疑人、被告人有陈述或拒绝陈述的选择权。该原则同时禁止国家机关强制其积极地自我归罪。若其行使沉默权,即完全拒绝陈述的,不得因此作出对其不利的判决推论。相关内容参见[德]维尔纳·薄逸克、[德]萨比娜·斯沃博达:《德国刑事诉讼法教科书(第15版)》,程捷译,北京大学出版社2024年版,第134页。
② 《德国刑事诉讼法》第168条规定:法官的每一项调查行为都应当制作笔录。笔录应由法院书记员办公室书记官制作;法官认为无此必要时可以不请笔录员作笔录。紧急情形下法官可以请人在其面前宣誓,并请该人为笔录员。参见《世界各国刑事诉讼法》编译委员会编译:《世界各国刑事诉讼法(欧洲卷·上)》,中国检察出版社2016年版,第289—290页。
③ 《德国刑事诉讼法》第168b条规定:(1)侦查机关的侦查结果要载入案卷。(2)讯(询)问犯罪嫌疑人、证人、鉴定人的,应当依照第168条和第168a条的规定作笔录,以不导致严重拖延侦查为限。参见《世界各国刑事诉讼法》编译委员会编译:《世界各国刑事诉讼法(欧洲卷·上)》,中国检察出版社2016年版,第290页。

归入刑事卷证。① 同时,犯罪嫌疑人或者被告人在讯问前就是否希望咨询其选任的辩护人的决定,应当适用书面记录的要求,制作书面记录后也一并归入刑事卷证。

自 2020 年 1 月 1 日起,一切对犯罪嫌疑人或者被告人的讯问均可以录音录像。这里的"可以",意味着其是任意性规定。但是对于重罪案件,尤其是杀人案件,讯问犯罪嫌疑人或者被告人时应当进行录音录像。这属于强制性规定。目前,德国立法上对违反录音录像义务的法律后果尚未明确规定,但学界认为,立足于保护被追诉人权利的立场,应该根据一般原则产生证据使用禁止的效果。②

《德国刑事诉讼法》第 136a 条明确规定,禁止采取非法方法对犯罪嫌疑人进行讯问,不得以虐待、疲劳战术、伤害身体、服用药物、折磨、欺诈或者催眠等方法损害犯罪嫌疑人意志决定和意志活动的自由。否则,将构成"证据取得之禁止"。对于使用违反法律规定的取证手段所获得的被告人陈述,即使被告人本人同意,法院也不得将该陈述采为证据,此即为"证据使用之禁止"。

此外,在德国侦查程序中,辩护律师有权参与一系列由法官主持的诉讼活动。就法官对被告人进行讯问而言,辩护律师可以与检察官同时出席,并有权及时获知讯问的时间。在检察官对犯罪嫌疑人或者被告人进行讯问时,辩护律师也有权在场,并为其提供法律帮助。除非辩护律师在场会危及侦查目的的实现,否则律师这一权利就不能被限制。

6. 刑事卷证的电子化制作

随着科技和电子信息技术的发展,值得重点关注的是,德国刑事诉讼中关于电子卷宗的制作的规定。2013 年 10 月,德国颁布了《关于促进与法院的法律事务往来电子化的法律》,自此开启了法院卷宗编制以及司法往来电子化进程。2017 年 12 月,德国又颁布《关于在司法机关引入电子

---

① 《德国刑事诉讼法》第 168b 条第 3 款(3)规定:根据第 163 条第 1 款以及第 163a 条的规定,在讯问前对犯罪嫌疑人的告知应当进行记录存档。参见《世界各国刑事诉讼法》编译委员会编译:《世界各国刑事诉讼法(欧洲卷·上)》,中国检察出版社 2016 年版,第 290 页。

② 参见[德]维尔纳·薄逸克、[德]萨比娜·斯沃博达:《德国刑事诉讼法教科书(第 15 版)》,程捷译,北京大学出版社 2024 年版,第 123 页。

卷宗以及进一步促进法律事务往来电子化的法律》(以下简称《电子卷宗法》),其中对《德国刑事诉讼法》部分条款的修改已于2018年1月1日正式生效。《电子卷宗法》将电子卷宗引入刑事诉讼领域,再次推动电子卷宗的制作、移送及运用。在此前的司法实践中,大多数刑事卷证已经以电子数据的形式进行编制,并且越来越多地以电子形式传送,但由于法律的规定,其最终仍然必须以纸质形式存储。为了适应刑事司法现代化的需求,且使刑事诉讼与民事、家事、劳动等其他司法领域早已适用的电子司法往来制度相衔接,德国联邦政府于2016年起草了《〈电子卷宗法〉草案》,经过法定的立法程序后,《电子卷宗法》最终获联邦议会通过。当前《德国刑事诉讼法》有关电子卷宗规则的修订主要包括两个方面:

第一,电子卷宗编制与传输的具体规则。此类规则主要规定于现行《德国刑事诉讼法》第32条至第32f条(第32d条除外)。根据《德国刑事诉讼法》第32条的规定,刑事诉讼中的卷宗可以以电子形式编制,但以电子形式编制卷宗的起始时间、范围以及相应的管理组织、技术手段、文件传输标准等配套规则,可以由联邦政府或州政府通过规章加以规定,这一授权也可以交由相应的政府主管部门行使。其余各条款分别规定了电子文件在刑事追诉机关与法院之间传输的规则、电子文件的制作及电子签名要求、电子表格的应用要求、为编制卷宗的目的转换文件格式的要求、查阅电子卷宗的方式和要求等具体适用规则。

第二,电子卷宗中个人数据的保护和使用要求。此类规则主要规定于现行《德国刑事诉讼法》第496条至第499条,主要内容包括:允许处理和使用电子卷宗或者电子卷宗副本中的个人数据,但必须采取数据保护措施且遵守正确的数据处理规则;允许司法机关在满足法定条件时委托非公共机构存储电子卷宗;使用电子卷宗或其副本中的个人数据的条件和禁止使用的情形;电子卷宗副本的删除要求;等等。

《德国刑事诉讼法》关于电子卷宗规则的修订,是德国继续推进刑事司法现代化的重要产物,与现代数字化社会的发展背景相适应,具有提高司法效率、降低司法成本的作用。但考虑到电子数据易篡改、易伪造的特性,必须配套实施相应的技术保障和数据保护措施。为此,德国也采取了循序渐进的立法方式,逐步推进刑事司法电子化的进程,以便司法制度能够及时调整,适应刑事诉讼的特殊要求。

(二)法国模式

法国刑事诉讼的三大司法职能分别是:预审、追诉和审判。任何案件,非经广义的预审,不得判决。即使是速决式的简单预审也必须进行,但只有重大、疑难、复杂的案件才适用由预审法官进行的正式侦查程序。在法国,预审法官按照法律的规定进行其认为有益于查明事实真相的一切侦查行为,在进行侦查时,预审法官不仅要查找有罪的证据,还要查找无罪的证据。[①] 通常来说,法国刑事诉讼中可以作为证据的是:书证、证人证言、现场勘验笔录以及鉴定意见。[②] 这些证据材料都应当制作副本,每一个副本都要由法院的书记员或者由受委派的司法警察警官验证,验证其与正本是否相符,因为预审法官不可能亲自进行全部预审活动,所以他可以向司法警察警官发出查案委托书,由司法警察警官按照法定条件和限制进行一切必要的侦查行动。案卷内的所有刑事卷证,要按照其制作的先后顺序,或者按照预审法官收受刑事卷证的先后顺序进行编号。"任何案件,只有以案卷的形式采纳提交审判法庭开庭审理,而任何案件的案卷(le dossier,卷宗)至少应当包括:确认犯罪事实笔录,被告人的'犯罪记录',一般情况下,还应包括被告人向警察所作的辩解、说明,常常还包括证人的证言,以及有关犯罪人人格的简单情况介绍。"[③]本节将重点考察法国刑事诉讼中的书证和物证、证人证言笔录、鉴定报告以及颇具特色的人格卷证等刑事卷证的制作。

1. 书证和物证的制作

在法国,会计账目凭证等文字材料可以作为认定犯罪的证据。预审法官还可以采取各项侦查措施,通过发现某些痕迹、线索、物件、材料等来查明案件事实。这些证据一般通过在犯罪现场或者居住地进行搜查或扣押取得,并依照一定规范标准制作书证类型的刑事卷证。如果通过搜查

[①] 在法国刑事诉讼中,预审法官并不是要竭力证明受到指控的人就是所指控事实的犯罪行为人,而是要努力查清客观事实真相,他的作用并不是盲目地支持追诉方。所以预审法官进行预审,既查找"可以证明犯罪的证据",又查找"可以排除犯罪的证据"。参见[法]贝尔纳·布洛克:《法国刑事诉讼法(原书第21版)》,罗结珍译,中国政法大学出版社2009年版,第366页。

[②] 同上书,第73页。

[③] 同上书,第357页。

发现物证,所涉及的物件将予以扣押并提交给司法机关。

进行搜查的决定由预审法官作出,搜查决定应归入刑事卷证。预审法官可以发出查案委托书,委派司法警察警官进行搜查。凡是有可能发现有利于查明事实真相的物件的地点,均可以进行搜查。① 例如,受审查人的家中或者第三人的家中,都在搜查之列。在受审查人的家中进行搜查时,受审查人应当在场。如果其本人不愿意或者不能在场,可以当面要求其指定一名代理人在场。如果受审查人拒绝指定代理人,预审法官可以指定两名证人并要求他们列席搜查,这两名列席搜查的证人应当在搜查笔录上签字。在第三人家中搜查时,预审法官应要求主人在现场。如果主人不在家或者拒绝到现场,预审法官进行搜查时应当有该主人的两名直系血亲或姻亲在场;如果也没有的,应当有两名证人在场。这些人都应当在笔录上签字。进行上述搜查,预审法官始终由一名书记员协助,并且都应当通知共和国检察官,但共和国检察官有权决定是否陪同预审法官。预审法官开展的全部搜查活动,需当场制作笔录。

扣押物件时,应当制作扣押笔录。为了确保被扣押物件的真实性,并使扣押物件得到妥善保管,扣押一经宣告,就必须履行相关手续。否则,可能导致扣押无效。被扣押的物件应立即清点,制作扣押清单,在扣押笔录中逐项登记,并加上封签进行保管。② 随后可以开启封签,在受审查人本人及其律师在场的情况下,预审法官对全部被扣押文件、物品等逐一清点。即使在扣押现场已经进行挑选,预审法官仍然可以扣押那些有助于查明案件事实的物品、文件或材料。上述侦查活动均应当记入笔录,并归入刑事卷证。

---

① 《法国刑事诉讼法典》第 94 条规定:对于凡是可能发现有利于查明事实真相的物件或信息资料或者按照《刑法典》第 131-21 条的规定应予没收之财产的任何地点和场所,均可以进行搜查。参见《世界各国刑事诉讼法》编译委员会编译:《世界各国刑事诉讼法(欧洲卷·上)》,中国检察出版社 2016 年版,第 578 页。

② 《法国刑事诉讼法典》第 97 条第 2 款规定:对交给法院掌管的所有物件、文件或信息资料,立即编制清单并加封签;但是,如果当场编制清单有困难,司法警察警官按照第 56 条第 4 款的规定办理。参见《世界各国刑事诉讼法》编译委员会编译:《世界各国刑事诉讼法(欧洲卷·上)》,中国检察出版社 2016 年版,第 578 页。

司法监听时,预审法官应当采用书面形式作出(电话)监听决定,[1]由其截听、录制出于侦查犯罪需要的通信资料。预审法官进行的每一次截听、录制侦查活动,都必须由其制作笔录,并应当写明每一次截听活动的日期、开始与结束时间。法国法律规定这一项笔录只能由预审法官制作,这意味着截听、录制侦查活动只能由法官或者其委派的司法警察警官负责完成。[2] 笔录与录制件应交给受审查人的诉讼辅佐人审核。制作的笔录均应当归入刑事卷证。

2. 证人证言笔录的制作

第一,询问证人。受到传唤的证人必须到庭,证人作证时应当宣誓并说出他所知道的全部事实。证人作证可以分开进行,而且受审查人不得在场。但是,预审法官随后可以让证人与受审查人进行对质,甚至还可以让证人与证人进行相互对质。证人应当口头作证,但鉴于侦查程序系一种书面程序,所以预审法官随后会归纳证人提供的证言,并口述给书记员,由书记员制作证言笔录。这样收集的证言是其主要内容,而不是一字一句地全部照录。如此一来,证人的意思可能就会因转述、归纳而被曲解,所以法律要求证人本人复读其提供的证言笔录,如果其坚持是自己的证言,则应当在证言笔录上签字。如果证人认为有必要,可以在其所作的声明中增加或者变更能够更好地表达其意思的补充说明。如果证人不能阅读,应由书记员向其宣读证言笔录;如果证人不愿意签字或者不能签字,笔录应当予以记明。[3] 对

---

[1] 这一决定不具有司法裁判性质,因此不得对其提出任何形式的不服申请。《法国刑事诉讼法典》第 100 条第 2 款规定:截收电讯的决定为书面决定。此种决定不具有司法权性质,不得经任何途径对其提出不服申请。参见《世界各国刑事诉讼法》编译委员会编译:《世界各国刑事诉讼法(欧洲卷·上)》,中国检察出版社 2016 年版,第 580 页。

[2] 《法国刑事诉讼法典》第 100-4 条规定:预审法官或其委派的司法警察警官制作的每一项截收与录制的电讯通信行动的笔录。笔录写明当次截收活动开始与结束的日期和时间。录制件应当封闭包装并加封签。参见《世界各国刑事诉讼法》编译委员会编译:《世界各国刑事诉讼法(欧洲卷·上)》,中国检察出版社 2016 年版,第 580 页。

[3] 《法国刑事诉讼法典》第 106 条规定:笔录的每一页均由法官、书记员与证人签字;在此场合下,证人应要求复读刚刚记录的证言,然后,如果其坚持自己的证言,应当再在笔录上签字;如果证人不能阅读,由书记员对其宣读笔录;如果证人不愿意签字或者不能签字,笔录应予以记明;如果有必要,笔录的每一页还要有翻译的签字。参见《世界各国刑事诉讼法》编译委员会编译:《世界各国刑事诉讼法(欧洲卷·上)》,中国检察出版社 2016 年版,第 581 页。

于证人证言的每一页笔录都应当书写,不能留有空白,不得在笔录中增调字句。凡是添加字句之处,都要由证人本人签字,有改动的字句或提示,都应当经预审法官、书记员、证人同意以及必要时经翻译人员同意、签字。① 否则,与之相关的删改内容不具有法律效力。

第二,讯问受审查人。讯问受审查人是侦查终结的必要步骤,除受审查人在逃的情形外,没有讯问受审查人的,不得侦查终结。受审查人第一次到案时,预审法官应当查证到案人的身份,告知到案人其有权选择沉默、作出声明或者接受讯问,并明确告知到案人其因已受理的案件而受到审查的每一事实以及这些事实在法律上的罪名。在实行合议制预审的情况下,应当由预审法官集体完成这些行为,并将这些情况写入讯问笔录。自 2008 年 6 月 1 日起,在预审法官的预审室对重罪案件受审查人进行讯问时,其中包括第一次到案接受讯问与进行对质,可以进行视听资料录制。如果同时接受讯问的人数过多,妨碍进行所有视听资料的录制,法官可根据侦查是否必要,决定对哪些人不需要进行录像;如果因为技术上不可能而妨碍录制的,预审法官应当在讯问笔录中载明。在进行任何一次讯问之前,预审法官都应当事先传唤受审查人的诉讼辅佐人,以便诉讼辅佐人能够在讯问时在场,因为除了受审查人明确表示放弃这一权利,只有在其诉讼辅佐人在场或者至少在按照规定程序对诉讼辅佐人进行传唤以后,预审法官才能对受审查人进行讯问。这一传唤通知书应当以挂号信的方式寄送,或者用传真并取得收据发送,或者进行口头通知,同时在诉讼案卷材料上的备注栏内加以注明。受审查人所作的各项声明均应当记入讯问笔录,该笔录应由预审法官签字。受审查人接受讯问时,应当回答某些具体问题,问题与回答均应当记入笔录。为了不至于使讯问笔录过长,通常只记入讯问的实质内容而不是原文照录。故而,受审查人的讯问笔录,按照与证人证言笔录相同的条件和形式制作,应当要求受审查人亲自阅读其所作的声明并签字,不按照规定签字的讯问笔录同样不具有法律效力。受审查人可以进行对质,要求对质

---

① 《法国刑事诉讼法典》第 107 条规定:笔录的行距之间不得有任何添加字句。改动与增删笔录,需经预审法官、书记员和证人本人同意;在相应场合下,还应当得到翻译的同意。未经同意,对笔录进行的涂改、增删,视同原有文字没有进行删改。未按规定签字的笔录,亦同。参见《世界各国刑事诉讼法》编译委员会编译:《世界各国刑事诉讼法(欧洲卷·上)》,中国检察出版社 2016 年版,第 581 页。

的请求由受审查人提出。对质过程应当制作对质笔录。具体记述对质的笔录,应当由检察官、诉讼辅佐人及所有参加对质的人员签字。如果是与重罪案件的受审查人进行对质,还应当进行视听录像,这项工作自 2008 年 6 月 1 日起开始施行。总体来看,无论是进行一般讯问还是进行对质,检察官和诉讼辅佐人都可以在这两项预审活动中发挥积极作用,但应当由预审法官指挥讯问,检察官和律师只有在得到预审法官允许时才能提问或者提出简短的意见说明。预审法官可以反对检察官或诉讼辅佐人的提问,并在笔录中写明。为请求在笔录里写明检察官或诉讼辅佐人与预审法官持有不同意见所作的陈述,同样应当归入刑事卷证。

第三,听取被害人陈述。听取被害人陈述时,不得要求其进行宣誓。基于控辩平等原则,在刑事诉讼中,法官通常会为对立双方设立对称的程序条件。因此,被害人作出的各项声明条件与受审查人的条件相同,被害人在第一次听取陈述时,可由律师协助,并且只有其律师在场时,或者按照规定传唤其律师之后,预审法官才能听取被害人的陈述。律师作为诉讼辅佐人,可以查阅刑事卷证。与此同时,检察官可以要求列席听取被害人的陈述,其条件与列席听取受审查人的条件相同。前述预审法官听取被害人陈述的全部活动,应当按照证人作证与听取受审查人陈述相同的形式制作被害人陈述笔录。

3. 鉴定报告的制作

在法国刑事诉讼中,出于技术原因,预审法官有时得请特定的人进行某些验证活动,以帮助其查明案件中的某些疑点情况。由此,鉴定适用领域非常广泛,如法医鉴定、精神医学鉴定、毒品鉴定、财务鉴定、事故鉴定、痕迹鉴定、枪支鉴定等。共和国检察官可以要求鉴定,当事人也可以提出这项要求,预审法官则可以依职权命令进行鉴定。鉴定人由预审法官指定,通常为一名,但是根据案情实际确有必要的,预审法官也可以指定多名鉴定人。预审法官要通过作出充分说明理由并签字的裁定来任命鉴定人,同时要具体明确鉴定人的鉴定任务。鉴定任务可以是检察官或当事人提议鉴定的事项,但只能以审查技术性问题为限。① 所有鉴定人均要进

---

① 《法国刑事诉讼法典》第 158 条规定:鉴定人的任务仅以审查技术性问题为限,并在命令进行鉴定的决定中作出具体规定。参见《世界各国刑事诉讼法》编译委员会编译:《世界各国刑事诉讼法(欧洲卷·上)》,中国检察出版社 2016 年版,第 600 页。

行宣誓,鉴定人没有进行宣誓的,所作的鉴定意见无效。当然,这种文书宣告无效的情况,只有在鉴定人没有进行宣誓且该情形损害到辩护方权益的情况下才会出现,①此即"损害未发生,无效不追究"。鉴定人在预审法官或者命令鉴定的法院指定的司法官的监督下进行鉴定工作,完成鉴定任务。各方当事人和检察官即使在进行鉴定时在场,也都不能插手鉴定活动的内部进展,不能自动参加鉴定。② 各方当事人通过预审法官对鉴定进行监督。

鉴定任务完成后,鉴定人应当在预审法官规定的期限内提交鉴定报告。鉴定报告应当包括对鉴定活动的概述,并明确载明是由鉴定人本人完成所交付的鉴定任务。鉴定报告要写明经鉴定后得出的鉴定意见,尤其要回答原已向鉴定人提出的且有可能涉及被指控人有罪的问题。如果鉴定人之间的意见不同,或者鉴定人对大多数鉴定人通过的鉴定意见持保留意见,每一位鉴定人都应当指出自己的意见或保留意见,并说明保留意见的理由,以便于法官尽可能全面地了解情况。鉴定人均应在鉴定报告上签字,写明协助鉴定人完成鉴定活动的人的姓名及资格情况。之后,鉴定意见应当提交至预审法官的书记员,书记员应当制作提交鉴定意见的笔录。鉴定意见提交后,预审法官应当传唤当事人及其律师,向他们告知鉴定人所作的鉴定意见,预审法官也可以通过挂号信向各方当事人及其律师告知这些鉴定意见。预审法官要向各方当事人规定针对鉴定意见提出辩解或请求的期限,尤其是提出补充鉴定或反鉴定的意见或请求的期限。以上鉴定意见及其围绕鉴定活动开展的相关侦查工作产生的卷证材料,都要完整归入刑事卷证。

---

① 《法国刑事诉讼法典》第 802 条规定:在法律规定的形式未得到遵守,即在以(行为、文书)无效论处的情况下,或者在未遵守基本手续的情况下,向任何法院,其中包括向最高法院提出撤销申请时,或者法院依职权指出此种不符合规定之事由时,只有在此种无效事由损害到有关当事人的利益时,始宣告无效。参见《世界各国刑事诉讼法》编译委员会编译:《世界各国刑事诉讼法(欧洲卷·上)》,中国检察出版社 2016 年版,第 807—808 页。

② 《法国刑事诉讼法典》第 165 条规定:在鉴定过程中,各当事人均可以请求命令进行鉴定的法院指示鉴定人进行特定的检查、查找,或者点名指出可能为鉴定人提供技术性情况的任何人,并请法院指示鉴定人听取这些人说明情况。参见《世界各国刑事诉讼法》编译委员会编译:《世界各国刑事诉讼法(欧洲卷·上)》,中国检察出版社 2016 年版,第 601 页。

4. 人格卷证的制作

法国刑事卷证中，颇具特色的是犯罪人人格卷证制作制度。预审法官进行的调查还涉及被追诉人的人格以及生活环境等方面，尽可能全面准确地查明情况。这对于公正高效司法而言，显得必不可少。一方面，依照《法国刑事诉讼法典》第81条第6款"预审法官亲自，或者委派司法警察警官按照第4款的规定，或者委派任何有资格的人，按照最高行政法院提出资政意见以后颁布的法令确定的条件，对受审查人的人格、家庭、物质与社会状况进行调查，但轻罪案件中，此种调查为任意性质"[①]的规定，并形成社会调查报告。这种社会调查报告旨在查明犯罪人的人格，在重罪案件中具有强制性，而在轻罪案件中则具有任意性。依照法国最高法院作出的判决，虽然进行社会调查在重罪案件中具有强制性，但并不意味着如果尚未进行此种社会调查，程序将归于无效。这里进行调查的人员被视为证人，而不是鉴定人，因此，进行调查的人员如果在法庭上作证，还应当进行宣誓。另一方面，依照《法国刑事诉讼法典》第81条第8款"预审法官可以指令对当事人进行医疗检查、心理检查或者命令采取任何有益措施"[②]的规定，并制作医疗检查报告或者"医疗—心理检查"报告。这种对受审查人进行的医疗检查或者"医疗—心理检查"，成为一项对当事人有利的权利。原因在于，无论受到追诉的犯罪性质如何，在受审查人或其诉讼辅佐人提出医疗检查或者"医疗—心理检查"方面的书面请求时，预审法官只有作出说明理由的裁定才能驳回其请求；如果受理这一请求的预审法官在1个月内没有作出宣告，有关当事人可以直接向上诉法院预审庭提出请求。

上述社会调查报告、医疗检查报告或"医疗—心理检查"报告，构成了受指控人的人格卷证。法国刑事诉讼中设立这一刑事卷证的目的，是以较为客观的形式向司法机关提供有关受指控人过去和现在生活方式的各种评判材料。在轻罪案件中，犯罪人人格卷证记载的情节非常有用，这些情节包括：受指控的人年龄不满25岁（青年人），受指控的人是累犯，轻罪

[①] 《世界各国刑事诉讼法》编译委员会编译：《世界各国刑事诉讼法（欧洲卷·上）》，中国检察出版社2016年版，第573页。

[②] 同上书，第574页。

的性质(如故意伤害罪、故意纵火罪、性犯罪等),以及规定附考验期的缓刑等。

综上所述,法国的预审仍然是按照纠问式诉讼程序相关规则进行的。换言之,预审采取书面形式,全部预审卷证材料以及预审产生的所有决定都应归入案卷,形成预审刑事卷证,并且将预审刑事卷证一式二份。[①] 预审程序为秘密程序,公众不得涉入预审程序,证人也不能了解他们各自的证言。同时,预审庭的决定也不公开作出,而是在评议室进行审理并作出裁决。但是,如果受到审查的成年人或其律师自辩论一开始就提出请求,辩论与判决均公开进行,除非公开进行审理足以妨碍必须进行的特别侦查,或者足以损害当事人的尊严,或者损害第三人的利益。预审庭在听取检察长的意见之后,以及在相应情况下,听取各当事人律师的辩解意见之后,在评议室进行审理、作出裁定,对该请求作出裁判。预审庭得命令当事人亲自到庭并提出证据。

同时,法国刑事侦查存在监督制约机制。一方面,就共和国检察官的监督而言,《法国刑事诉讼法典》明确规定共和国检察官要求负责预审的法官完成具体的预审行为,包括搜查、听取证人证言、签发执行凭证等。为了便于共和国检察官进行监督,法律允许检察官要求立即采取从刑事卷证的已有情况来看属于适当的任何侦查措施,因此共和国检察官有权随时要求预审法官向其报送刑事卷证,但应当在 24 小时内归还刑事卷证。[②] 另一方面,就当事人的监督而言,在 1993 年 1 月 4 日之前法律并无明确规定。1993 年 1 月 4 日第 93-2 号法律在《法国刑事诉讼法典》中增加了第 82-1 条,自此开始对当事人监督预审法官的侦查行为作出法律上

[①] 《法国刑事诉讼法典》第 81 条第 2 款前段规定:侦查行动的各项文书以及各项诉讼材料,均应当制作副本。每一副本均由法院书记员或第 4 款所指的受委派的司法警察警官验证与原本相符。参见《世界各国刑事诉讼法》编译委员会编译:《世界各国刑事诉讼法(欧洲卷·上)》,中国检察出版社 2016 年版,第 573 页。

[②] 《法国刑事诉讼法典》第 82 条第 1 款、第 2 款规定:共和国检察官可以在立案侦查意见书以及在侦查的任何阶段提出补充侦查意见书中要求预审法官采取任何其认为有利于查明事实真相的任何行为以及采取一切必要的安全措施,共和国检察官也可以要求列席参与其要求进行的侦查行动。为此目的,共和国检察官得调阅案卷,但应当在 24 小时之内归还。参见《世界各国刑事诉讼法》编译委员会编译:《世界各国刑事诉讼法(欧洲卷·上)》,中国检察出版社 2016 年版,第 574 页。

的规定。在侦查过程中,各方当事人均可以向预审法官提出说明理由的书面申请,请求预审法官听取陈述或者进行讯问,或者请求预审法官听取某个证人的证言,命令进行对质,到现场进行勘验,也可以命令持有某项有益侦查的证据材料的人提交其持有的材料。同时,各方当事人还可以主动要求预审法官作出裁定,命令进行鉴定或者补充鉴定,甚至可以请求进行医疗检查或"医疗—心理检查"。

三、折中式刑事卷证制作模式

折中式刑事卷证制作模式将诉讼式刑事卷证制作模式和控诉式刑事卷证制作模式结合运用,表面上看起来是兼采诉讼式刑事卷证制作模式和控诉式刑事卷证制作模式之长,但实则带有明显的纠问式特征,着重强调刑事卷证发挥控诉作用。它具有以下特点:其一,在刑事卷证制作过程中,被追诉人也享有一定的律师参与权,但通常会受到限制。例如,在日本刑事诉讼中,至少应当承认询问证人时辩护人的在场权,但只有当法官认为不影响侦查犯罪时,才允许辩护人在场。其二,法官也中立地主持刑事卷证制作,但在一些案件中却由追诉方单方取证,并形成控方刑事卷证。比如,在意大利,司法实验的决定由法官作出,据此形成的司法实验笔录可以作为证据使用。其三,辩方刑事卷证制作受到一定的限制。

(一)日本模式

在日本刑事诉讼中,侦查机关在知悉有犯罪发生时,应及时侦查犯罪,收集证据。证据分为物证和言词证据两种。与之相对,刑事卷证制作分为实物证据类刑事卷证制作和言词证据类刑事卷证制作。此外,日本刑事诉讼活动中还会形成查封证、附记录命令查封证、搜查证、拘传证、羁押证等诸多程序性文书以及交付证明书、扣押清单等其他刑事卷证。结合本书研究重点,此处主要考察实物证据类和言词证据类这两类重要的刑事卷证制作情况。

1. 实物证据类刑事卷证的制作

在日本,侦查机关对实物类证据的收集可分为任意收集和强制收集。任意收集包括现场勘验等,由此制作的现场勘验笔录具有证据能力。稍显复杂的是强制收集,它通常包括搜查、扣押、鉴定等侦查行为。因为强制收集可能会侵犯财产权、隐私权等公民基本权利,所以需要由法官进行事前审查。依照《日本宪法》第 35 条第 1 款的规定,除非存在法定例外,如果没有基于正当理由签发的且写明搜查地点和扣押物品的令状,侦查机关就不能强制收集物证。进言之,在日本刑事诉讼活动中,搜查、扣押、鉴定等侦查行为实行令状主义,违反令状原则取得的证据,不具有证据能力。

第一,勘验笔录的制作。日本侦查机关的勘验分为依令状实施的勘验和不依令状实施的勘验。日本刑事诉讼中的"勘验",是指在侦查中凭借五官对物的状态进行辨认。[①] 勘验的对象是人的身体时,称为检查身体,检查身体时必须根据身体检查证进行。[②] 对于在押犯罪嫌疑人采集指纹、测量身高和体重、拍照等,只要不让其赤裸身体,没有令状也可以进行采集。侦查机关的上述勘验行为,需要制作书面勘验结果,即勘验笔录。勘验笔录日后可能作为证据使用。

第二,鉴定报告的制作。依照《日本刑事诉讼法》第 223 条第 1 款的规定,为实施犯罪侦查而有必要时,侦查机关可以委托鉴定人进行鉴定。鉴定人为了鉴定的需要,通过侦查机关向法官请求鉴定处分许可证后,可以进入住宅、检查身体、解剖尸体、挖掘坟墓或者破坏物品,根据事实的规律或将该规律应用于具体事实而得出判断报告。该判断报告在刑事诉讼中可以作为证据使用。

值得注意的是,作为侦查手段的人体拍照,由于其与个人隐私存在密切关联,所以除《日本刑事诉讼法》第 218 条第 3 款规定的可以拍摄在押犯罪嫌疑人以外,再没有其他规定。这一刑事卷证制作要求较为独特。究其原因,日本刑事诉讼将拍照视为技术侦查手段,与传统侦查方法相比,技术侦查对公民个人权利可能造成更大的侵害,因此对技术侦查的法律规制就更加严格。

---

① 参见[日]田口守一:《刑事诉讼法(第七版)》,张凌、于秀峰译,法律出版社 2019 年版,第 119 页。
② 《日本刑事诉讼法》第 218 条第 1 款规定:检察官、检察事务官或者司法警察职员,为实施犯罪侦查而有必要时,依据法官签发的令状,可以进行查封、扣押或者勘验。在此场合,对身体的检查,应当依据检查身体的令状进行。参见《世界各国刑事诉讼法》编译委员会编译:《世界各国刑事诉讼法(亚洲卷)》,中国检察出版社 2016 年版,第 337 页。

2. 言词证据类刑事卷证的制作

第一,犯罪嫌疑人供述笔录的制作。在日本,侦查机关对犯罪嫌疑人具有讯问权。对犯罪嫌疑人的讯问,可以区分为讯问未在押犯罪嫌疑人和讯问在押犯罪嫌疑人两种情形,①与之相对形成的讯问笔录分别称为任意供述笔录和强制供述笔录。其一,关于任意供述笔录的制作。对于未在押的犯罪嫌疑人,侦查机关可以要求其自愿到案并进行讯问。依照《日本刑事诉讼法》第198条的规定,侦查机关为了侦查犯罪的需要,可以要求犯罪嫌疑人到案,对其进行调查。在讯问时,侦查机关必须事先告知犯罪嫌疑人没有必要作出违反自己意思的供述,告知犯罪嫌疑人有权拒绝供述。对于犯罪嫌疑人的供述,侦查机关可以制作供述笔录。该笔录应当让犯罪嫌疑人阅览或者向其宣读,由犯罪嫌疑人进行核对,当犯罪嫌疑人提出增加、删除、变更时,还应当将该供述一并写入笔录。犯罪嫌疑人核对无误后,可以要求其在供述笔录上签名、盖章,但是犯罪嫌疑人可以拒绝签名、盖章。② 犯罪嫌疑人的这些供述笔录,大多会在以后的审判中作为证据使用。其二,关于强制供述笔录的制作。对于在押犯罪嫌疑人的讯问问题,《日本刑事诉讼法》并没有详细的规定,但一般认为必须在犯罪嫌疑人的人权得到充分保障的情形下才能对其进行讯问,并制作笔录。首先,必须保障犯罪嫌疑人的沉默权。侦查机关在进行讯问之前,要事先告知犯罪嫌疑人没有必要作出违反自己意思的供述。在日本刑事诉讼中,拘留、逮捕的目的并不包括讯问,所以犯罪嫌疑人不能因为被拘留、被逮捕而负有接受讯问的义务。如果肯定被拘留、被逮捕的犯罪嫌疑人具有接受讯问的义务,就会侵犯犯罪嫌疑人的沉默权。只有犯罪嫌疑人放

---

① 参见[日]田口守一:《刑事诉讼法(第七版)》,张凌、于秀峰译,法律出版社2019年版,第150—151页。

② 《日本刑事诉讼法》第198条规定:检察官、检察事务官或者司法警察职员,为实施犯罪侦查而有必要时,可以要求被疑人到场对他进行调查。但被疑人除逮捕或者羁押的场合外,可以拒绝到场,或者在到场后随时退出。在进行前款的调查时,应当预先告知被疑人没有必要违反自己的意思进行供述的意旨。被疑人的供述,可以制作笔录。前款的笔录,应当让被疑人阅览或者向其宣读,问其是否有误,在被疑人提出增加、删除或者变更时,应当将该供述记入笔录。被疑人声明笔录没有错误时,可以要求他在笔录上签名、盖章。但在拒绝签名、盖章时,不在此限。参见《世界各国刑事诉讼法》编译委员会编译:《世界各国刑事诉讼法(亚洲卷)》,中国检察出版社2016年版,第335页。

弃沉默权是自愿的、理性的,同时侦查机关的讯问本身也是任意的,才可以讯问犯罪嫌疑人。其次,讯问笔录具有事后可检验性。犯罪嫌疑人的供述均应当记入笔录,为了事后根据讯问笔录检验讯问的正当性,须将供述笔录记录为一问一答的形式,或者把讯问的开始时间和结束时间、讯问人的姓名等讯问过程也记入讯问笔录。在日本司法实务中,侦查机关有义务制作《讯问状况报告书》,将每天进行的讯问用笔录记录下来,形成"被告人供述经过"的综合记录。最后,强制供述笔录不具有证据能力。《日本刑事诉讼法》对自白的证据能力作了明确规定,通过强制、拷问、威胁的方法取得的供述笔录不能作为证据使用。① 可见,日本的自白规则具有间接制约侦查机关制作讯问笔录的功能。

2016年《日本刑事诉讼法》修订时引入了讯问录音录像制度,以便于证实自白的任意性。日本刑事诉讼中对适用录音录像的案件和对适用录音录像的犯罪嫌疑人进行讯问均有一定限制。首先,录音录像适用的案件包括三种情形:第一种是可能判处死刑、无期惩役或禁锢之罪的案件;第二种是可能判处法定刑1年以上,因故意犯罪行为致被害人死亡的案件;第三种是除前述两种情况以外,司法警察员移送或者送交的其他案件。其中第一、第二种案件是裁判官裁判适用的案件,第三种案件是检察官自行侦查的案件。其次,对适用录音录像的犯罪嫌疑人进行讯问包括两种情形:一是,对被刑事拘留和被逮捕的犯罪嫌疑人依照《日本刑事诉讼法》第198条第1款的规定进行讯问;二是,犯罪嫌疑人辩解的记录程序。最后,关于对未被羁押的犯罪嫌疑人讯问、起诉后在被逮捕期间的讯问以及犯罪嫌疑人被羁押期间作为参考人接受的讯问,日本刑事诉讼法律并未规定必须进行录音录像,但司法实践也会在这些讯问中进行录音录像。此外,录音录像原则上要全程进行,据此形成的录音录像资料可以作为证明供述笔录任意性的证据来使用。

第二,参考证人陈述笔录的制作。根据《日本刑事诉讼法》的规定,侦查机关侦查犯罪时,必要时可以要求犯罪嫌疑人以外的人到场,并对其进

---

① 《日本刑事诉讼法》第319条第1款规定:出于强制、拷问、胁迫的自白,在经过不适当的长期扣留或者拘禁后的自白,以及其他可以怀疑为并非出于自由意志的自白,都不得作为证据。参见《世界各国刑事诉讼法》编译委员会编译:《世界各国刑事诉讼法(亚洲卷)》,中国检察出版社2016年版,第351页。

行询问。① 这里的犯罪嫌疑人以外的人包括被害人、目击者等参考证人,侦查机关可以从他们那里获得有关案件事实的陈述,他们的陈述将被记录,形成参考证人陈述笔录。这些陈述笔录大多会在日后的刑事审判中作为证据使用。

第三,证人询问笔录的制作。在参考证人拒绝到场或者到场后拒绝陈述时,检察官可以请求法官批准对其进行询问,制作证人询问笔录。② 该询问应当在第一次公审期日前进行,并适用审判中询问证人的规定。根据《日本刑事诉讼法》的相关规定,此种情形下的询问至少应当保障辩护人的在场权。如果法官认为不妨碍侦查,询问证人时可以允许被告人、被疑人或者辩护人在场。③ 这种情况下形成的证人询问笔录,不再是检察官单方询问证人后制作的笔录,而是证人在辩护人等在场时在法官面前作出的笔录。该证人询问笔录具有证据能力,可以在日后的审判中作为证据使用。

(二)意大利模式

《意大利刑事诉讼法典》对刑事证明方式作出了明确规定,用七节的篇幅分别规定了七种证明方式:证人证言、询问当事人、对质、辨认、司法实验、鉴定和文书,并对这七种证明方式的具体程序作出了详细规定。但与此同时,受证据自由原则的影响,法官对案件事实的认定,可以不受上述七种法定证据形式的约束,只要不违背法律规定,诸如最新的知识和科学技术等任何证据形式都可以作为证据使用。可见,意大利刑事卷证的制作形式多样,具有相当程度的开放性。本书重点考察除询问当事人之

---

① 《日本刑事诉讼法》第 223 条第 1 款规定:检察官、检察事务官或者司法警察职员,为实施犯罪侦查而有必要时,可以要求被疑人以外的人到场,对他进行调查,或者嘱托他进行鉴定、口译或笔译。参见《世界各国刑事诉讼法》编译委员会编译:《世界各国刑事诉讼法(亚洲卷)》,中国检察出版社 2016 年版,第 338 页。

② 《日本刑事诉讼法》第 227 条规定:显然可以认为是对于侦查犯罪具有不可缺少的知识的人,对第 223 条第 1 款规定的调查,拒绝到场或者拒绝陈述时,以在第一次公审期日前为限,检察官可以请求法官对该人进行询问。参见《世界各国刑事诉讼法》编译委员会编译:《世界各国刑事诉讼法(亚洲卷)》,中国检察出版社 2016 年版,第 338 页。

③ 《日本刑事诉讼法》第 228 条第 2 款规定:法官认为没有妨碍侦查的可能时,可以要求被告人、被疑人或者辩护人在进行前款的询问时在场。参见《世界各国刑事诉讼法》编译委员会编译:《世界各国刑事诉讼法(亚洲卷)》,中国检察出版社 2016 年版,第 338 页。

外的六种法定证据刑事卷证的制作情况。

1. 证人证言笔录的制作

原则上,除法定例外之外,所有人均具有作证能力。① 这里的法定例外包括:同一犯罪的共同被告人、有关联案件的被告人、民事责任人(含对财产刑承担民事责任的人)、在同一诉讼中担任法官或公诉人之外的人等不得兼任证人,同时被告人的近亲属没有作证义务。对证人的询问应围绕确定的事实,询问也可以涉及证人与当事人或与其他证人之间的亲属关系和利害关系以及为判断可信性而需要审核的情形。这些内容都要记入证人陈述笔录。证人不得就公众中的传闻作证,也不得在作证中发表个人称颂,否则该证人陈述笔录就不能作为证据使用。意大利刑事诉讼采用传闻证据排除规则,要求证人必须就其亲自感知的案件事实如实陈述,而不得转述他人的证言。因此,当证人告知对事实的了解来源于其他人时,法官应决定传唤这些人作证,并就他们作证的内容形成证人证言笔录。同时,司法警察等也不得就从证人那里得知的陈述内容进行作证。按照《意大利刑事诉讼法典》的规定,证人证言笔录应装入公诉人卷证,而不得装入庭审卷证。

颇值得重视的是,根据《意大利刑事诉讼法典》第 142 条的规定,除法律另有专门规定外,包括证人证言笔录在内的所有诉讼笔录均应当确切记录被询问人的情况,并由制作该诉讼笔录的公务员进行签名,否则诉讼笔录无效。② 进言之,诉讼笔录形式要件不合法的,诉讼笔录应当被宣告为无效。当然,这里的诉讼笔录无效制度是一种相对无效制度,如果有关当事人明确表示愿意接受有关违法行为的法律后果,则该无效即可获得补正。

2. 对质笔录的制作

在意大利刑事诉讼中,如果已接受询问的人员对重要的事实和情节

---

① 《意大利刑事诉讼法典》第 196 条第 1 款(1)规定:所有人均具有作证的能力。参见《世界各国刑事诉讼法》编译委员会编译:《世界各国刑事诉讼法(欧洲卷·下)》,中国检察出版社 2016 年版,第 1656 页。

② 《意大利刑事诉讼法典》第 142 条第(1)规定:除法律另有专门规定外,如果在笔录中没有确切记录被询问人的情况,或者无制作该笔录的公务员的签名,该笔录无效。参见《世界各国刑事诉讼法》编译委员会编译:《世界各国刑事诉讼法(欧洲卷·下)》,中国检察出版社 2016 年版,第 1649 页。

说法不一致，法官就要组织他们进行对质，从而制作对质笔录。进行对质时，法官首先要向参加对质的人员列举出他们以前的陈述笔录中记载的内容，然后询问其是否确认或者更改以前的陈述内容，必要时也可以让他们进行相互辩论。对于法官提出的问题、参加对质的人员所作的陈述以及在对质过程中发生的其他情况等，法官都要如实记入对质笔录。①

3. 辨认笔录的制作

刑事辨认分为对人的辨认和对物的辨认两种。这两种辨认活动都要制作辨认笔录。其一，关于对人的辨认笔录的制作。当需要对人加以辨认时，法官首先要求辨认者描述有关人员的情况，列举一切他所记得的特征；然后询问他在以前是否对该人进行过辨认，在案件发生前后是否见过该被辨认者或其照片，是否有人向其指出过或者描述过该被辨认者，以及是否存在可能影响辨认可信性的其他情况。② 上述活动内容和相关陈述都应当记入辨认笔录。辨认活动的全过程都应当记入笔录，否则辨认行为无效，据此制作的刑事卷证就不具有证据能力。实践中，法官也可以决定通过照相、录像或者采用其他手段将辨认情况完整地记录下来。其二，关于对物的辨认笔录的制作。当需要对犯罪物品或者其他与犯罪有关的物品进行辨认时，应当先让辨认人详细描述该物品的特征，并记入辨认笔录，然后再进行辨认。③ 对于辨认活动的全过程，亦应当全部记入辨认笔录，否则同样会产生据此制作的辨认笔录不具有证据能力的法律后

---

① 《意大利刑事诉讼法典》第212条规定：(1)法官先向参加对质的主体列举他们以前的陈述，然后询问他们是确认还是更改这些陈述，在必要时可以要求他们相互辩驳。(2)在笔录中记入法官提出的问题，参加对质的人员所作的陈述以及其他在对质过程中发生的情况。参见《世界各国刑事诉讼法》编译委员会编译：《世界各国刑事诉讼法（欧洲卷·下）》，中国检察出版社2016年版，第1658页。

② 《意大利刑事诉讼法典》第213条第1款(1)规定：当需要对人加以辨认时，法官要求辨认者描述有关人员的情况，列举一切他所记得的特征；然后询问他在以前是否对该人进行过辨认，在案件发生前后是否见过需加以辨认者包括照片，是否有人向他指出过或者描述过该人，是否存在其他可能影响辨认可信性的情况。参见《世界各国刑事诉讼法》编译委员会编译：《世界各国刑事诉讼法（欧洲卷·下）》，中国检察出版社2016年版，第1658—1659页。

③ 《意大利刑事诉讼法典》第215条第1款(1)规定：当需要对犯罪物品或者其他与犯罪有关的物品进行辨认时，法官在有关活动中遵循第213条中可适用的规定。参见《世界各国刑事诉讼法》编译委员会编译：《世界各国刑事诉讼法（欧洲卷·下）》，中国检察出版社2016年版，第1659页。

果。此外,对声音或者其他可感受的东西进行辨认时,法官也必须遵照上述规则进行。

4. 司法实验笔录的制作

当需要检验某一事实是否已经或者可能以某种特定方式发生时,可以进行司法实验。① 司法实验的决定由法官作出。在决定中应简要说明实验对象,进行实验的日期、时间和地点等,也可以在决定中指定一位专家进行特定的工作。同时,法官还应作出关于拍照、录像或者采用其他手段加以记录的决定。司法实验的全过程应当记入笔录,从而制作司法实验笔录。

5. 专家鉴定意见的制作

在意大利刑事诉讼中,鉴定人由法官任命,法官可以根据鉴定事项具有明显的复杂性或者要求具备不同科学知识等情况任命数名鉴定人进行鉴定。鉴定人经任命就具有鉴定义务,不得拒绝接受任命,否则构成犯罪。在进行正式鉴定前,除需要对鉴定人的一般情况进行审核以外,法官还要询问鉴定人是否具有鉴定资格,重点审查有无禁止鉴定和应当回避鉴定等情形,然后告知鉴定人有关的义务以及意大利刑法所规定的责任,并要求鉴定人作出声明。在听取鉴定人、技术顾问、公诉人和在场的辩护人的意见后,法官向鉴定人提出疑问。在履行了上述手续后,鉴定人应立即进行必要的审核活动并回答法官提出的问题,其意见也会被记入笔录。

如果鉴定事项复杂,鉴定人认为不可能立即作出回答,可以要求法官给定一个期限。在法定期限内,鉴定人经法官批准,可以查阅刑事卷证以及由当事人提交的物品,可以向被告人、被害人或者其他人员了解情况,也可以获准参加对当事人的询问和调取证据的活动。通过这些活动形成鉴定意见后,鉴定人应当再次出庭,向法庭报告鉴定意见,并回答法官和相关人员的提问。如果必须使用书面注解阐释鉴定意见的,经法官

---

① 《意大利刑事诉讼法典》第 218 条规定:(1)当需要检验某一事实是否已经发生或者是否可能以某种特定的方式发生时,可以进行司法实验。(2)实验表现为尽可能地再现该事实发生时或者被认为发生时的情况并且重复该事实的发展方式。参见《世界各国刑事诉讼法》编译委员会编译:《世界各国刑事诉讼法(欧洲卷·下)》,中国检察出版社 2016 年版,第 1659 页。

许可,鉴定人可以提交书面鉴定报告。

6. 文书证据的制作

在意大利刑事诉讼中,为侦查犯罪的需要,侦查机关可以调取通过照片、影片、录音或者其他任何手段反映案件事实、人或物的文书以及其他文件,从而制作文书证据。① 意大利对文书证据采取广义解释,除通常所说的构成犯罪物证的文书以外,还包括以下文书:一是在法庭之外制作的文书,如附带证明中制作的证据笔录等;二是涉及人格判断的文书,如司法档案的证明书、存放在公共机构的社会服务部门中的材料、存放在监督办公室中的材料、任何意大利法官作出的生效判决书以及获得承认的外国判决书等;三是民事审判中已决案件的证据笔录;四是一切不可重复的文件材料;五是录音磁带。如果文书原本由于丢失、毁损、被盗等而不可能找到了,则可以调取它的副本。如果调取的文书是使用意大利语以外的语言制作的,法官应当指定翻译员进行翻译,形成书面翻译材料。如果所调取的是录音磁带,在必要时,法官按照以下规定进行整理:法官决定完整地整理所调取的录音或者采用易于理解的形式打印电子或电信联系中的通信流,为此要遵循开展鉴定工作而规定的程序、方式,确保相关要求;整理或打印出的材料并入为法庭审理而准备的庭审卷证。

第二节　域外刑事卷证移送的制度模式

在世界主要法治国家的刑事诉讼立法中,以检察官起诉时是否需要将刑事卷证移送给审理法院为标准,刑事卷证移送制度模式的类型包括三种:一是卷证不并送制度模式;二是卷证并送制度模式;三是双重卷证制度模式。对应的法教义学类型分别被学界称为卷证不并送主义、卷证并送主义以及双重卷证并送主义。第一种类型主要存在于实行当事人主义诉讼模式的国家,如美国、英国等;第二种类型主要存在于实行职权主义诉讼模式的国家,如德国、法国;第三种类型则主要存在于实行混合主

---

① 《意大利刑事诉讼法典》第234条第1款规定:可以调取通过照片、影片、录音或者其他任何手段反映事实、人或物的文书和其他文件。参见《世界各国刑事诉讼法》编译委员会编译:《世界各国刑事诉讼法(欧洲卷·下)》,中国检察出版社2016年版,第1661页。

义诉讼模式的国家,如意大利。鉴于国内外理论界和实务界对域外刑事卷证移送制度模式的探讨已经很充分,本书对域外刑事卷证移送的制度模式仅作简要论述。

一、卷证不并送制度模式

(一)美国模式

在美国,可能判处死刑以及可能判处 1 年以上有期徒刑或者劳役的刑事案件,应当由大陪审团提起公诉。对于可能判处 1 年以上有期徒刑或者劳役的刑事案件,如果被告人放弃由大陪审团提起公诉的,也可以由检察官起诉。对于其他刑事案件,则既可以由大陪审团起诉,也可以由检察官起诉。但无论适用哪一种方式起诉,都不得向法院移送任何刑事卷证材料,只得向法院提交起诉书。

关于美国的刑事卷证移送制度,国内外学者基本上达成了共识,并将其作为卷证不并送制度模式的代表。德国学者约阿希姆·赫尔曼认为,在陪审团审判以及没有陪审团参加的审判中,法官经常会因主持各种审前听审活动而提前获知证据信息,但除起诉书外,法官在审前并不接受刑事卷证。[①] 美国法官马文·弗兰克尔指出,美国刑事诉讼制度要求法官应事先不明案情、毫无准备,法官在审前不得调查收集证据,其他任何机关或个人也不得像大陆法系国家的预审法官那样为其准备刑事卷证。[②] 我国学者龙宗智教授等认为,英美国家的刑事诉讼均实行卷证不并送制度模式,"美国较为典型,一般案件,预审法官预审以后,重罪案件经过大陪审团审查后,只向法院提交控告状或公诉书"[③]。我国台湾地区学者也普遍认为,美国刑事诉讼实行卷证不并送制度模式,所有刑事卷证均于公开的法庭上呈现,法官庭前无法先行查阅刑事卷证。

本书认为,美国作为普通法系国家的典型代表,在刑事诉讼中采行卷

---

① 参见[德]赫尔曼:《中国刑事审判方式改革》,载樊崇义主编:《诉讼法学新探》,中国法制出版社 2000 年版,第 851 页。
② See Marvin E. Frankel, The Search for Truth: An Umpireal View, 123 U. Pa.L. Rev., 1031, 1042 (1975).
③ 龙宗智、杨建广主编:《刑事诉讼法》(第三版),高等教育出版社 2010 年版,第 336 页。

证不并送制度模式具有必要性和可行性。首先,从刑事诉讼理念来看,美国刑事诉讼更加注重正当程序,更为强调法官的中立性和控辩双方的对抗性。一方面,在美国的法律规范中,联邦权利法案关于公正的刑事审判程序的要求,比其他任何种类的权利都给予了更多关注。其中,第四、第五、第六修正案以及第八修正案包含了17条有关审判和刑罚的规定,这些规定构成了一部微型的刑事诉讼程序法典。上述修正案充分保障了被告人能够获得公开的陪审团审判,由律师进行辩护以及与控方证人对质的权利。另一方面,在美国的司法实践中,一般认为,"美国人的自由的历史,在很大程度上,就是程序的历史"①。程序公正与一贯性是正当程序的基本要素,它包括两层含义:一是程序性的正当程序,即审判案件时坚持法定规则;二是实体性的正当程序,即要求这些法定规则具有合理性。② 罗伯特·杰克逊(Robert Jackson)大法官曾经指出,其他的任何正当程序也许都不足为要,只有程序公正"是最不可妥协的要求"③。可见,注重涵括对质权落实、辩护权保障及陪审团审判在内的正当程序要求的美国刑事诉讼,必然不会采行刑事卷证并送制度模式,裁判者当然也不会将刑事卷证作为刑事裁判的根据。

其次,从刑事诉讼制度来看,美国刑事诉讼采行卷证不并送主义制度模式的基底在于其以陪审制为依托。一方面,案件事实的认定问题交由陪审团决定,法官对事实认定问题不予关注,也不负责任,其对刑事卷证自然不感兴趣。另一方面,负责事实认定的陪审员系非法律专业人员,难以对刑事卷证作出专业的审查判断,实质上他们也不需要对刑事卷证进行专业判定,其凭着良心和理性认定案件事实即可。因此,在美国刑事诉讼中刑事卷证移送的意义并不大,也正是在此基础上,美国才衍生出诸如传闻证据排除规则等证据制度。

最后,从刑事庭审方式来看,美国刑事审判被称为"典型的对抗式审判"。达马斯卡教授曾经指出,对抗式审判是"理论上处于平等地位

---

① Malinski v. New York, 324 U.S. 401 (1945).
② 参见[美]戴维·J.博登海默:《公正的审判:美国历史上刑事被告的权利》,杨明成、赖静译,商务印书馆2009年版,第3页。
③ Shaughnessy v. United States Mezei, 345 U.S. 206 (1953).

的争辩双方在有权决定争端结果的法庭面前所进行的争斗"①。对抗式审判与陪审制酷似一对"孪生兄弟",它们具有许多相同或相似的特征。在美国对抗式审判中,刑事案件事实认定和法律适用是泾渭分明的。相应地,刑事审判程序也分为两个阶段:一是事实裁决阶段;二是法律适用阶段。其中,核心问题是要解决被告人是否有罪这一事实认定问题,陪审团对此拥有最终裁决权。在陪审团作出有罪裁决后,法官才就诸如量刑等法律适用问题作出判决。不难看出,对抗式审判主要适用于事实裁决阶段。在这一阶段,控辩双方掌控着证据调查程序,法官则始终保持着消极裁判者的角色,他一般既不参与调查证据,也不单独提出证据,也不对证人进行询问。因此,法官几乎不会接触检察官移送的刑事卷证,也不会对刑事卷证进行庭前审查,刑事卷证移送自然就不具有必要性。

（二）英国模式

关于英国刑事诉讼中的卷证移送制度模式,国内外学者存在截然不同的观点。在英国国外,法国著名的比较法学家勒内·达维德(Rene David)认为,英国"诉讼程序通过完全口头的举证方式查明分歧点,案件没有任何'卷宗',一切均在庭审时口头进行"②。澳大利亚学者布朗·麦基洛普也持相同观点。德国学者约阿希姆·赫尔曼则持另一种观点,其认为英国的刑事卷证移送制度问题因审判程序而异:在正式审判程序中,法官通常会收到控方将要在庭审中使用的证据材料副本;在简易程序中,法官事先一般不获知证据信息。因为法官一旦在庭前获取了被告人是否有罪的信息,被告人就难以受到公正审判,但在正式审判程序中,由于事实问题不是法官负责裁判,所以法官查阅庭前刑事卷证不存在"先入为主"等弊端。③ 在英国国内,理论界关于英国刑事卷证制度问题也形成了不同观点。很多学者赞同勒内·达维德的观点,认为检察官向法院提起公诉

---

① Jenny McEwan, Evidence and the Adversarial Process: the Modern Law, Wiley-Blackwell 1992, p.4.

② [法]勒内·达维德:《当代主要法律体系》,漆竹生译,上海译文出版社1984年版,第335页。

③ 参见[德]赫尔曼:《中国刑事审判方式改革》,载樊崇义主编:《诉讼法学新探》,中国法制出版社2000年版,第851页。

时不移送刑事卷证,"英格兰和威尔士的刑事起诉实行起诉状一本主义"①。也有一些学者赞成约阿希姆·赫尔曼的观点,认为英国的刑事卷证移送制度模式因法院审理程序而异,并非一律实行卷证不并送制度模式。②

本书认为,约阿希姆·赫尔曼的观点更具有可信度。因为在正式审判之前,刑事法院须以治安法官移送的刑事卷证为根据起草或者签署起诉书,且控辩双方在庭前准备活动中也要向刑事法院提交一定的刑事卷证。在英国刑事诉讼中,刑事法院的法官尽管在正式审判前会收到一些刑事卷证,但陪审团成员在庭审过程中仍然是一群不偏不倚的事实裁判者,因为刑事法院的法官不得将审判前收到的刑事卷证相关内容透露给事实裁判者——陪审团成员。③

在英国,在适用正式审判程序的案件中,刑事卷证的移送是一个从起诉开始、一直持续到开庭陈述前的动态过程,并且辩方在此过程中负有与控方大致相同的向受理案件的刑事法院移送本方刑事卷证的义务。从形式上看,英国适用正式程序审判的刑事案件没有采行卷证不并送制度模式,法官在正式审判前会收到一定的刑事卷证,但是在有陪审团参加的正式审判程序中,不但作为事实裁判者的陪审团由事先毫不知情的成员组成,而且除起诉书之外,法官不得向陪审团成员转交其在正式审判前收到的刑事卷证,也不能将卷证的内容透露给陪审团成员。因此,英国对此部分案件在实质上仍然严格执行卷证不并送制度模式。④ 与大陆法系国家相比,英国的主审法官在正式审判前开始接触刑事卷证的机会和范围并无多大差异,但与大陆法系国家不同的是,英国采行的刑事卷证移送制度模式

---

① 李昌林:《英格兰刑事诉讼中的诉因制度》,载陈兴良编:《公法》(第五卷),法律出版社 2004 年版,第 125 页;马贵翔:《刑事司法程序正义论》,中国检察出版社 2002 年版,第 289 页。

② 参见孙长永:《探索正当程序——比较刑事诉讼法专论》,中国法制出版社 2005 年版,第 416 页;程味秋主编:《外国刑事诉讼法概论》,中国政法大学出版社 1994 年版,第 145 页。

③ See Mireille Delmas-Marty & J. R. Spencer, European Criminal Procedures, Cambridge University Press, 2005, p. 47.

④ 参见唐治祥:《英国刑事卷证移送机制与启示》,载《湘潭大学学报(哲学社会科学版)》2013 年第 3 期。

并没有给正式审判带来裁判者不中立、控辩不平等、庭审形式化等危害。

（三）日本模式

从明治维新至 1945 年，日本师法德国和法国，以职权主义诉讼模式为样板，制定了旧的《日本刑事诉讼法》。因而日本在较长时期内实行大陆法系刑事诉讼制度，在提起公诉方式上采行卷证并送制度模式，"检察官为了提起公诉，一般把起诉书与全案卷宗同时提出"①。据考证，旧《日本刑事诉讼法》其实并没有规定检察官提起公诉时必须向法院提交全部刑事卷证，只是在该法第 325 条规定："检事、被告人或者辩护人得在庭审日前向法院提交物证或者书面证据。"②但是检察官习惯于在提起公诉时将全部刑事卷证提交给法院，故而，日本事实上采行的是卷证并送制度模式。

第二次世界大战（以下简称"二战"）以后，日本受到美国法的影响，吸收了当事人主义诉讼模式的因素，形成了独具特色的刑事诉讼制度，制定了新的《日本刑事诉讼法》。该法第 256 条第 6 款规定：起诉书不得添加任何可能使法官对案件产生预断的文书及其他物品，或者引用该条文等的内容。可见，自此之后日本采行的是卷证不并送制度模式。该制度模式具有防止检察机关利用起诉而先行"说服"法官以及防止法官受不具有证据能力的刑事卷证影响而作出误判的功能。尽管卷证不并送主义直接禁止的是"添附""引用"可能致使法官产生庭前预断的刑事卷证，但其本质上是为了防止法官产生庭前预断，因此，可能产生预断的余事记载也在禁止之列。主流学说认为，新《日本刑事诉讼法》第 256 条的规定，是实现"公平法院"确保"审判中心主义"真正落实的必要措施。③ 根据新《日本刑事诉讼法》及《日本刑事诉讼规则》的相关规定，起诉状副本、辩护人选任书、逮捕证、羁押证以及能证明无法向被告人送达起诉状副本的资料等可以促使程序准确迅速地进行的刑事卷证，检察官在提起公诉时，可以与起诉状一起移送给审理法院。

---

① ［日］田口守一：《刑事诉讼法（第七版）》，张凌、于秀峰译，法律出版社 2019 年版，第 275 页。
② ［日］松尾浩也：《日本刑事诉讼法（上卷，新版）》，丁相顺、张凌译，金光旭校，中国人民大学出版社 2005 年版，第 194 页。
③ ［日］田口守一：《刑事诉讼法（第七版）》，张凌、于秀峰译，法律出版社 2019 年版，第 276 页。

在日本，刑事卷证并送制度模式之所以能够良好运行，主要原因在于日本有着"精密司法"的诉讼传统和现实基础。在侦查以及起诉阶段，日本均投入了大量司法资源，其刑事证据规则比较完备，从而使侦查及控诉机关提出的指控证据的质量相对较好。刑事案件一旦起诉了，法官就很容易形成强烈的定罪心理预期。因此，日本刑事诉讼中的当务之急在于防止法官庭前形成预断，故而在目前的司法实践中，起诉书中几乎不附带笔录。此外，除了在犯罪手段中使用同样手段的情形，起诉书中不得记载被告人的前科等经历。例如，在强奸罪的诉因中，不能记载被告人曾经有强奸的前科。

二、卷证并送制度模式

采行卷证并送制度模式是采行职权主义诉讼模式国家的通行做法。一般而言，大陆法系国家中采行职权主义诉讼模式的国家，其法庭裁判的信息来源于两个方面：一是控辩双方当庭提交的证据材料；二是检察机关起诉时移送的刑事卷证。在采行职权主义诉讼模式的国家，法官据以裁判的证据包括刑事卷证这一做法，有着深厚的历史和文化渊源，"官方的案卷能使程序的主角保留很久以前由罗马法的片段型诉讼程序初创的证据处理方式"①。

（一）德国模式

与对抗制下由双方当事人各自负责建立案件事实和提出关于事实的观点明显不同，大陆法系职权主义诉讼模式是由官方主导的发现真相。② 作为大陆法系国家的典型代表，德国一贯重视卷证在刑事诉讼中发挥的作用，长期实行卷证并送制度模式。尽管在1975年废除了预审制度，德国至今仍然保留了卷证并送制度，并在《德国刑事诉讼法》中明文规定了卷证在不同国家权力机关之间的移送和流转方式。《德国刑事诉讼法》第199条第2款规定："公诉书应当包含启动审判程序的申请。公诉

---

① ［美］米尔建·R.达马斯卡：《漂移的证据法》，李学军等译，中国政法大学出版社2003年版，第100页。
② 参见［英］麦高伟、［英］杰弗里·威尔逊主编：《英国刑事司法程序》，姚永吉等译，何家弘审校，法律出版社2003年版，第4页。

书和案卷一并提交法院。"①根据该条款及《德国刑事诉讼法》第 200 条的规定,起诉书应当写明被告人的基本情况、所犯罪行特征及应适用的法律条文、据以支持指控犯罪事实的证据、主要侦查结果等内容。同时该条款还规定:检察官提起公诉时,除应当向法院提交起诉书以外,还应将完整的,甚至包括秘密信息的刑事卷证一并移送法院。

从立法上看,《德国刑事诉讼法》并没有针对类似于当事人主义刑事诉讼模式中的传闻证据可采性确立一般规则,书面证言通常具有可采性。因为根据《德国刑事诉讼法》第 249 条的规定,在庭审举证时,应当大声宣读书面证言;或者采取让法官和当事人在审判休庭时自行阅读文件的替代性做法。尽管有此规定,但根据《德国刑事诉讼法》第 250 条的规定,原则上,如果一个人感知了相关事实,那他就必须在审判中作证,他的证言不能被审前的询问笔录或该证人亲自撰写的书面证言所取代。更为重要的是,德国法院在刑事诉讼中追求真实的义务以及被告人根据《欧洲人权公约》第 6 条第 3 款第 4 项所享有的对质权,对任何使用庭前证言转述替代直接证人证言的做法设定了严格的限制。如果原始证人可以到庭,为了获得"最佳证据"从而发现真相,法官有义务在庭审中询问证人,而不是寄希望于适用直接原则的例外。②

由此可见,在德国,刑事卷证不具有预定的法律效力,其仅在有限的情况下才能作为证据在法庭上宣读,这是由直接言词原则决定的。在直接言词原则的限制下,侦查阶段的刑事卷证不再具有当然的证据能力,因为法官对这些言词证据的替代品,既不能对证人、被害人、被告人等的陈述进行直接感知,也不能从其言词中获得对案件事实的认知。所以,在庭审阶段,上述刑事卷证一般既不能被宣读,也不能被引用作为刑事裁判的依据。

(二)法国模式

《法国刑法典》采取"罪分三类"的方式,将犯罪依照不同的严重程度分为重罪、轻罪和违警罪三类。重罪是指主刑刑期为无期徒刑或有期徒

---

① 《世界各国刑事诉讼法》编译委员会编译:《世界各国刑事诉讼法(欧洲卷·上)》,中国检察出版社 2016 年版,第 291 页。

② 参见[德]托马斯·魏根特:《德国刑事程序法原理》,江溯等译,中国法制出版社 2021 年版,第 58 页。

刑 10 年及以上的犯罪；轻罪是指主刑刑期为 10 年及以下监禁刑或者判处罚金的犯罪；违警罪是指仅判处一定数额罚金刑的犯罪。① 法国"罪分三类"这一刑事实体法的基础规则，直接影响了审理法院的设置与权限，不同类型的刑罚与不同的审理法院相对应，适用不同的诉讼程序。据此，法国一审刑事法院被划分为"重罪法院""轻罪法院""违警罪法院"，分别对应审理重罪案件、轻罪案件和违警罪案件。就刑事卷证移送而言，无论是哪一类犯罪案件，法国检察官都应当立即将刑事卷证与裁定转送负责对案件作出判决的法院的书记官室。对于重罪案件，《法国刑事诉讼法典》第 181 条、第 271 条规定，如果重罪法院是在预审法官所在法院以外的其他法院，预审法官将其起诉裁定书连同刑事卷证一并移送共和国检察官，共和国检察官应立即将其移送重罪法院的书记室，各项证据也要移送重罪法院的书记室。② 对于轻罪案件，根据《法国刑事诉讼法典》第 179 条以及第 180 条的规定，预审法官作出向轻罪法院移送起诉裁定时，刑事卷证将转送共和国检察官，由共和国检察官立即送交法院书记员。对于违警罪案件，根据《法国刑事诉讼法典》第 178 条以及第 180 条的规定，如果预审法官经侦查认为构成违警罪，预审法官应作出向违警罪法院移送起诉裁定，并且同时将刑事卷证移送共和国检察官，由共和国检察官将刑事卷证移送有地域管辖权的法院的书记室。③

---

① 《法国刑法典》第 131-1 条、131-3 条、131-4 条、131-12 条、131-13 条等，参见《法国刑法典》，孙平译，法律出版社 2023 年版，第 11—17 页；《法国新刑法典》，罗结珍译，中国法制出版社 2003 年版，第 11—16 页。

② 《法国刑事诉讼法典》第 181 条第 11 款规定：预审法官向共和国检察官移送案卷及其所作的裁定。如果重罪法庭是在预审法官所属法院以外的其他法院，共和国检察官应当立即将物证移送该重罪法庭书记室。第 271 条规定：如果案件不应当在上诉法院所在地进行审判，诉讼案卷由检察长移送重罪法庭开庭所在的大审法院的书记室。各项证据亦转移至该法院书记室。参见《世界各国刑事诉讼法》编译委员会编译：《世界各国刑事诉讼法（欧洲卷·上）》，中国检察出版社 2016 年版，第 606 页、625 页。

③ 《法国刑事诉讼法典》第 178 条规定：如果预审法官认为犯罪事实构成违警罪，得作出裁定，宣告将案件移送违警罪法院或者社区法院。第 179 条规定：如果预审法官认为犯罪事实构成轻罪，作出裁定，宣告将案件移送轻罪法院。第 180 条规定：在将案卷移送社区法院、违警罪法院或者轻罪法院的情况下，预审法官将案卷连同其作出的裁定书移送共和国检察官，共和国检察官立即将案卷和裁定移送应当审理案件、作出判决的法院的书记室。参见《世界各国刑事诉讼法》编译委员会编译：《世界各国刑事诉讼法（欧洲卷·上）》，中国检察出版社 2016 年版，第 604—605 页。

从立法上看,现行《法国刑事诉讼法典》与 1808 年制定的《法国刑事审理法典》一脉相承,以"控诉式诉讼模式"来组织庭审程序。① 在法国刑事庭审中,证人应当口头作证,不得提供书面刑事卷证。② 这充分体现了控诉式诉讼模式注重言词审理的基本特征。为了忠实于直接言词原则,《法国刑事诉讼法典》第 347 条规定,重罪法院在审理案件时不得将刑事卷证带进评议室,但是如果法庭认为有必要对刑事卷证中的某些材料进行审查,则审判长可以在检察官与各当事人的律师在场时命令将刑事卷证带进评议室。③ 法国法律如此规范的目的是贯彻落实直接言词原则,以进一步强调事实裁判者的亲历性。

不难看出,现代奉行职权主义诉讼模式的大陆法系国家,往往通过警察、检察官、法官、律师、嫌疑人的相互制衡来确保审前刑事卷证的全面、公正、可靠。但这并不意味着庭前刑事卷证因此取得了当然的证据能力以及证明力,也并不意味着在庭审中法官可以直接对刑事卷证进行查证并将其作为认定案件事实的依据。恰恰相反,大陆法系国家的立法和司法实践都证明刑事卷证的运用受到了极大的限制,其采取的主要方式就是实行直接言词原则,强化证人等出庭作证制度。

三、双重卷证制度模式

意大利是目前世界上采行双重卷证并送主义的典型国家。意大利自 1865 年实现国家政治统一起至 1988 年进行刑事司法改革止,在百余年时间里共颁布并施行了三部刑事诉讼法,其中 1930 年颁布的《意大利刑事诉讼法典》实施了近六十年。该法典以控制犯罪、维护社会秩序作为其首

---

① 参见[法]贝尔纳·布洛克:《法国刑事诉讼法(原书第 21 版)》,罗结珍译,中国政法大学出版社 2009 年版,第 485 页。

② 《法国刑事诉讼法典》第 452 条规定:证人应当口头作证。参见《世界各国刑事诉讼法》编译委员会编译:《世界各国刑事诉讼法(欧洲卷·上)》,中国检察出版社 2016 年版,第 648 页。

③ 《法国刑事诉讼法典》第 347 条第 4 款规定:重罪法庭如果在评议过程中认为有必要对诉讼案卷中的一项或数项材料进行核实,审判长命令将案卷送至评议室;为此目的,在检察院及被告人与民事当事人的律师当面,重新开卷,进行查阅。参见《世界各国刑事诉讼法》编译委员会编译:《世界各国刑事诉讼法(欧洲卷·上)》,中国检察出版社 2016 年版,第 632 页。

要价值追求,其所确立的刑事诉讼程序可分为侦查和审判两个阶段。侦查法官依靠检察官移送的卷宗开始侦查程序,可全面调查证据,如勘验现场、讯问被告人、询问证人、实施搜查、扣押等,并将自身侦查获得的证据全面地整理成书面刑事卷证。在向法院作出正式起诉命令时侦查法官须将刑事卷证移送审理法院。法院收到起诉书及刑事卷证以后,审理法官可以对起诉书和全部刑事卷证进行阅卷审查,并做好庭前准备工作。在当时的意大利司法实践中,侦查法官制作的刑事卷证,实际上成了法院作出裁判的基础。进言之,意大利在1988年刑事司法改革之前,采行职权主义诉讼模式,及刑事卷证并送制度模式。

随着民主、自由等价值观在意大利宪法中的逐步确立,1930年《意大利刑事诉讼法典》在维护社会秩序与保障人权之间不得不作出调适,以便保持新的平衡,回应各方关切。据此,意大利开启了刑事诉讼法的修改工作,并于1988年9月22日颁布新《意大利刑事诉讼法典》。该法典在普通程序中将传统的预审和审判两大阶段细分为侦查、预审和审判三个诉讼阶段,并吸收当事人主义诉讼模式中卷证不并送制度的精神,将传统的卷证并送制度模式创设为双重卷证制度模式,对刑事卷证移送范围进行了较大限制,试图阻断预审对刑事庭审的影响。①

双重卷证,是指将先前的侦查卷宗一分为二,一份是公诉卷证,另一份是审判卷证。检察官起诉时只能将审判卷证连同起诉书一并提交审理法院,而公诉卷证在起诉时是禁止移送的。1988年《意大利刑事诉讼法典》第431条规定,检察官向法院起诉时,只能将下列两种刑事卷证连同起诉书一并移送给法院:一是预审法官在证据保全程序中收集的书面笔录(主要为附带证明所获得的笔录材料);二是司法警察、检察官、预审法官在不可重复进行的程序(如实施搜查、扣押、监听等侦查行为时)中所获得的证据材料。对于这些刑事卷证,审判法官在庭前可以查阅,在庭审中可以宣读,且这些刑事卷证可以成为最终判决的依据。除此之外,其他一切刑事卷证则必须归入公诉卷证,审判法官无法在庭前接触、查阅审判卷证以外的任何笔录材料。这一改革的基本思路是保留刑事卷证的司法管理功能,最大限度地消解刑事卷证的证据

---

① 参见施鹏鹏:《意大利"双重卷宗"制度及其检讨》,载《清华法学》2019年第4期。

功能,其主要目的是实现诉、审阻断,法官不再"承继前面的嫌疑",增强控辩双方的庭审对抗性,削弱审判法官的积极作用,确保其进行中立裁判。

意大利混合模式是对两大法系国家起诉方式的一种折中,刑事诉讼实行双重卷证制度模式,在法庭上,庭前刑事卷证不具有当然的可采性。据此,有观点认为,1988年《意大利刑事诉讼法典》创设了限制侦查案卷的制度,实现"审判中心主义"的第三条道路,是大陆法系国家借鉴、移植英美法系对抗制的一个范例。① 但该观点颇值得商榷。该法典试图改变其建立在厚重的大陆法系基础上的审判制度,结果可能未能如愿。在1988年《意大利刑事诉讼法典》中,大陆法系的两个特征并没有改变:审判决定定罪和量刑、允许被害人在审判中独立于公诉人发挥作用。② 其想保护对抗制的价值并削弱刑事卷证在定罪问题上的作用,但同时又想保留大陆法系的一些传统特征,系典型的混合制刑事诉讼模式。然而,优点的结合也可能是缺点的交错。依照1988年《意大利刑事诉讼法典》的规定,在有限的情形下,刑事庭审中允许提出审判前制作的讯问笔录,并将其作为证据使用。但这些规定在实践中被意大利法院作扩张解释,以至于审前程序与审判阶段之间的过滤机制已经被制度性地打开了。③

第三节 域外刑事卷证运用的制度模式

尽管卷证并送主义和卷证不并送主义分别表征着职权主义诉讼模式和当事人主义诉讼模式,但实质上,无论在实行何种主义诉讼模式的刑事诉讼中,都存在将庭前刑事卷证移送给审理法院的情况。只不过根据被

---

① 参见刘译矾:《对侦查卷宗的法律限制——比较法视角下的考察》,载《苏州大学学报(哲学社会科学版)》2017年第1期。

② 参见[意]William T. Pizzi、Mariangela Montagna:《意大利在建立对抗制审判进程中的争斗》,陈秋红译,载卞建林主编:《诉讼法学研究》(第十二卷),中国检察出版社2007年版,第288页。

③ 参见[德]托马斯·魏根特:《刑事诉讼致力于事实真相么——一个德国人的视角》,吴宏耀译,载何家弘主编:《证据学论坛》(第十卷),中国检察出版社2005年版,第523页。

告人是否认罪、其罪行是否严重等不同情形,法院采取了不同的处理方式而已。据考察,就侦控机关庭前所收集的刑事卷证在审判阶段是否具有证据能力而言,域外刑事卷证在审判阶段的运用制度存在三种模式:否定证据能力模式、肯定证据能力模式以及附条件肯定证据能力模式。刑事卷证运用的制度模式类似于一道"拦沙坝",它把不具有证据能力的刑事卷证材料拦截在法庭大门之外,使事实裁判者尽可能运用可靠的"第一手"证据来认定案件事实。

一、否定证据能力模式

否定证据能力模式,是指侦控机关庭前收集的刑事卷证在庭审中不具有证据能力。无论刑事卷证是否移送,刑事卷证运用制度的否定证据能力模式均存在于世界主要法治国家的刑事诉讼中。该模式主要适用于被告人作无罪答辩、罪行较为严重且运用普通程序审理的刑事案件。易言之,否定证据能力模式主要适用于如下情形:一是被告人作无罪答辩;二是被告人罪行严重;三是适用普通程序审理的案件。

(一)采行卷证不并送制度模式国家的做法

对抗制与审问制均追求同一目标——发现事实真相和作出公正判决。[1] 美国刑事诉讼同样追求案件事实真相,[2]只不过其对事实真相的追求被建构为一种对抗和辩论模式。美国的证据规则绝大部分与追求真相密切相关,传闻证据排除规则也不例外。在美国,刑事庭审得以实质化的一个重要因素在于传闻证据排除规则及其例外的运用。根据2011年公布的《美国联邦证据规则》第801条的规定,传闻是指陈述人在审判或听证之外所作的陈述,在证据上用来证明其所主张事项的事实或其真实性。[3] 但同时作出例外规定,即符合《美国联邦证据规则》第801.d条情形

---

[1] 参见[美]弗洛伊德·菲尼、[德]约阿希姆·赫尔曼、岳礼玲:《一个案例 两种制度——美德刑事司法比较》,郭志媛译(英文部分),中国法制出版社2006年版,第306页。

[2] See Anogika Souresh, The Adversarial VS Inquisitorial Dichotomy in International Criminal Law: A Redundant Conversation, 5 International Comparative Jurisprudence, 83 (2019).

[3] See Federal Rules of Evidence, 801 (c) Hearsay: "Hearsay" is a statement, other than one made by the declarant while testifying at the trail or hearing, offered in evidence to prove the truth of the matter asserted.

的陈述,不属于传闻。例如,第 801.d.2 条规定,非传闻陈述包括:对立当事人的承认,该陈述被用来反对一方当事人,而且具有下列情况:(A)是该当事人自己的陈述,以个人身份或代表人资格作出……①因为刑事诉讼中的被告人供述属于一种特殊的承认②,所以不属于传闻。

据此,有学者整理出美国传闻证据排除规则的计算公式:"传闻＝庭外陈述+证明某主张的目的－第 801.d 条情形"③。实际上,美国传闻的界定是以刑事庭审为坐标而作出的。从刑事庭审的角度来看,传闻包括两种形式:其一,指亲身感知了案件事实的证人在庭审期日以外所作的证人证言笔录、被害人陈述笔录等刑事卷证;其二,指他人在庭审期日转述的证人亲身感知的案件事实。据此,美国刑事庭审实质化,主要是由传闻证据排除规则及其例外予以保障和支撑的。

在日本,为了实现"公平法院"目标,确保"审判中心主义"的真正落实,《日本刑事诉讼法》第 256 条第 6 款规定:"起诉书不得添加任何可能使法官对案件产生预断的文书及其他物品,或者引用该条文等的内容。"但依照该条款的规定,日本刑事诉讼中禁止移送的刑事卷证仅限于"有可能使法官对案件产生预断的文书及其他物件"。这里的"有可能使法官对案件产生预断的文书及其他物件",是指有可能对法官关于公诉犯罪事实的心证产生影响的资料。④ 具体包括以下四种类型:其一,侦查机关制作的侦查报告、证人证言、犯罪嫌疑人的供述或辩解、鉴定意见及各类笔录等与案件事实有直接或者间接联系的刑事卷证。其二,逮捕证或羁押证请求书、逮捕手续书等令状类文书材料。其三,侦查机关制作的案件移送书、被害人或有关人员提出的控告书等对案件提出处理意见的文书材料。其四,与起诉指控犯罪事实有直接或间接联系、有可能影响法官关于公诉

---

① See Federal Rules of Evidence, 801(d): A statement in not hearsay if—(2) Admission by party-opponent.The statement is offered against a party and is (A) the party's own statement, in either an individual or a representative capacity……

② See John W. Strong et al., McCormick on Evidence, 5th Edition, West Group, 216-394 (1999).

③ G. Michael Fenner, The Hearsay Rule, 2nd Edition, Carolina Academic Press, 9 (2009). 转引自刘玫、郑曦:《美国传闻证据规则的理论和实践:以刑事诉讼为视角》,载卞建林主编:《诉讼法学研究》(第十八卷),中国检察出版社 2013 年版,第 225 页。

④ 参见孙长永:《日本起诉状一本主义研究》,载《中国法学》1994 年第 1 期。

事实判断的有关情状材料。从日本刑事诉讼卷证不并送主义的宗旨来看,应当禁止记载多余事项,因为倘若在起诉书中记载了这些多余事项,就可能使法官形成先入为主的观念,有违"公平法院"目标的实现。"余事记载"包括被告人的前科、经历、性格等的记载,[①]这些被认为是使法官产生庭前预断的重要因素,被严令排除在检察官向法官移送的起诉书外。

（二）采行卷证并送制度模式国家的做法

采行刑事卷证并送制度模式国家的立法和司法实践都证明,在重罪案件中,刑事卷证的证据能力受到了极大的限制。在德国,按照直接言词原则的要求,裁判者接触的所有证据都应当是"第一手"资料,除法定例外情形之外,不得提供书面的刑事卷证材料,也即重罪案件中的刑事卷证不具有证据能力。

在法国的刑事庭审中,证人应口头作证,不得提供刑事卷证。此时,刑事卷证的证据能力被否定了,它不具有准许进入法庭的资格。其一,从立法层面上看,审判长进行的讯问、当事人及其律师的陈述、审判长与律师向证人提出的问题以及各方之间相互提出的问题,都应采用言词方式。即使《法国刑事诉讼法典》第168条允许鉴定人在作出解释说明时参阅其鉴定报告以及报告的附件,但鉴定人仍然应以口头方式发表鉴定意见。此外,为了忠实于言词原则,《法国刑事诉讼法典》第347条还规定,重罪法院在审理案件时不得将刑事卷证带进评议室,除非法庭认为确有必要并在充分保障辩方权利的情形下,才可以将刑事卷证带进评议室。其二,从司法实践来看,法国法院近些年来的判例同样表明,对于从未与被告人进行对质而其证言对确认事实真相又至关重要的证人,重罪法庭必须听取其证词。[②] 重罪法庭只有具体说明出于何种原因传唤这些证人遇到不可克服的困难时,才能免于传唤这些证人。例如,证人在国外受到关押、证人被驱逐出法庭、证人经费尽周折

---

① 参见[日]田口守一:《刑事诉讼法（第七版）》,张凌、于秀峰译,法律出版社2019年版,第278页。

② 参见[法]贝尔纳·布洛克:《法国刑事诉讼法（原书第21版）》,罗结珍译,中国政法大学出版社2009年版,第497页。

查找仍无结果等。

（三）采行双重卷证制度模式国家的做法

意大利在 1988 年修改刑事诉讼法时，对本国实施已久的传统审问制进行了改革，引入了对抗制诉讼因素，朝着当事人主义诉讼模式方向转型。与之相适应，1988 年《意大利刑事诉讼法典》对刑事卷证制度进行了改革，主要内容是庭前刑事卷证在法庭上不再具有证据能力。按照新法典的规定，经过预审程序后，如果决定将案件移送法院进行审判，就需要在对刑事卷证的内容进行严格筛选的基础上，为法官准备审判卷证，且准许进入审判卷证的刑事卷证材料较为有限。依照 1988 年《意大利刑事诉讼法典》第 431 条的规定，审判卷证主要包括法律文书、司法警察以及公诉人和辩护人实施的不可重复的行为的笔录、司法档案的一般证明书、犯罪的物证以及与犯罪有关的物品等刑事卷证材料。①

进入审判卷证中的刑事卷证具有证据能力，可以在庭审中提出或出示。但是，未纳入审判卷证中的任何刑事卷证，因受 1988 年《意大利刑事诉讼法典》中确立的传闻证据排除规则的限制，而不具有证据能力。因此，它们不仅仅被禁止随案移送给审理法院，更不得在庭审中被提出或者出示。

二、肯定证据能力模式

肯定证据能力模式，是指侦控机关庭前收集的刑事卷证在庭审中具有证据能力。该模式同样存在于实行不同刑事卷证移送制度模式的国家。该模式主要适用于被告人认罪、被告人罪行轻微、适用简易程序或速裁程序审理的刑事案件。易言之，肯定证据能力模式的主要适用情形亦

---

① 《意大利刑事诉讼法典》第 431 条第 1 款规定：在法庭审理准备的卷宗中收入以下材料：(1) 有关可提起刑事诉讼和可行使民事诉权的文书；(2) 关于由司法警察实施的不可重复的行为的笔录；(3) 关于由公诉人和辩护人实施的不可重复的行为的笔录；(4) 通过国际司法协助在国外取得的文书和采用同样方式获取的关于不可重复行为的笔录；(5) 在附带证明中获取的行为笔录；(6) 在国际委托调查之后在国外获取的、不同于第 4 项规定之文书的行为笔录，上述行为进行时为辩护人提供了参加并行使意大利法律所允许行使之权利的可能性；(7) 司法档案的一般证明书和第 236 条列举的其他材料；(8) 犯罪的物证和与犯罪有关的物品，如果它们不需要另地保存。参见《世界各国刑事诉讼法》编译委员会编译：《世界各国刑事诉讼法（欧洲卷·下）》，中国检察出版社 2016 年版，第 1705 页。

有三种：被告人认罪、被告人罪行轻微及适用简易程序或速裁程序审理的案件。

（一）采行卷证不并送制度模式国家的做法

在美国，对于被告人认罪的案件，《美国联邦刑事诉讼规则》第11条明确规定，法院"不得仅依据有罪答辩作出判决，除非有罪答辩具备事实基础"。在美国，许多州法院以及联邦法院的判决都非常审慎地宣称：包含无罪声明的有罪答辩不能被接受，除非该有罪答辩具有事实基础。毕竟，刑事裁判（包括量刑）应当与事实真相保持一定的理性联系。① 由此可见，法院欲审查被告人的有罪答辩是否具有事实基础，必然依赖于侦查阶段取得的刑事卷证，否则难以作出判断。这一理据在美国联邦最高法院作出的相关判例中并不难找到。在北卡罗来纳州诉奥尔福德（North Carolina v. Alford）一案中，美国联邦最高法院就明确指出："被告人明智地认为出于利益考虑应该认罪，法官面前的卷宗也包含了确凿的有罪证据。"② 美国联邦最高法院在林奇诉奥尔霍塞（Lynch v. Overholser）一案中也明确指出：本案中，林奇作了有罪答辩，但审判法官拒绝接受林奇的有罪答辩，因为刑事卷证里的精神报告显示，林奇"在犯罪时一直有狂躁型抑郁症"③。在美国刑事诉讼中，对于轻罪案件，由于预审法官拥有裁判权，被告人无权向法官请求预审，预审法官可以径行裁判，此时采用的是刑事卷证并送主义，否则裁判根据就无从谈起。本书认为，该观点颇有道理。此时，并送的刑事卷证具有证据能力。与德国等审问制诉讼一样，美国也创设了简易程序，通过不经法庭审理而处理案件的方式节省司法资源、诉讼时间和降低司法成本。根据《一个案例 两种制度——美德刑事司法比较》一书揭示：在被告人作有罪答辩的案件中，法官在庭审开始前就被简单地告知了对被告人的指控以及临时的处理情况。在庭审中法官向被告人询问了一系列问题以确保其有罪答辩是自愿的，被告人知道自

---

① 参见[德]托马斯·魏根特：《刑事诉讼致力于事实真相么——一个德国人的视角》，吴宏耀译，载何家弘主编：《证据学论坛》（第十卷），中国检察出版社2005年版，第522页。

② North Carolina v. Alford, 400 U.S. 25 (1970).

③ [美]斯蒂芬诺斯·毕贝斯：《庭审之外的辩诉交易》，杨先德、廖钰译，中国法制出版社2018年版，第102页。

己放弃了哪些权利,指控是什么以及可能判处的刑罚。法官只是简单地询问了被告人的答辩是否有事实根据这一问题。①

在日本,简易命令程序或略式程序采用刑事卷证并送主义。简易命令程序,是简易裁判所对罪证清楚、情节简单的案件,根据检察官的请求,不经过正式审判程序,仅以检察官提出的刑事卷证为依据进行审判并对被告人科处罚金或者罚款的一种公判前程序。② 作为刑事卷证不并送主义的一项例外,检察官在提出裁判请求时,必须向简易法院提交作出裁判所必需的文书和证物等刑事卷证。受案简易法院以适当方式审理后即可作出裁判。略式程序不适用"起诉书一本主义",是因为适用略式程序的案件一般都比较轻微,被告人不需要到案接受审判,法院可以快速进行裁判。③ 这对被告人实质上是有利的。当然,允许适用略式程序的前提是承认当事人具有程序处分权。除对被告人有利以外,简易程序也有利于诉讼经济。

(二)采行卷证并送制度模式国家的做法

在德国,处罚令(Strafbefehl)程序是一种基于刑事卷证而作出处理的书面审理程序。处罚令在很多犯罪种类中都运作良好,其中许多犯罪相当于美国刑事诉讼中的轻罪。④ 在通常情况下,检察官起草的刑事处罚令包括裁定被告人有罪的详细事实根据,法官可以查阅、研究刑事卷证。此时,对被告人有罪的判决,是建立在侦查结果的基础之上的。不难看出,德国的刑事处罚令程序遵循了职权主义诉讼模式传统,强调法官对真实的中立发现,而不是当事人的自主决定。德国刑事处罚令程序可以被

---

① 参见[美]弗洛伊德·菲尼、[德]约阿希姆·赫尔曼、岳礼玲:《一个案例 两种制度——美德刑事司法比较》,郭志媛译(英文部分),中国法制出版社2006年版,第328页。

② 《日本刑事诉讼法》第462条规定:简易命令的请求,应当在提起公诉的同时,书面提出。前款的书面,应附具前条第2款的书面。《日本刑事诉讼规则》第288条规定:简易命令的请求书,应当添附说明已经进行法第461条之2第1款规定的程序的书面。第289条规定:检察官在提出简易命令请求的同时,应当向法院提出预料对作出简易命令有必要的文书及证物。参见《世界各国刑事诉讼法》编译委员会编译:《世界各国刑事诉讼法(亚洲卷)》,中国检察出版社2016年版,第360、405页。

③ [日]田口守一:《刑事诉讼法(第七版)》,张凌、于秀峰译,法律出版社2019年版,第279页。

④ 参见[美]马尔科姆·M.菲利:《程序即是惩罚——基层刑事法院的案件处理》,魏晓娜译,中国政法大学出版社2014年版,第282页。

视为美国的有罪答辩在德国的对应物。① 但是,在德国的司法实践中,严重的犯罪案件,尤其是那些涉及严重暴力的犯罪案件不存在被告人的有罪答辩。

在法国,根据《法国刑事诉讼法典》第 452 条第 2 款及第 536 条的规定,在轻罪案件以及违警罪案件中,审判长可以例外地批准证人借助文件提供证词。② 对于经过初步调查认为构成轻罪或违警罪的案件,如果法律规定或检察官认为有追诉必要的,检察官可以直接将刑事卷证移送相应的轻罪法院或违警罪法院审判。在违警罪案件审判中,如果检察官选择适用简易程序,那么就应根据《法国刑事诉讼法典》第 525 条的规定,将刑事卷证和适用简易程序的请求书送达轻罪法庭审判长或违警罪法庭法官。适用简易程序审理的案件,可以不经过法庭辩论,法官即以检察官移送的刑事卷证为根据作出裁判。③ 在轻罪案件中,在涉及《公路法典》规定的轻罪以及《消费法典》规定科处罚金的轻罪是否适用简易程序时,法国法律规定,只有经过调查表明犯罪事实已查清,对有关犯罪行为人人格的各种情况,特别是有关其负担与收入的情况已充分了解,且可以确定刑罚时,检察院才能决定适用简易程序。此时,刑事卷证应移送法院院长。审判长可以不经过事先辩论,直接以刑事裁定书的形式作出审理裁判。④ 在司法实

---

① 参见[美]弗洛伊德·菲尼、[德]约阿希姆·赫尔曼、岳礼玲:《一个案例 两种制度——美德刑事司法比较》,郭志媛译(英文部分),中国法制出版社 2006 年版,第 330 页。

② 《法国刑事诉讼法典》第 452 条规定:证人应当口头作证。但特殊情况下,经审判长允许,证人作证时,可以借助于文件。参见《世界各国刑事诉讼法》编译委员会编译:《世界各国刑事诉讼法(欧洲卷·上)》,中国检察出版社 2016 年版,第 648 页。

③ 《法国刑事诉讼法典》第 525 条规定:检察院选择适用简易程序时,将追诉案卷及其意见书送交违警罪法院法官或者社区法院法官。法官可不经事先辩论,采用刑事裁定书的形式作出审理裁判:或者作出无罪裁判,或者科处罚金,以及相应情况下,对被告人判处一项或数项附加刑。法官认为有必要进行对席辩论的,将案卷退回检察院,按照普通程序形式实行追诉。参见《世界各国刑事诉讼法》编译委员会编译:《世界各国刑事诉讼法(欧洲卷·上)》,中国检察出版社 2016 年版,第 661 页。

④ 《法国刑事诉讼法典》第 495-1 条规定:检察院选择适用简易程序时,向审判长报送追诉案卷及其提出的意见书。审判长得不经事先辩论即作出一项刑事裁定(书):或者宣告被告人,或者宣告对其判处罚金,以及相应情况下,判处法律规定的一个或数个附加刑。这些附加刑也可以作为主刑宣告。法官认为有必要进行对席审理或者应当对被告人宣告监禁刑的,将案卷退回检察院。参见《世界各国刑事诉讼法》编译委员会编译:《世界各国刑事诉讼法(欧洲卷·上)》,中国检察出版社 2016 年版,第 661 页。

践中，法国最高司法法院刑事庭亦认定，在轻罪案件中，法院可以考虑各当事人提交的证据材料。① 此时，刑事卷证的证据能力得到肯定，法官可以将其作为刑事裁判的依据。

（三）采行双重卷证制度模式国家的做法

在意大利，刑事简易审判程序一般由预审法官主持进行。在该程序中，预审法官仅通过审查检察官提交的刑事卷证即对刑事案件迅速作出判决。依照1988年《意大利刑事诉讼法典》的相关规定，如果被告人选择简易程序，法官可以对检察官移送的包括犯罪消息、关于已进行的侦查工作的文书材料、在负责初期侦查的法官面前完成的行为笔录等刑事卷证进行书面审查，并依照前述刑事卷证对被告人作出判决。如此一来，法官对案件所作的判决基本是建立在控方提交的刑事卷证的基础上。

近年来，解决刑事案件积压与诉讼拖延问题，几乎是所有国家都面临的重要课题。对此，很多国家创设了避开正式审判程序的简易程序或者速裁程序。例如，西班牙1989年建立的简易程序，主要适用于被告人已供认犯罪事实、取得检察官同意且可能被判处12年以下监禁刑罚的案件。该程序允许法官直接通过对刑事卷证进行审查而对被告人作出判决。又如，丹麦建立的速裁程序，主要适用于被告人已供认犯罪事实且同意适用该种程序的轻微犯罪案件。该程序允许警官直接向一名独任法官起诉，独任法官可以以书面方式对案件进行审理，并作出判决。

三、附条件肯定证据能力模式

任何一个国家的刑事诉讼程序以及整个刑事司法制度都面临着打击犯罪和保障人权这一价值平衡问题，其中包含着公正程序和有限司法资源的冲突问题。刑事卷证附条件肯定证据能力模式，是指在一些刑事案件中，侦控机关庭前收集的刑事卷证在审判阶段可依当事人之间达成的合意、而附条件地具有一定的证据能力。考察有关国家的相关规定，作为直接言词原则或者传闻证据排除规则的例外，证人不必出庭的情况主要

---

① 参见［法］贝尔纳·布洛克：《法国刑事诉讼法（原书第21版）》，罗结珍译，中国政法大学出版社2009年版，第493页。

是控辩双方对证人庭前证言的证据能力能够达成合意。① 附条件肯定证据能力模式虽然较为少见,但是其功用却不小,它有助于将一个国家的有限司法资源进行最大化利用,从而达到调节追究犯罪与保障人权杠杆的目的。该模式严格说来属于第一种模式——否定证据能力模式——的特殊情形,系其亚类型,它的主要特征体现在当事人之间的诉讼合意性,针对的是刑事案件中的一项或多项特定刑事卷证。例如,在适用普通程序审理的案件中,经控辩双方同意使用的刑事卷证具有证据能力。附条件肯定证据能力模式具体表现为法律保留型诉讼合意和法官保留型诉讼合意两类,但无论是哪一类诉讼合意,均不包括非法证据的诉讼合意在内。同时,无论是哪一类诉讼合意,在采行不同的刑事卷证移送制度模式的国家中,在一定程度上也都是存在的。

(一)采行卷证不并送制度模式国家的做法

在美国,《美国联邦刑事诉讼规则》第15条规定了书面证言的制作与使用。这里的书面证言,是指为了日后在法庭上或者证据开示时使用而将证人的庭外证言予以固定而形成的书面卷证资料。② 根据该条规定,一方当事人可以提出动议要求将预期证人的证言先行固定成书面形式以供庭审之用,在特殊情况下法院可以基于司法利益考虑而批准该动议;如果法庭命令固定该书面证词,则可以要求提供证言者在书面证词固定中制作成任何不属于特权范围的指定材料形式,包括书籍、纸张、文件、记录或者数据;若证人本身被拘禁,则其可以提出动议、通知各方、要求固定书面证词,法庭令其固定证词并签署宣誓后可以释放该证人。据此,在经过合理通知各方并保障被告人律师在场权的前提下,按照法律规定的固定方式和费用承担方式而制作的书面证词的全部或一部分,可以根据《美国联邦刑事证据规则》的规定使用,也可以在当事人各方之间协商后经法庭同意而被采用。凡对刑事卷证中的证言或证据持有异议的当事方需在固定书面证词程序中提出反对依据。该条规定的要旨在于证人的庭外陈述在刑事案件的庭审中可以被作为证据使用,但需满足以下条件:其一,充分保障了庭前被告

---

① 参见史立梅:《庭审实质化背景下证人庭前证言的运用及其限制》,载《环球法律评论》2017年第6期。

② See Bryan A. Garner, Black's Law Dictionary, 9th Edition, West Group, 505 (2009).

人的律师在场权等权利。其二,庭外陈述以合法的书面形式进行了固定。其三,各方当事人之间协商后经法庭同意。其中,第三点即各方当事人之间进行协商,是证人庭前陈述具有可采性的主要理由,这一理由构成了证人庭前陈述这一刑事卷证"附条件肯定证据能力"的标志。

在英国,法律上一般要求证人必须出庭作证。但在英国的刑事审判中,并非所有证人都必须出庭作证。实际上,控辩双方可以对证人是否通过书面证言方式进行作证达成某种协议,以确认书面证言这一刑事卷证的证据能力。换言之,在一些例外情况下,书面证言可以向陪审团宣读,不需要传唤证人出庭作证。当然,这些例外情况只构成反对传闻证据规则的例外。2003 年《英国刑事审判法》第 114 条规定了传闻证据可以被采纳为认定案件事实的证据的四项条件,其中第(1)(c)项规定的条件就是:诉讼的各方当事人一致同意可采的。① 同时,对于不是以口头证据形式作出的,但被用作证明其中所陈述的事项的证据,该法第 121 条对其可采性进行了补充规定,只要诉讼的各方当事人一致同意其可采,即可将其作为证据使用。②

在日本,法官审理案件时采用被告人的自白笔录和被告人以外的人向检察官提供的笔录,这使传闻例外在司法实务中被广泛适用而成为一种"常态"。③《日本刑事诉讼法》第 320 条第 1 款规定,除一些法定例外情形之外,不得以刑事卷证作为证据代替公审日的陈述,或者将以公审期日之外其他人的供述为内容所作的供述(刑事卷证)作为证据,④即日

----

① 2003 年《英国刑事审判法》第 114(1)条规定:在刑事诉讼中,不是以言词证据的形式提供的陈述只有在符合下列条件之一时,才能被采纳为任何事项的证据:……(c)诉讼的各方当事人一致同意可采的……参见《世界各国刑事诉讼法》编辑委员会:《世界各国刑事诉讼法(欧洲卷)·下》,中国检察出版社 2016 年版,第 1940 页。

② 2003 年《英国刑事审判法》第 121(1)条规定:传闻陈述对于证明以前曾经作出过传闻陈述的事实是不可采的,除非:……(b)诉讼的各方当事人一致同意可采的……参见《世界各国刑事诉讼法》编辑委员会:《世界各国刑事诉讼法(欧洲卷)·下》,中国检察出版社 2016 年版,第 1943 页。

③ 参见李长城:《中国刑事卷宗制度研究》,法律出版社 2016 年版,第 80 页。

④ 《日本刑事诉讼法》第 320 条第 1 款规定:除第 321 条至第 328 规定的以外,不得以书面作为证据代替公审日的供述,或者将以公审日外其他人的供述为内容所作的供述作为证据。参见《世界各国刑事诉讼法》编译委员会编:《世界各国刑事诉讼法(亚洲卷)》,中国检察出版社 2016 年版,第 351 页。

本刑事诉讼中采用了传闻证据排除规则。① 同时该法第 326 条第 1 款以及第 327 条规定：检察官和被告人已经同意作为证据的书面或者供述，在考虑该书面写成时的情况或者作出供述时的情况后，以认为适当时为限，可以将其作为证据。在经过检察官和被告人或者辩护人的同意后，将文书的内容或者可以预料到的若在公审期日到场时将作出的供述的内容记载于书面而提出时，法院即使不调查该文书或者作出供述的人，也可以将该书面作为证据。② 申言之，针对该法第 326 条第 1 款规定的情形，检察官和被告人同意将刑事卷证作为证据使用时，法院经审查认为适当的，该刑事卷证具有证据能力；但根据该法第 327 条的规定，合意文书当然具有证据能力。③ 据此，在"必要性""可信性"以及"可靠性"能够得到充分保障的前提下，日本刑事诉讼中也可以例外地使用庭前刑事卷证。为此，法院应对被告人的供述是否出于自愿进行调查，否则不能将该供述作为证据使用。日本最高法院也在判例中指出："在多数情况下，在调查证据能力的要件的同时，调查自愿性。"④

　　值得注意的是，在英美法系国家还存在一种特殊情形，即法官酌定裁量条款。这与笔者所称的法官保留型诉讼合意在本质上具有共通之处。基于当事人的权利处分原则，诉讼对方的同意或者无异议是大量传闻证据作为例外而被使用的根据。因为在具体案件中，有一些证言是辅助性

---

① 传闻证据，是指《日本刑事诉讼法》规定的文书和审理期间以外的供述，这些证据没有经过在法庭上进行反询问，其真实性没有经过检验，因此禁止作为证据使用。参见[日]田口守一：《日本裁判员制度的创设与证据法的变动》，张凌译，载《证据科学》2008 年第 5 期。

② 《日本刑事诉讼法》第 326 条第 1 款规定：关于检察官和被告人已经同意作为证据的书面或者供述，在经过考虑该书面写成时的情况或者作出供述时的情况后，以认为适当时为限，可以不受第 321 条至前条规定的限制，而将其作为证据。第 327 条规定：在经过检察官和被告人或者辩护人的同意后，将文书的内容或者可以预料到的若在公审日到场时将作出的供述的内容记载于书面而提出时，法院即使不调查该文书或者作出供述的人，也可以将该书面作为证据。在此场合，并不妨碍对该书面的证明力进行争辩。参见《世界各国刑事诉讼法》编译委员会编译：《世界各国刑事诉讼法（亚洲卷）》，中国检察出版社 2016 年版，第 352 页。

③ 参见[日]田口守一：《刑事诉讼法（第七版）》，张凌、于秀峰译，法律出版社 2019 年版，第 530 页。

④ [日]松尾浩也：《日本刑事诉讼法（下卷，新版）》，丁相顺、张凌译，金光旭校，中国人民大学出版社 2005 年版，第 73 页。

的,不起重要或关键作用。绝大部分案件中的部分事实甚或案件基本事实清楚,控辩双方并无分歧,对这些事实只要对方无异议,就可以使用传闻证据。当然,法院有必要对这种当事人同意或无异议作形式审查。例如,《美国联邦证据规则》第807条规定:某一审判外的陈述,不属于前述情况,但法官在考量该陈述对案件的重要性及其不可取代性,同时也事先告知对方当事人该陈述的内容之后,为其提供了回应的机会,基于《美国联邦证据规则》的总的目的和为了维护司法利益,可以将该陈述采纳为证据。这一酌定裁量条款,使得传闻证据排除规则在司法实践运用中的韧性更加充足。

（二）采行卷证并送制度模式国家的做法

在采行卷证并送制度模式的国家,一般会有基于控辩双方同意而采纳庭前刑事卷证的相关规定。在德国,依照《德国刑事诉讼法》第251条第1款的规定,在被告人、辩护人、检察官同意宣读的情况下,允许以宣读之前的法官询问笔录来代替询问证人。①

（三）采行双重卷证制度模式国家的做法

意大利刑事诉讼中允许双方当事人合意形成庭审卷证。② 对于无争议的调取、销毁匿名文书和与非法监听有关的文书的笔录等刑事卷证材料,控辩双方达成一致意见的,可以将其纳入庭审卷证,让庭审法官事先接触刑事卷证的内容,尽快了解控辩双方的诉讼请求及证明路径。这一刑事卷证协议在司法实务中的实质化应用就是附条件肯定证据能力模式的表现形式之一。表现形式之二是:依照《意大利刑事诉讼法典》第493条第3款的规定,当事人经过协商同意后,可以将公诉卷证中的文书以及关于辩护调查活动的文书材料纳入庭审卷证,③将其在庭审中直接出示,并请求法庭采纳有关证据。此外,意大利司法实务中对庭审卷证的内

---

① 参见[德]托马斯·魏根特:《德国刑事程序法原理》,江溯等译,中国法制出版社2021年版,第137页。
② 参见施鹏鹏:《意大利"双重卷宗"制度及其检讨》,载《清华法学》2019年第4期。
③ 《意大利刑事诉讼法典》第493条第3款规定:经当事人协商同意,可以将公诉人卷宗中的文书以及关于辩护调查活动的文书材料调入法庭审理卷宗。参见《世界各国刑事诉讼法》编译委员会编译:《世界各国刑事诉讼法(欧洲卷·下)》,中国检察出版社2016年版,第1716页。

容进行扩大解释。意大利最高法院的判例表明,其往往将"不可重复的行为"和"犯罪的物证和与犯罪有关的物品"的内容进行扩展,以扩大书面刑事卷证的可采范围,体现出司法实践愿意固守卷证并送主义这一职权主义诉讼模式实践理性的特点。

综上所述,不同刑事卷证移送制度模式下的刑事卷证附条件肯定证据能力模式,其主要目的都是提高刑事诉讼效率,使有限的司法资源更集中于控辩双方有争议的事项调查方面,从而更加有利于事实真相的发现。

第四节　域外刑事卷证制度运行的背景分析

不管是刑事卷证制作、移送制度,还是刑事卷证运用制度,均须与其他制度或原则进行相互配合,才能有效发挥各自的效果。结合本书的研究重点,本节将初步探讨域外刑事卷证制度运行的背景这一学界关注不多的问题。鉴于附条件肯定证据能力模式属于否定证据能力模式的特殊情形,单独考察其运行背景意义不大,笔者不再单独展开论述。故本节将重点探讨两个问题:域外否定证据能力模式的运行条件以及肯定证据能力模式的驱动因素。

一、否定证据能力模式的运行条件

经梳理,关于域外刑事卷证运用制度良性运行的背景条件,否定证据能力模式良好运行不可或缺的协同措施包括程序制度支撑和证据制度保障两个方面。

(一)程序制度支撑

1. 配置"陪审团+职业法官"的二元法庭

英美法系国家在刑事审判中,确认案件事实的方法独具特色,控辩双方在法庭上相互争辩、对抗以揭露事实真相,最终由陪审团作出裁决。陪审团的职责是根据法庭审理的情况,认定检察官或大陪审团起诉指控的被告人罪行是否成立,并最终裁决被告人是否有罪。职业法官则只能在陪审团作出有罪裁决之后,对被告人判处相应的刑罚。这充分体现了英美法系国家刑事审判法庭的二元结构,即"陪审团+职业法官"的法庭结构。同时,这种法庭的二元结构,衍生出了陪审团负责定罪而法官负责量刑的"定罪+量刑"二元审判程序。陪审团是在开庭前由随机抽出的12名普通公民临时组合而成的,对案件情况事先一无所知,因而为了公正、准确地认定案件事实,作出被告人有罪与否的裁决,就必须认真听取法庭上控辩双方的激烈争辩的对抗性陈述,因为双方的控辩活动是发现事实真相的重要途径之一。由于职业法官不负有认定被告人有罪与否的责任,所以不管是庭前由侦控机关收集形成的刑事卷证,还是法庭上控辩双方通过争辩揭露出来的事实真相,职业法官并不关心,其只负责引导陪审团适用相关证据规则裁决被告人有罪,之后,再对被告人进行量刑。

因此可以说,英美法系国家的刑事诉讼模式是以审判为中心,尤其是以庭审为中心的,这些国家刑事案件审理中程序性活动的集中化,使刑事卷证在庭审中并无用武之地。在其刑事司法制度中,仅侦查与起诉之间存在案件信息上的递进关系,即刑事卷证仅在侦控机关之间具有融贯性,而与审判机关的卷证材料不具有相继性,刑事卷证对裁判结论几乎没有影响。

2. 设置相关协同配合制度

在职权主义诉讼模式下,造成庭审形式化的原因不仅仅是刑事卷证并送的影响。因此,卷证不并送主义在职权主义诉讼模式下的功能也就不再是简单地为了排除法官庭前预断。从目前的实践效果来看,即使在职权主义诉讼模式下孤立地采用刑事卷证证据能力否定模式,如果没有相关制度的配合运行,其保障刑事庭审实质化的实践效果也不会达到制度设置的立法预期。以日本为例,在刑事卷证否定证据能力模式下,日本司法实践中的问题便接踵而至:公诉权因缺少预审程序的制约,出现了审判的易发性;法院查明事实的方式完全依赖庭审,导致案件久审不决。① 有鉴于此,日本于2004年修订《日本刑事诉讼法》,增设了"庭前整理程序",规定控辩双方参与以整理诉讼争点及证据为目的的庭前程序,以消解实行刑事卷证运用制度的否定证据能力模式所带来的诉讼效

---

① 日本学者的相关研究显示:在1965年至1975年这十年期间,日本出现了审理超过20年的刑事案件,据此,刑事审判期限过长、刑事案件久拖不决的问题遭到批评,此类批评不绝于耳。参见[日]松尾浩也:《日本刑事诉讼法(上卷,新版)》,丁相顺、张凌译,金光旭校,中国人民大学出版社2005年版,第220页。

率低下的不良影响。不难看出,这一修改的旨意就在于从立法上完善刑事卷证否定证据能力模式的相关配套制度。

实质上,法官庭前接触刑事卷证,甚至主动收集证据会形成一定预断,但是庭前预断并不等于内心确信被告人有罪。因为随着刑事审判的进行,通过实质化的庭审活动和控辩双方的证据攻防,法官的心证处于不完全确定状态,要到法庭审理结束后,才会有法官内心是否确信的问题。从刑事卷证移送和运用制度的角度来看,刑事诉讼中真正的危险不是法官因为庭前阅卷而产生的有罪预断,而是预断产生后却难以改变,尤其是当对法官改变有罪预断存在制度性障碍时,这种情况才是真正的危险。故而,相关协同制度措施的实践价值也就源于此。

3. 设置起诉权制约程序

在刑事卷证否定证据能力模式中,为了制约检察机关的公诉权,防止不符合起诉条件或者无须审判的刑事案件被提交给法庭进行审判,专门机关要审查被提起公诉的案件是否达到了法定标准,以保障被告人的合法权益,提升诉讼质效。尽管各国的审查方式各异,但大致可以分为两种方式:一是大陪审团审查起诉或治安法官预审;二是预审法官或审判法官审查起诉。

前一种方式适用于英美法系国家,在该情形中,对于侦查终结的重罪案件,检察机关认为应该提起公诉的,基于嫌疑人的自主选择,往往还需要经过大陪审团的审查程序或治安法官的预审程序予以批准后,才能将其提交法院审判。以美国为例,在审前程序中,与否定证据能力模式一同发挥作用的还有预审制度。该制度是否定证据能力模式运行的前提,它主要承担了三项功能:审查公诉、案件分流和证据开示。但在近年来的美国司法实践中,比较常见的情形是大陪审团被检察官操控,沦为检察官的调查工具。在此背景下,治安法官进行预审已逐渐成为美国刑事预审制度的主流。在美国,治安法官预审后,刑事案件指控被驳回的比例为5%—10%。[①]

[①] 参见[美]弗洛伊德·菲尼、[德]约阿希姆·赫尔曼、岳礼玲:《一个案例 两种制度——美德刑事司法比较》,郭志媛译(英文部分),中国法制出版社2006年版,第238页。

后一种方式适用于现代大陆法系国家,其中预审法官审查起诉模式以法国为代表,审判法官审查起诉模式则以德国为典型。在德国的重罪案件中,当检察官决定提起公诉后,需要经过中间程序,由将来可能主持审判的法官以书面形式对案件进行审查,以确定该案件是否符合提起公诉的法定条件,进而决定予以受理还是驳回起诉。在德国,经中间程序审查后,高达99%的案件被批准进入审判程序。[1] 然而,德国中间程序却遭到了批评。质疑德国中间程序的主要论点是,准许开启主审裁定所造成的法官预断问题。该问题与刑事卷证并送是否导致法官预断的问题并不相同,因为在裁定开启主审程序时,法官已经明确采取了认可起诉的立场,宣示了被告人犯罪事实具有有罪判决的高度可能性。反之,如果只是单纯的刑事卷证并送,起诉书及刑事卷证材料都只是检察官的观点而已,并未掺杂法官的认可。[2] 故而,在德国理论界,赞成维持刑事卷证并送制度但质疑中间程序预断的学者有很多,罗克辛(Roxin)就曾直言:"如果说法官在言词的主审程序之前,让被告人觉得已经产生偏见,关键不在于法官从卷证得来的认知,而是在于法官开启主审的裁定。"[3]

上述以美国、德国为代表的两种起诉审判模式,虽然在审查程序启动的时间节点、审查方式、审查主体等方面存在差异,但二者的立法意旨和功能指向却基本相同,均旨在防止检察机关的起诉权滥用,避免被告人受到无根据地追诉、审判。因此,起诉权制约程序为刑事卷证在审判阶段的运用把住了一道程序"关口"。

(二)证据制度保障

从证据制度的视角来看,两大法系在对待检察机关移送的刑事卷证的态度上有着相似之处。对于检察机关移送审理法院的刑事卷证,大陆法系国家一般通过直接言词原则将其视为不具有证据能力的证据,英美法系国家则通过传闻证据排除规则将其作为不具有可采性的证据看待。

---

[1] 参见左卫民、周长军:《刑事诉讼的理念》(最新版),北京大学出版社2014年版,第73页。

[2] 参见林钰雄:《论中间程序——德国起诉审查制的目的、运作及立法论》,载《月旦法学杂志》第88期。

[3] Claus Roxin, Die Reform der Hauptverhandlung im deutschen Strafprozeß, in: Probleme der Strafprozeßreform, by Hans Lüttger (Ed.), DE GRUYTER, 1975, S. 61.

两大法系国家原则上不允许刑事卷证进入法庭审理,更不得成为法庭认定案件事实的依据。① 据此,大陆法系国家的直接言词原则和英美法系国家的传闻证据排除规则,成为保障刑事卷证否定证据能力模式落到实处的重要证据制度。

1. 直接言词原则保障刑事卷证否定证据能力模式

在12世纪之前,无论是欧洲大陆国家还是英格兰,诉讼本身不需要现代意义上的证人,也不存在现代意义上的"说服"。1215年第四次拉特兰宗教会议以后,欧洲大陆非理性的审判方式逐渐被纠问式诉讼所取代,纠问式诉讼的目的在于获得完全的证明,其证据制度被称为法定证据制度。在英国,非理性的审判方式被陪审团审判所取代。但从12世纪至15世纪长达300年的时间里,英国刑事诉讼中也没有任何证据规则得到发展。一般认为,普通法上的证据规则形成于17世纪。② 直到18世纪,证据法才首先在刑事诉讼中产生,然后才延伸至民事诉讼领域。③

欧洲大陆刑事诉讼由于在中世纪有比较悠久的书面审理传统,且进入现代后仍实行刑事卷证移送制度,所以立法上需特设规则以防范庭外信息影响判决。为了消除侦查法官及审判法官进行书面审理程序(邮递传送卷宗)所产生的重大弊端,④直接言词原则便应运而生。该理论在德国由费尔巴哈于1821年首次提出,并于1877年《德意志帝国刑事诉讼法》中首次确立。随后,大陆法系各国的刑事诉讼普遍采取直接言词原则,并将其作为大陆法系国家刑事审判阶段的重要原则运用至今,如《德国刑事诉讼法》第250条⑤的规定,以及《意大利刑事诉讼法典》第526条

---

① 参见陈瑞华:《新间接审理主义——"庭审中心主义改革"的主要障碍》,载《中外法学》2016年第4期。
② 参见易延友:《证据法学:原则 规则 案例》,法律出版社2017年版,第53页。
③ John H. Langbein, Historical Foundations of the Law of Evidence: A View from the Ryder Sources, 96 Colum. L. Rew., 1171 (1996).
④ 参见[德]克劳思·罗科信:《刑事诉讼法(第24版)》,吴丽琪译,法律出版社2003年版,第430页。
⑤ 《德国刑事诉讼法》第250条规定:对事实的证明如果是建立在个人的认识上的,在法庭审理中应当对其询问。询问不允许以宣读以前的询问笔录或者书面证言而代替。参见《世界各国刑事诉讼法》编译委员会编译:《世界各国刑事诉讼法(欧洲卷·上)》,中国检察出版社2016年版,第296页。

第 1 款的规定。① 如此规定,法律希望达到的效果是,法官要对被告人与见证犯罪事实的证人的"人的现实"有一种亲身体验。②

直接言词原则是直接原则与言词原则的合称。直接原则,是指只能以在法庭上直接调查的证据作为裁判基础的审判原则。它包括两层含义:形式的直接审理和实质的直接审理。前者是指要体现出审判的亲历性,重点突出"在场"这一核心要求;后者是指要调查原始证据,重点突出"第一手"证据材料优先调查这一关键特征。这两个基本内涵最早由德国学者普拉克(Polak)于 1855 年提出,后被广泛使用并沿用至今。两者并非集合意义上的"组成部分",而是从不同的角度对直接原则的内容进行界定。并且,形式的直接审理和实质的直接审理只是在理论上的分类,在刑事诉讼立法中,只有"直接原则"的语词,而没有"形式的"和"实质的"立法分类。依照日本学者土本武司的观点,言词原则是指基于言词(口头)所提供的诉讼资料进行裁判的原则。③ 按照言词原则的要求,刑事裁判的作出只能依据口头提供的证据信息。就此而论,言词原则是相对于书面审理原则而言的。可见,直接原则与言词原则互相融通,直接原则是言词原则的基础,而言词原则是直接原则的补充,在一定意义上二者可合为一项原则。④

综上可知,直接言词原则具有以下要求:其一,刑事卷证的内容不得径行作为裁判的依据。其二,形成法官心证的所有证据的调查,应当在法庭上以口头方式进行。其三,任何在刑事庭审之外所获得的证据信息,均不得作为刑事裁判的基础。其四,事实裁判者必须时时能够洞悉诉讼过程。由此,直接言词原则衍生了三项庭审规则:一是明确要求刑事卷证的内容一般不得用作裁判的根据;二是刑事诉讼中提供证据之人,应接受询(讯)问;三是其他所有在审判程序外获得的刑事卷证均不得用作判决的基础。总之,按照直接言词原则的要求,事实裁判者应当接触证据的最原

---

① 《意大利刑事诉讼法典》第 526 条第 1 款规定:法官在评议中不得采用不是依法在法庭审理中调取的证据。参见《世界各国刑事诉讼法》编译委员会编译:《世界各国刑事诉讼法(欧洲卷·下)》,中国检察出版社 2016 年版,第 1721 页。

② 参见李文伟:《论德国刑事诉讼中直接言词原则的理论范畴》,载《山东社会科学》2013 年第 2 期。

③ 参见[日]土本武司:《日本刑事诉讼法要义》,董璠舆、宋英辉译,五南图书出版公司 1997 年版,第 210 页。

④ 参见卞建林:《直接言词原则与庭审方式改革》,载《中国法学》1995 年第 6 期。

始形式,从而确保法官的心证建立在"鲜活的"证据印象之上,并据此形成裁判结论。

不难看出,直接言词原则发挥作用的机制关键在于否定刑事卷证的证据能力,让事实裁判者尽量接触最原始的证据材料,并由提供证据之人在公开的法庭上以口头形式举示该"第一手"资料,经质证确认后方可以作为刑事裁判的基础。由此可见,这一作用机制的发挥,为刑事卷证运用制度的证据能力否定模式的运行提供了保障。

2. 传闻证据排除规则保障刑事卷证否定证据能力模式

依照乔恩·R. 华尔兹(Jon R. Walts)教授的观点,传闻证据是指:"在审判或讯问时作证以外的人所表达或作出的,被作为证据提出以证实其所包括的事实是否真实的,一种口头或书面的意思表示或有意无意地带有某种意思表示的非言语行为。"[1]如果一项证据被判定为传闻证据,事实裁判者就不得将其采纳为证据,除非法律另有规定。英美法系国家的传闻证据排除规则,配之以当事人主义的对抗式诉讼构造,与大陆法系国家直接言词原则有异曲同工之妙。

在英美法系国家的刑事诉讼中,排除传闻最核心的目的是保障案件事实的查明。理由有四:一是传闻证据无法进行交叉询问;二是传闻证据未经法庭宣誓而作出;三是采纳传闻证据有误导陪审团的危险;四是采纳传闻证据将使事实裁判者无法观察证人陈述时的言行举止。基于此,英美法系国家刑事庭审得以实质化的一个重要因素在于传闻证据规则及其例外的运用。

刑事卷证不具有可采性,即刑事卷证的证据能力被否定,在这背后发挥重要作用的是传闻证据排除规则。同样,传闻证据排除规则功能的发挥,为刑事卷证运用制度的卷证证据能力否定模式提供了保障。但英美法系国家的刑事卷证否定证据能力模式建基于发达的当事人主义和成熟的对抗式审判,这种起诉方式在我国当前不具有实现的可能性。[2] 然

---

[1] [美]乔恩·R. 华尔兹:《刑事证据大全(修订本)》,何家弘等译,中国人民公安大学出版社 2004 年版,第 81 页。

[2] 对此观点,许多学者已经作出了论述。参见陈卫东、韩红兴:《慎防起诉书一本主义下的陷阱——以日本法为例的考察》,载《河北法学》2007 年第 9 期;刘磊:《"起诉书一本主义"之省思》,载《环球法律评论》2007 年第 2 期等。

而,英美法系国家对刑事卷证可采性的限制,却能给我们以启发。比如,我国刑事诉讼立法应当对刑事卷证的证据能力作出一定限制。

3. 卷证知悉权规则保障刑事卷证否定证据能力模式

为保障刑事诉讼中被告方的卷证知悉权,促进控辩"平等武装",确保庭审对抗性,英美法系国家和大陆法系国家均采取了各具特色的方式:英美法系国家实行证据开示制度,大陆法系国家则施行阅卷权制度。

第一,关于证据开示制度。根据美国联邦最高法院在布雷迪诉马里兰州案(Brady v. Maryland)的判决,证据开示是指在提起公诉之后,法庭审理之前,作为控诉方的检察官有义务根据对方的要求向辩护律师展示其所掌握的证据,以保障辩方的"知悉权"。之所以如此规定,理由在于:通常情况下侦控方的证据收集能力明显强于被告人及其辩护人,控方和辩方在审前所掌握的证据材料,无论种类还是数量都有着较大差异。在此种情况下,如果控方不将其所掌握的有关证据材料向辩方透露,辩方又无法查阅了解相关证据材料,就很容易导致庭审时控方实施"证据突袭"。这将导致控辩双方难以在法庭上进行平等对抗,有违平等武装原则,也有违英美法系国家刑事诉讼控辩双方平等对抗的设计宗旨。证据开示制度由此而产生。一般认为,设立证据开示制度的目的有三:一是确立诉讼的焦点问题;二是得到一定的证据信息;三是尽可能获取更多的相关信息。达成这些具体的诉讼目的,也就是设立证据开示制度的基本意义所在,即设立证据开示制度可以保证诉讼的公正和效率。①

证据开示制度是为解决刑事卷证否定证据能力模式所带来的"证据突袭"问题而设立的。最初,证据开示制度实行的是"单轨"机制,只要求控方必须向辩方展示证据,而辩方没有相同的义务。为了体现平等武装原则的要求,证据开示制度从"单轨制"逐渐发展为"双轨制",控辩双方相互展示证据,以实现真正的法庭对抗。在美国,证据开示主要在预审程序中进行,即将证据开示置于审前程序中进行。与此不同,日本的证据开示则在作为审判程序的第一个步骤——公审准备程序中进行。在日本,为了克服卷证不并送主义所带来的诉讼拖延等弊端以及与新设的裁判员制度相适应,2004年《日本关于修改刑事诉讼法等部分条文的法律》

---

① 参见龙宗智:《刑事庭审制度研究》,中国政法大学出版社2001年版,第173页。

对于部分案件增设了"争点及证据的整理程序",这一程序既可以位于公审准备程序之后、第一次公审程序之前,也可以位于几次公审程序之间,在这一程序中也主要进行有关争点和证据的整理活动。

第二,关于阅卷权制度。采用刑事卷证否定证据能力模式的大陆法系国家,也将其刑事卷证制度不断完善,努力克服刑事卷证制度自身存在的弊端,构建相应的程序保障以确保刑事法官形成正确的心证。具体的保障措施有两个方面:一方面,保障辩方参与刑事卷证制作。在德国、法国等国家的侦查程序中,被告人有权参与证据材料的制作。预审法官的取证活动通常在被告人及其律师、司法警察、证人、检察官等人的参加下进行。另一方面,保障辩方及时查阅刑事卷证。在刑事诉讼活动中,辩方有权了解刑事卷证信息。在法国,被告人享有对侦查活动的监督权,他可以了解侦查中的其他证据,尤其是专家意见,侦查机关必须告知被告人。辩护律师也可主动提出意见或者异议,这些意见和异议也会被载入刑事卷证。除了涉及国家安全的犯罪,辩护律师在侦查过程中的阅卷很少会被拒绝。在德国,辩护律师在侦查过程中也可以查阅刑事卷证,并可告知当事人,甚至可以复印刑事卷证给当事人。只有出现可能危及调查目的的例外情形时,阅卷权才会被禁止。①

由此可见,只有加强辩方阅卷权的保障,增强其质证能力,才能强化法庭质证效果,最大限度地解决法官单纯依据刑事卷证作出裁判的问题,确保裁判者的心证建立在控辩双方的庭审证据信息基础之上。

(三)其他支撑性保障条件

实质上,关于刑事卷证否定证据能力模式的运行环境,除上述程序制度支撑和证据制度保障两个方面以外,实务运行中还需要其他方面的诸多条件予以协同保障。无论是在英美法系国家,还是在大陆法系国家,刑事卷证否定证据能力模式的良性运行,都离不开良好的法治环境、丰富的物质基础、规模庞大的辩护律师群体及训练有素的司法人员队伍等因素。

以意大利为例。首先,在法治环境方面。《意大利宪法》于1948年颁布时,就规定了基本的司法原则和"正当程序",同时规定了司法机关和司

---

① 参见[德]克劳思·罗科信:《刑事诉讼法(第24版)》,吴丽琪译,法律出版社2003年版,第170页。

法人员的独立、司法人员的严格准入制度、司法业务与司法人员相分离,从工作开展、人员管理、物质保障等方面为刑事卷证否定证据能力模式的运行创造了必要条件。其次,在物质环境方面。"二战"结束后的半个世纪中,意大利经济取得了飞跃性进步,1989年国内生产总值已接近1万亿美元,人均超过了1万美元,在西方国家名列前茅。正是因为有了雄厚的经济基础,国家的司法投入得以大幅增长,保障了高素质司法人才和物质保障不断增长的需要,使司法机关逐步适应刑事诉讼的各项要求。最后,在人才环境方面。意大利司法系统的官员从经过培训并通过国家资格考试的人员中进行选拔,检察官、监督刑事案件侦查的法官、审判法官和上诉法官都所属同样的职业组织,司法官可以几乎不受限制地在司法系统内从一个职位转移到另一个职位,而且享有同样的经济报酬。① 数量充足的职业法官队伍及训练有素的检察人员队伍,对意大利刑事诉讼采行刑事卷证否定证据能力模式而言显得不可或缺。

二、肯定证据能力模式的驱动因素

考察世界主要法治国家的刑事诉讼发现,肯定证据能力模式的驱动因素主要包括三个方面:一是多元化刑事诉讼程序的设置;二是复杂化刑事证据形式的发生;三是多样化利益需求的出现。

(一)诉讼程序多元化

从法律制度方面来看,诉讼程序实行繁简分流是晚近以来世界各国刑事诉讼发展的主流趋势。在现代各国的刑事诉讼法中,审判程序可以划分为普通程序和简易程序两种。有的国家根据刑事案件的不同性质以及被告人罪行的轻重程度,将普通程序又细分为几种具有不同运转方式的简易型诉讼程序。意大利在1988年刑事诉讼法修改以前,法院的诉讼活动效率很低,实践中诉讼拖延问题普遍存在。为此,1988年《意大利刑事诉讼法典》采取了较为灵活的方式,建立了五种不同类型的速裁程序。有学者将其归纳为避免举行预审程序和可替代法庭审判程序两大类,其中避免举行预审程序包括直接审判程序和迅速审判程序两种,可替代法

---

① 参见李智:《意大利对抗式刑事诉讼模式的主要特征及其简要评析》,载陈光中、江伟主编:《诉讼法论丛》(第9卷),法律出版社2004年版,第301页。

庭审判程序则包括刑事命令程序、辩诉交易程序和简易审判程序三种。① 意大利刑事诉讼立法上设计如此多元化刑事审判程序的目的在于：根据罪行轻重程度、被告人与检察官的选择和协议结果、案件证据的充分程度等标准，将诉讼程序进行繁简分流、快慢分道，以确保简案快审，为刑事普通程序有效精审释放足够的司法资源。在日本的刑事诉讼中，同样存在功能强大的多样化刑事简易程序制度，如略式程序、即决裁判程序以及简易审判程序等。

从司法实践运行来看，刑事简易程序发挥着重要的案件分流功能。在采行当事人主义诉讼模式的国家，美国的绝大部分刑事案件并没有经过完整的陪审团审判就实现了定罪量刑，替代陪审团审判的最主要的案件处理方式是辩诉交易。据美国量刑委员会统计的数据，2005年至2009年，在联邦犯罪案件中，每年大约有96%的案件通过辩诉交易的方式结案。英国皇家刑事委员会的研究表明，英国治安法院的有罪答辩率为81.5%，而刑事法院的有罪答辩率也达到了79%。② 在采行职权主义诉讼模式的国家，德国刑事诉讼中，几乎所有被告人在审判中都供述了全部或部分罪行，③仅用刑事处罚令程序就解决了50%以上的刑事案件④。与此同时，在采行混合主义的国家，有关情况也基本相似。在日本，根据2014年最高裁判所《刑事案件概况》的统计，大约有75.9%的公诉案件通过简略命令程序处理，请求正式裁判的案件只有24.1%。⑤ 这说明日本适用刑事卷证否定证据能力模式审理的刑事案件占比不大。

（二）证据形式复杂化

近些年来，刑事诉讼活动中有越来越多的对案件审判非常重要的事实只能通过高科技手段查明。有研究指出，传统英美法系国家"典型"审

---

① 参见陈瑞华：《比较刑事诉讼法》，中国人民大学出版社2010年版，第411—413页。
② See Gary Slapper and David Kelly, Sourcebook on the English Legal System, 2nd Edition, Cavendish Publishing Limited, 410 (2001).
③ See John H. Langbein, Comparative Criminal Procedure: Germany, West Publishing Company, 191(1977).
④ 参见[美]弗洛伊德·菲尼、[德]约阿希姆·赫尔曼、岳礼玲：《一个案例 两种制度——美德刑事司法比较》，郭志媛译（英文部分），中国法制出版社2006年版，第329页。
⑤ 参见[日]田口守一：《刑事诉讼法（第七版）》，张凌、于秀峰译，法律出版社2019年版，第264页。

判的式微,主要原因在于刑事庭审查证负担的增加。这里的庭审查证负担增加,关键在于犯罪形态复杂化,带来了刑事证据形式的复杂化。"审判,特别是深受英美法影响的庭审程序,在很大程度上都是为十九世纪的证据形态所设计。"①威廉·特文宁(William Twining)教授研究指出,英美证据法的理性主义传统的"阿喀琉斯之踵",在于它是以一个过于简单的刑事审判与诉讼模式为前提的。② 然而,当前刑事审判所要处理的证据已远不只有传统的言词证据和实物证据,还包括大量复杂程度较高的科学证据、电子证据以及通过秘密方式获取的技术侦查证据、监控证据、大数据证据等。这些刑事证据并不容易在法庭上以言词的方式"现场重现",也很难进行彻底的交互诘问,③人类感官在事实认定中的重要性显得"力不从心"。因此,英美法系国家调整了传统刑事证据规则,大陆法系国家在刑事诉讼中也不再严格坚持直接言词原则,证明的科学化、复杂化改变了将审判视为刑事诉讼过程中一个持续且高潮性阶段的传统观念。

从某种意义上讲,在犯罪形态尤其是证据形式复杂化之后,原来支持审判中心主义有效运行的客观条件正在发生改变,从而导致建立在审判中心主义基础上的刑事庭审程序难以胜任刑事证据的有效审查与案件真相的正确发现。魏根特(Weigend)教授曾经指出:"今日源于英美法典范的审判证明方式,并非解决现代刑事法院面对争议与冲突的理想方式。审判日渐式微的一个原因或许是欠缺功能性。"④林钰雄教授也论及:"从二十世纪中后期开始,现代社会的经济发展及其附属的犯罪,就已经让审判中心的模式捉襟见肘了,经济犯罪与有组织犯罪等刑事案件,无论是质还是量都已经超过审判中心模式的负荷。"⑤因此,司法实践中证据形式的复杂化,促使刑事卷证制度不断变化以适应新的证据制度运行环境。

---

① [美]安东尼·达夫等编:《审判的试炼Ⅱ:裁判与到场说明的权责》,颜华歆等译,财团法人民间司法改革基金会2015年版,第276—277页。
② 参见[英]威廉·特文宁:《证据理论:边沁与威格摩尔》,吴洪淇、杜国栋译,中国人民大学出版社2015年版,第270页。
③ 参见郭松:《审判中心主义的域外图景与我国的现实选择》,载《江海学刊》2018年第1期。
④ [美]安东尼·达夫等编:《审判的试炼Ⅱ:裁判与到场说明的权责》,颜华歆等译,财团法人民间司法改革基金会2015年版,第276—277页。
⑤ 林钰雄:《刑事程序与国际人权(二)》,元照出版公司2012年版,第405页。

（三）利益需求多样化

进入现代文明社会以后，在域外一些法治发达的国家，法庭审判参与者的利益需求逐渐发生了变化，国家对刑事法治的考量也发生了相应变化。就被告人而言，在程序保障达到较高水平之后，他们对程序公正的需求变得不再强烈，反而更为关注实体权利，尤其是能否获得刑罚的优惠或者折扣。[①] 这意味着只要能够获得有利的实体结果，被告人很可能就"心满意足"，至于结果产生于何种诉讼程序反倒显得不重要。在美国，"对于有些人来说，认识到自己犯法本身构成他们认罪认罚的充分理由。对于有些人来说，政府所施加的逮捕和指控行为，可以迫使和刺激他们认罪。而在有些案件中，提起指控后不断积累的证据也会使被告人和辩护律师认识到庭审会给被告人及其家属带来极大的痛苦和花费，是不值得的"[②]。

就国家而言，刑事诉讼制度不具有为每一起刑事案件均提供完全审判的人力、财力和物力，依法快捷高效处理犯罪案件本身也符合国家利益。因而，节约和"经济"变成了刑事诉讼研讨中的关键词。一方面，"经济"指向诉讼程序并提高程序效率：对于大多数刑事案件而言，仅用少量司法资源即可认定被告人有罪，并尽可能在较短时间内完成。另一方面，"经济"转化为财政节约：当许多刑事案件可以简化处理，尽管案件量在增长，但政府可以保持法官和检察官的数量不变；或者在案件量基本不变时，政府可以减少司法人员的数量。于是，效率优位的制度设计在一些国家的刑事诉讼立法中就会被优先采纳。德国协商式司法模式，在一定程度上背离了其在19世纪设定的刑事诉讼程序模式以及证据制度，但它必须被接受的根源或许也在于此。

[①] 参见郭松：《审判中心主义的域外图景与我国的现实选择》，载《江海学刊》2018年第1期。

[②] See Brady v. United States, 397 U.S. 742 (1970).

第三章
我国刑事卷证制度及实践考察

在我国刑事诉讼中,刑事卷证不仅存在于漫长的中华法系时期,而且在民国时期的国民党统治区和革命根据地也有。新中国成立后至今的刑事诉讼,同样离不开刑事卷证。在悠久的历史长河中,刑事卷证制度呈现出何种发展脉络?刑事卷证移送制度是如何被规定的?司法实践中刑事卷证是如何被运用的?以及目前刑事卷证制度运行的环境如何?对于这些问题,有必要作出进一步追问。有鉴于此,本章将对上述问题逐一进行探讨。

第一节 我国刑事卷证法律规范考察

结合我国刑事卷证法律规范实际,紧扣本书研究重点,本节将从历史维度出发,对我国刑事卷证制作、移送和运用相关的法律规范进行较为细致的考察。

一、刑事卷证制作法律规范

据考证,我国刑事卷证制作制度具有悠久的历史。但囿于研究主题以及行文篇幅,本书以新中国成立为时间节点,划分为新中国成立前的刑事卷证制作制度和新中国成立后的刑事卷证制作制度两个部分,并进行简要考察。

(一)新中国成立前的刑事卷证制作制度

"科层型"国家中诉讼程序的特征体现为:按部就班的递进式程序、卷宗管理、渐进式审判以及注重上级审查的作用。[1] 制作记录案件信息的刑

---

① 参见[美]米尔伊安·R. 达玛什卡:《司法和国家权力的多种面孔:比较视野中的法律程序(修订版)》,郑戈译,中国政法大学出版社2015年版,第62—67页。

事卷证,是科层制国家司法人员的重要职责。我国早在秦代即要求:刑讯时官府应作记录。① 汉承秦制,后世各封建王朝都对刑事卷证的制作作出了规定。从证据种类来看,有证人证言、物证、书证、勘验检查记录以及被告人口供等。② 清末修律,师法日本,同样重视刑事卷证制作,影响及至20世纪中叶。例如,1935年《中华民国刑事诉讼法》规定:卷宗内之笔录及其他文书可为证据者,应向被告宣读或告以要旨。③

在1931年至1949年期间,中国共产党先后建立了具有独立政权性质的根据地苏维埃政府、边区政府和解放区政府,各人民民主政权分别制定了有关刑事诉讼程序的法律和规定。这一时期重要的刑事司法理念之一就是,重视卷证在刑事案件处理中的制作。1932年6月,中华苏维埃共和国中央执行委员会颁布了《裁判部的暂行组织及裁判条例》,其第22条规定:"每个案件的材料和证据,须编到一起归为一个案卷,编成号码次序,保存在裁判部内,不准遗失。"④1942年陕甘宁边区政府试行的《陕甘宁边区刑事诉讼条例草案》规定,证人证言、被害人陈述、被告人的供述与辩解"均须做成笔录"。1946年10月,《陕甘宁边区高等法院示字第五号指示信》强调:证明案件情况的文字材料,如汉奸向敌人提供的书面情报、地图和信件,土地、窑房的约照,析产的分单等书面材料,各级公安和司法机关细心收集,认真整理,妥为保存。如被告不了解文字的含义者,应告知要旨,并令其答辩。司法机关对外所发的与本案有关的重要文件底稿,一律要存卷。水道、地界等案子要附图,当事人重要约据应抄录附卷,以免遗失。⑤ 可以看出,边区司法机关早已对书证的规范性制作作出了明确规定。

(二)新中国成立后的刑事卷证制作制度

新中国成立后,革命根据地时期刑事卷证制作的一些有益经验和做

---

① 参见那思陆:《中国审判制度史》,上海三联书店2009年版,第52页。
② 同上书,第26页。
③ 1935年《中华民国刑事诉讼法》第272条第1款,参见吴宏耀、种松志主编:《中国刑事诉讼法典百年》(上册),中国政法大学出版社2012年版,第425页。
④ 韩延龙、常兆儒编:《中国新民主主义革命时期根据地法制文献选编》(第三卷),中国社会科学出版社1981年版,第309页。
⑤ 参见杨永华、方克勤:《陕甘宁边区法制史稿(诉讼狱政篇)》,法律出版社1987年版,第102页。

法得到了进一步巩固和发展。从全国层面来看,1955年7月,最高人民法院、最高人民检察院联合印发了《关于刑事案件卷宗归档的问题的批复》,该批复要求:"检察机关侦查、起诉的刑事案件,应将起诉书连同侦查卷宗(包括证物等),一并移送人民法院。"①侦查卷证的制作成为强制性要求,否则将起诉书连同侦查卷证"一并移送人民法院"就无从谈起。从区域层面来看,1955年11月,陕西省公安厅、陕西省人民检察院、陕西省高级人民法院在《对有关工作制度的暂行规定(修正稿)》中对刑事卷证的制作作出了较为详细的规定,其中规定:侦查终结移送审查起诉时除了必须附送起诉意见书,还必须附送侦查卷证。侦查卷证中对起诉意见书内所列事实应附相应的材料加以证明,比如,控告或检举材料、被告人的供认、证人证言、搜查和勘验笔录、物证以及鉴定书等。对于上述卷证材料,必须加以分类、编号、装订成卷。

自1979年《刑事诉讼法》实施起,我国刑事卷证制作制度一直沿用至今,并通过司法解释或相关规范性文件等方式对刑事卷证制作的规范性、技术性、完整性、真实性作出了越来越严格、具体的要求。侦查终结的案件,应当将全部刑事卷证材料加以整理,订立成卷,刻录成盘。一般而言,刑事卷证的制作主要包括以下四种类型:其一,书证类刑事卷证的制作。被告人的户籍证明及身份证明、前科材料、刑事判决书、释放证明、病历证明等的调取,必须依照一定的程序和手续进行,并按要求规范制作。其二,笔录类刑事卷证的制作。具体包括犯罪嫌疑人讯问笔录、亲笔供词、被害人询问笔录、证人证言笔录的制作,以及指认、搜查、勘验、辨认等笔录的制作。其三,音像类刑事卷证的制作。比如,审讯犯罪嫌疑人同步录音录像、现场勘验录像,以及尸检照片、作案工具照片等。其四,程序性文书等刑事卷证的制作,包括传唤证、拘留证、逮捕证以及各类通知书等。上述刑事卷证的制作必须按照《刑事诉讼法》及其司法解释的规定实施侦查活动,并依照相关规范性文件将必要的时间、地点、讯问人、见证人、提取人记入刑事卷证,讯问笔录、指认笔录、辨认笔录等还要让犯罪嫌疑人进行核对、签名、捺印。否则,在后续诉讼程序中,刑事卷证的法律效力将

---

① 丰泽旭、王超:《案卷移送主义视野下的非法证据排除规则》,载《时代法学》2014年第2期。

会受到一定影响,有的作为瑕疵证据会被要求补正,有的则作为非法证据予以排除。

二、刑事卷证移送法律规范

我国刑事卷证移送制度经历了一个不断演变的过程。在漫长的刑事诉讼发展史中,我国刑事卷证制度随着外部环境的变化而在"传承"与"割裂"之间交替更迭,总体上呈现出某种"否定之否定"的态势。①

（一）新中国成立前的刑事卷证移送制度

1. 清末修律以前的刑事卷证移送制度

从历史维度进行审视,我国刑事诉讼中存在着一种"审卷"的传统,它有一个演进的过程。从夏商周时期的"两造具备,师听五辞"到隋唐时期的"以情审查辞理,反复参验",古代断案法官集侦查、控诉和审判三项职能于一身,控审不分,以"坐堂问案"的方式调查刑事案件。问案法官自然成了刑事诉讼的中心。彼时,刑事诉讼制度并不存在以卷证为中心的审判模式。② 相应地,我国古代刑事诉讼也就不存在关于刑事卷证移送的制度模式问题。颇值得注意的是,梳理我国刑事卷证制度的历史脉络不难发现,我国传统的证据制度基本上是以证明力规则为核心构建起来的,例如,"五听"制度,它就是围绕证据证明力如何审查判断而设置的证据规则。③ 由是,我国现行《刑事诉讼法》规定的"不得作为定案根据"的证明力判断规则,应当说与其有着某种千丝万缕的联系。

2. 清末修律时期的刑事卷证移送制度

在清末修律运动中产生了近代中国第一部刑事诉讼成文法典——1911年《刑事诉讼律(草案)》。该法典规定了诉讼过程中案卷、笔录、文

---

① 参见施鹏鹏、李佩云:《日本刑事诉讼中的"精密司法"现象及检讨——兼谈中国刑事诉讼改革的方向性误区》,载施鹏鹏主编:《现代刑事诉讼模式:对话与冲突》,中国政法大学出版社2021年版,第432页。
② 参见兰跃军:《以审判为中心优化案卷笔录的运行环境》,载张中主编:《刑事诉讼法哲理思考——樊崇义教授八十华诞庆贺文集》,中国人民公安大学出版社2020年版,第765页。
③ 参见阮堂辉:《我国刑事证据规则体系的宏观检视及改革建言》,载《法商研究》2022年第6期。

书的制作规范以及卷证移送制度,以成文法形式规定了刑事卷证及其移送制度,一定程度上标志着刑事卷证制度在我国的诞生。但这一时期的刑事诉讼并未以新生的卷证为中心,相反,该法典第 250 条以及第 321 条分别规定了言词审理和直接审理原则,形成了"超前"的职权型刑事诉讼制度。① 遗憾的是,该法典并未付诸实施。1928 年,南京国民政府颁行了"刑事诉讼法"。该法继承并完善了 1911 年《刑事诉讼律(草案)》,保留了关于"文件"的规定,并在第 258 条规定了起诉卷证移送制度,第 285 条和第 289 条又分别规定了庭审卷证文件的宣读制度。在这一时期,卷证在刑事诉讼中的地位开始中心化,并且初步形成了刑事卷证移送制度模式。

3. 新民主主义革命时期的刑事卷证移送制度

在新民主主义革命时期的刑事案件办理中,刑事卷证的移送亦较为常见。《苏中区第二行政区诉讼暂行条例(1943)》明确规定:起诉应以书状为之。其中,书状除应当列明"具状人的姓名、性别、年龄"等基本情况以及"应受判决事项之声明、陈述,提出证人之姓名、住所"以外,还应当列明"附属文件及其件数"等。② 这里规定的"附属文件及其件数",即指起诉前有权机关制作的刑事卷证。随后,一些解放区逐渐形成了公诉书和证据全卷移送的制度,如 1949 年《苏北行政公署训令》规定:案件经公安机关侦查后,认为必须送交司法机关审判者,应制作公诉书连同人犯、案卷及有关之证件、赃物、违禁物等,一并移送同级司法机关进行初审。同时,还明确规定了公诉的注意事项,其中包括"卷宗内所附调查材料,应注明调查人服务机关、职别、姓名,并须盖章以示负责"③。这一时期,我国刑事卷证移送制度采行卷证并送主义,刑事卷证移送制度模式进一步得到强化。

---

① 参见兰跃军:《以审判为中心优化案卷笔录的运行环境》,载张中主编:《刑事诉讼法哲理思考——樊崇义教授八十华诞庆贺文集》,中国人民公安大学出版社 2020 年版,第 765 页。

② 参见韩延龙、常兆儒编:《中国新民主主义革命时期根据地法制文献选编》(第三卷),中国社会科学出版社 1981 年版,第 508 页。

③ 同上书,第 580—581 页。

（二）新中国成立后的刑事卷证移送制度

新中国成立以后，我国刑事卷证移送制度经历了一个肯定—否定—再肯定的发展过程。

1. 刑事卷证移送制度初步肯定阶段（1949—1963年）

1949年新中国宣告成立时，百废待兴，自然难言法制建设。随着国民经济的逐渐恢复，各项建设包括法律等上层建筑领域的建设也渐次展开。1954年9月通过的《宪法》，为我国刑事诉讼立法奠定了根本法基础。1955年最高人民法院审判委员会第5次会议通过《关于北京、天津、上海等14个大城市高、中级人民法院刑事案件审理程序的初步总结》（以下简称《初步总结》），要求各地人民法院在接受案件时应该做到大体一致，即人民检察院提起公诉时，应将案卷和证物一并移送人民法院。1956年上半年，最高人民法院在《初步总结》的基础上进一步修改、补充，最终形成《各级人民法院刑事案件审判程序总结》（以下简称《刑事案件审判程序总结》）。1956年10月，《刑事案件审判程序总结》在报请全国人民代表大会常务委员会备案的同时，印发全国各级人民法院参酌执行。《刑事案件审判程序总结》包括案件的接受、审理案件前的准备工作、审理、裁判、上诉、死刑复核、再审、执行8个部分，其明确规定："对于公诉案件，人民检察院应当提出公诉，并且将案卷、证物一并移送人民法院。"①《刑事案件审判程序总结》全面梳理总结了革命根据地时期以来，尤其是新中国成立以来刑事审判程序的经验，为1963年《刑事诉讼法草案（初稿）》的起草以及1979年《刑事诉讼法》的制定提供了丰富的立法资料，包括刑事卷证移送制度在内的很多规定都直接上升为法律规范。除此之外，最高人民法院还于1957年5月主持起草了《刑事诉讼法草案（草稿）》，该草案共7篇、235条，其中第183条规定：案件在制作起诉书后，将起诉书连同侦查卷宗、证据移送有审判权的人民法院进行审判。② 这是迄今为止笔者掌握的有据可查的有关刑事卷证移送制度的规范性文本。

由此可见，《刑事诉讼法草案（草稿）》奉行的是卷证移送制度，人民

---

① 曾新华：《当代刑事司法制度史》，中国检察出版社2012年版，第49—50页。
② 参见吴宏耀、种松志主编：《中国刑事诉讼法典百年》（中册），中国政法大学出版社2012年版，第482页。

检察院在提起公诉时,应将刑事卷证连同起诉书一并移送至有审判权的人民法院。此后的《刑事诉讼法草案(草稿)》初稿至第三稿,一直沿用该表述。及至1963年3月13日的第四稿,虽没有直接规定"人民检察院在提起公诉时,应当将侦查案卷和证据材料连同起诉书一并移送至有审判权的人民法院"这一内容,但《刑事诉讼法草案(草稿)》第四稿第129条规定:人民法院对于人民检察院提起公诉的案件,应当就起诉有无根据和侦查工作是否合法进行审查,以决定对被告人是否进行审判。结合第四稿第131条规定:人民法院对起诉进行审查的结果,认为事实清楚、有足够证据的案件,应当作出进行审判的决定;对于事实不清、证据不足的案件,应当退回人民检察院补充侦查。不难看出,第四稿实质上也是奉行刑事卷证移送制度的。第四稿未明文规定刑事卷证移送制度,有可能是为了语言简洁。之后,分别于1963年4月1日、6月10日作出的《刑事诉讼法草案(草稿)》第五稿、第六稿,均沿用第四稿的表述方式。当时,受国际国内多方面因素的制约和影响,《刑事诉讼法草案(草稿)》一直未能"成法",未予颁行、实施。

2. 刑事卷证移送制度立法肯定阶段(1979—1996年)

1978年12月,党的十一届三中全会的胜利召开拉开了开创中国特色社会主义的帷幕。[①] 全国上下认真总结经验、汲取教训,以民主制度化、法律化为主要内容的政治体制改革开始起步。1979年7月,第五届全国人大第二次会议审议通过了《刑事诉讼法》。时任委员长彭真在关于1979年《刑事诉讼法(草案)》的说明中指出:"刑事诉讼法草案也是在文化大革命前的多次修正稿的基础上修订的。"[②] 这说明,1979年《刑事诉讼法》是在《刑事诉讼法草案(草稿)》的基础上微调出台的。1979年《刑事诉讼法》第108条规定:"人民法院对提起公诉的案件进行审查后,对于犯罪事实清楚、证据充分的,应当决定开庭审判;对于主要事实不清、证据不足的,可以退回人民检察院补充侦查;对于不需要判刑的,可以要求人民检察院撤回起诉。"根据该规定,由于人民法院在开庭审判之前要对犯罪事

---

① 参见本书编写组:《中国共产党简史》,人民出版社、中共党史出版社2021年版,第237页。

② 吴宏耀、种松志主编:《中国刑事诉讼法典百年》(中册),中国政法大学出版社2012年版,第860页。

实和证据进行审查,从而判断是否符合"犯罪事实清楚、证据充分"的开庭审判条件,所以必然要求人民检察院在提起公诉时,一并将刑事卷证移送人民法院。对此,实质上早在1980年最高人民检察院颁行的《人民检察院刑事检察工作试行细则》(已失效)中即予以明确:人民检察院向人民法院提起公诉的,应当将案卷材料、犯罪证据和赃物连同起诉书一起移送人民法院。

据此可以看出,我国1979年《刑事诉讼法》采取的是卷证并送主义,与《刑事诉讼法草案(草稿)》奉行的原则一致。这种移送方式是与法院在开庭审判前对案件进行实体审查和法官在刑事审判活动中的主导地位联系在一起的。在1979年《刑事诉讼法》中,人民法院在庭前审查时,将调查犯罪事实、核实证据作为主要内容,经过一系列的庭前审阅刑事卷证和核实相关证据的调查活动,审判人员只有在其内心确信指控的犯罪事实清楚,证据确实、充分以后,才会决定开庭审判、作出裁决。

3. 刑事卷证移送制度立法限制阶段(1996—2012年)

1996年《刑事诉讼法》对公诉案件移送方式进行了根本性变革,取消了卷证并送主义,代之以起诉复印件主义。这一修改的主要原因是,1979年《刑事诉讼法》第108条的规定在执行中存在较大问题,混淆了庭前审查与庭审的任务,把调查犯罪事实、核实证据作为庭前审查的主要内容,而刑事卷证在庭审前移送人民法院,由审判人员进行一系列预先调查和审查核实证据的活动,势必造成实际办案中审判工作的"先入为主""先定后审"的现象,庭审也成为走过场。[1] 顾昂然关于1996年《刑事诉讼法修正案(草案)》的说明指出,"为了更好地加强庭审,发挥控辩双方的作用,草案作了以下修改补充:人民法院受理公诉案件,对起诉书中有明确的指控犯罪事实,并附有证据目录、证人名单和主要证据复印件或者照片的,应当开庭审判,至于证据是否确实,在法庭上由控辩双方质证,进行核实,不需要在开庭前全面调查"[2]。立

---

[1] 参见胡康生、李福成主编:《〈中华人民共和国刑事诉讼法〉释义》,法律出版社1996年版,第171页。

[2] 吴宏耀、种松志主编:《中国刑事诉讼法典百年》(中册),中国政法大学出版社2012年版,第871页。

法机关对 1979 年《刑事诉讼法》第 108 条的修改,无疑受到了理论界的影响。当时,除极少数学者主张保留卷证并送主义之外,主流观点认为应废除刑事卷证移送制度,代之以卷证不并送主义,并进行适当的改造。

然而,我国 1996 年《刑事诉讼法》将刑事卷证移送范围由"全案"移送修改为移送"证人名单""证据目录""主要证据复印件、照片",但这一修改忽略了一个至关重要的问题:刑事卷证移送范围的大幅度缩小,虽然在一定程度上可以避免法官先入为主,但大大限制了辩方的阅卷权。① 司法实践中,控方往往只提供"证据目录",如只有证人名单没有证人证言,主要证据往往只提供被告人有罪或罪重的证据材料,而不提供被告人可能无罪或罪轻的证据材料。开庭前,辩护律师无法查阅诸多与案情相关的证据材料;庭审中,控方"证据突袭"现象时有发生。律师"阅卷难"问题由此产生,庭审演变成了控方的"独角戏"。针对 1996 年《刑事诉讼法》将刑事卷证制度改革中心置于刑事卷证移送环节的做法,有学者认为其"既错诊了病因,又开错了药方"②。

4. 刑事卷证移送制度立法再肯定阶段(2012 年至今)

针对 1996 年《刑事诉讼法》修改而带来的上述问题,2012 年《刑事诉讼法》恢复了卷证移送制度,并规定"辩护律师自人民检察院对案件审查起诉之日起,可以查阅、摘抄、复制本案的案卷材料",与 1996 年《刑事诉讼法》的规定相比,辩护律师阅卷范围明显扩大,且不再作审查起诉阶段和审判阶段的阅卷区分。这一修改使我国刑事诉讼中一度失衡的控辩力量得以纠正。③ 王兆国在关于 2012 年《刑事诉讼法修正案(草案)》的说明中指出:根据审判工作实际,对第一审普通程序中的案卷移送制度作了补充完善。④

---

① 参见陈卫东:《中国刑事诉讼权能的变革与发展》,中国人民大学出版社 2018 年版,第 437 页。
② 孙远:《卷宗移送制度改革之反思》,载《政法论坛》2009 年第 1 期。
③ 参见陈卫东:《中国刑事诉讼权能的变革与发展》,中国人民大学出版社 2018 年版,第 438 页。
④ 参见吴宏耀、种松志主编:《中国刑事诉讼法典百年》(中册),中国政法大学出版社 2012 年版,第 879 页。

诚然,2012 年《刑事诉讼法》的修改,是对我国刑事庭审方式的进一步完善。① 该法对刑事卷证移送制度的恢复,不是简单地回归 1979 年的规定,更不是观念上的倒退,而是否定之否定的发展过程的体现,是理性认识和实践深化的结果。② 根据 1979 年《刑事诉讼法》第 108 条的规定,公诉案件的庭前审查实行实体性审查,只有提起公诉的案件达到"犯罪事实清楚、证据充分"标准的,人民法院才决定开庭审判。从 1996 年《刑事诉讼法》第 150 条的规定来看,将 1979 年《刑事诉讼法》对公诉案件的庭前审查由实体性审查改为主要是程序性审查,只要提起公诉的案件达到"起诉书有明确的指控犯罪事实并且附有证据目录、证人名单和主要证据复印件或者照片"标准的,就应当决定开庭审判。同时,从 2012 年《刑事诉讼法》第 181 条的规定不难看出,该法虽然将公诉案件移送方式回归案卷移送制度,但对于公诉案件的庭前审查程序主要是程序性审查的立场没有改变。

考察我国现行《刑事诉讼法》的规定可知,以开庭审理前这一时间节点为标志,我国刑事卷证移送可以分为横向移送和纵向移送两种类型。前者是指侦查、调查机关将侦查、调查终结的刑事卷证材料移送给公诉机关审查起诉,公诉机关经审查,符合法定起诉条件的,由公诉机关向有管辖权的审判机关提起公诉,并将案件相关卷证材料一并移送给审判机关的情形。后者是指刑事案件由一审法院依法审结以后,当事人提出上诉或者公诉机关提出抗诉的,一审法院将刑事卷证移送上级法院的情形,其中,死刑案件的卷证材料还必须随着复核程序的启动而移送最高人民法院依法进行复核。与笔者研究主题密切相关的是刑事卷证的横向移送方式,下文将重点进行探讨。经梳理刑事诉讼中有关刑事卷证移送的法律规范发现,我国刑事卷证的庭前移送包括两个环节:一是侦控机关之间的移送;二是控审机关之间的移送。

第一,侦控机关之间的刑事卷证移送。当侦查、调查机关侦查终结、调查终结,如果认为犯罪事实清楚,证据确实、充分的,就应当制作起诉意

---

① 参见王尚新、李寿伟主编:《〈关于修改刑事诉讼法的决定〉释解与适用》,人民法院出版社 2012 年版,第 180 页。
② 参见胡云腾、喻海松:《刑事一审普通程序修改解读》,载《法律适用》2012 年第 9 期。

见书,连同全案刑事卷证移送人民检察院依法审查,①决定提起公诉。侦查、调查终结,是指侦查、调查机关对已经立案的刑事案件经过侦查(调查),在案件事实已查清,取得确实、充分证据的基础上,依法结束侦查(调查),并对案件作出处理或者提出处理意见的一种诉讼活动。它是侦查(调查)阶段的最后一道工序,标志着侦查(调查)工作的结束。正确及时的侦查(调查)终结,可以为检察机关依法准确提起公诉奠定良好基础。检察机关依法准确提起公诉,直接关系到能否准确、及时惩罚犯罪,保障无罪的人不受刑事追究,而要达至这一目标,直接有赖于检察机关对刑事卷证材料的全面审查。此外,辩护律师在审查起诉阶段"查阅、摘抄、复制"案件刑事卷证材料,也直接依赖于侦查(调查)机关移送的全案刑事卷证。因此,侦查(调查)终结,将全案刑事卷证随案移送公诉机关,实有必要。这也是各国的通行做法。侦控机关之间的刑事卷证移送无论在国内还是在国外,无论在理论界抑或实务界,几无争论。相反,控审机关之间的刑事卷证移送,争议较大。

第二,控审机关之间的刑事卷证移送。这个环节的移送,历来是研究者及立法机关关注的重点对象之一。新中国成立后制定的《刑事诉讼法》历经三次修改,其中 1996 年和 2012 年两次修改均涉及刑事卷证移送制度,且均为重大修改。2018 年《刑事诉讼法》的修正,对刑事卷证移送制度未作修改,继续沿用 2012 年《刑事诉讼法》的规定。2018 年《刑事诉讼法》第 176 条第 1 款规定,人民检察院提起公诉时应当"将案卷材料、证据移送人民法院"。随着认罪认罚从宽制度写入《刑事诉讼法》,相关规范体系也随之跟进,其中就在第 176 条增设一款作为第 2 款,规定"犯罪嫌疑人认罪认罚的,人民检察院应当……随案移送认罪认罚具结书等材料"。根据该条第 1 款的规定,人民检察院提起公诉时,全案刑事卷证都应当一并移送给人民法院;第 2 款旨在强调,对于认罪认罚案件,犯罪嫌疑人签署的认罪认罚具结书等相关材料也应当随同全案其他刑事卷

---

① 2018 年《刑事诉讼法》第 162 条第 1 款规定:公安机关侦查终结的案件,应当做到犯罪事实清楚,证据确实、充分,并且写出起诉意见书,连同案卷材料、证据一并移送同级人民检察院审查决定……;现行《监察法》第 52 条第 1 款第 4 项规定:对涉嫌职务犯罪的,监察机关经调查认为犯罪事实清楚,证据确实、充分的,制作起诉意见书,连同案卷材料、证据一并移送人民检察院依法审查、提起公诉。

证,一并移送给审理法院。

综上所述,本书认为,我国刑事诉讼立法再次肯定刑事卷证移送制度,不是为了重走"先定后审"的老路,而是为了更加有力地保障和尊重被告人的诉讼权利。同时,刑事卷证移送制度也使法官能够在庭前对案件的争议点问题有所了解,能够带着问题有针对性地主持、参与庭审,从而使庭审活动重点突出、有序高效,充分发挥刑事庭审的功能。①

三、刑事卷证运用法律规范

关于与刑事卷证运用制度密切相关的证人出庭作证等制度设计,我国 1996 年《刑事诉讼法》及其随后出台的司法解释等作出过规定。其中,1996 年《刑事诉讼法》第 47 条前段规定:"证人证言必须在法庭上经过公诉人、被害人和被告人、辩护人双方讯问、质证,听取各方证人的证言并且经过查实以后,才能作为定案的根据。"该规定较为概括、笼统,实践可操作性不强。但在一定程度上也可以说,我国刑事卷证运用制度的法律规范即滥觞于此。只不过,该条款在刑事审判中并未得到有效执行,实践中卷证审理仍是主流。

2010 年,最高人民法院、最高人民检察院、公安部、国家安全部、司法部《关于办理死刑案件审查判断证据若干问题的规定》第 15 条对证人出庭条件予以明确,并对证人证言采信问题作出规定。一方面,关于证人出庭作证问题,依据第 15 条的规定,具有以下两种情形的证人,人民法院应当通知其出庭作证:一是人民检察院、被告人及其辩护人对证人证言有异议,该证人证言对定罪量刑有重大影响的;二是人民法院认为其应当出庭作证的。另一方面,关于庭前刑事卷证的运用问题,第 15 条明确规定:在死刑案件办理中,对于未出庭作证证人的刑事卷证(证言笔录),"应当听取出庭检察人员、被告人及其辩护人的意见,并结合其他证据综合判断"。未出庭作证证人的刑事卷证(证言笔录)存在矛盾,"不能排除矛盾且无证据印证的,不能作为定案的根据"。

按照深化司法体制改革的任务要求,2012 年《刑事诉讼法》的修

---

① 参见张军、江必新主编:《新刑事诉讼法及司法解释适用解答》,人民法院出版社 2013 年版,第 193 页。

改,对 1996 年《刑事诉讼法》第 47 条的规定进行了调整、完善,新增两个条文分别作为 2012 年《刑事诉讼法》的第 187 条和第 188 条,进一步明确了证人应当出庭作证的情形,增加规定了鉴定人、侦查人员出庭作证制度以及强制证人出庭作证制度,从法律规范上对庭前证言笔录、书面鉴定意见等刑事卷证的运用进行规制。2018 年《刑事诉讼法》未对上述刑事卷证运用制度进行修改,继续沿用 2012 年《刑事诉讼法》的规定,只是法律条文的顺序产生了变化。其中,第 192 条规定了证人、鉴定人出庭作证制度,对证人、鉴定人出庭作证的范围、条件以及鉴定人拒不出庭的法律后果等作出明确规定。同时,2018 年《刑事诉讼法》还在第 63 条至第 65 条以及第 197 条等条款对强制证人出庭以及证人出庭保护、经济补偿、有专门知识的人出庭等制度作出立法安排。据此,似乎可以说,上述刑事卷证运用法律规范能够为避免庭审形式化、空洞化提供一定制度支撑,为刑事审判方式改革及被告人辩护权的实现奠定基础。

梳理 2018 年《刑事诉讼法》关于刑事卷证运用的法律规范发现,该法只是重点对庭前证言笔录和书面鉴定意见等言词证据类刑事卷证在审判中的运用作出了规定。有鉴于此,笔者将从法律规范上重点分析庭前证言笔录运用与书面鉴定意见运用两个方面的内容。

第一,关于庭审证言与刑事卷证(证言笔录)。依照 2018 年《刑事诉讼法》第 192 条第 1 款的规定,同时符合控辩双方对证人证言有异议、该证人证言对案件定罪量刑有重大影响和人民法院认为该证人有必要出庭作证三个条件的,证人就应当出庭作证。此时,该证人证言笔录的证据效力就处于不确定状态。根据 2018 年《刑事诉讼法》第 195 条规定,对未到庭的证人证言笔录,公诉人应当当庭宣读。立法用语是"应当"而不是"可以",这意味着公诉人对于未到庭的证人证言笔录必须在法庭上进行宣读,而不具有可选择权。这一规定对保障被告人及其辩护人的质证权具有积极意义,但采取"一刀切"的方式规定所有证人证言笔录均可以在法庭上予以宣读,实质上是为证人普遍不出庭找到了"法律依据"。

第二,关于鉴定人出庭与刑事卷证(鉴定意见)。依照 2018 年《刑事诉讼法》第 192 条第 3 款的规定,在同时符合下面两个条件的情况下,鉴定人应当出庭:一是控辩双方对鉴定意见有异议;二是法院认为鉴定人有必要出庭。该条款还规定了经人民法院通知,鉴定人拒不出庭的,其鉴定意见不得作为定案根据,明确了鉴定人不出庭的不利法律后果。鉴定人出庭作证制度的确立,可以最大限度地避免鉴定意见出现失真、失实以及不相关、不合法等情况,减少因误用鉴定意见导致的冤错案件,保障控辩双方对鉴定意见进行有效举证、质证以及法官采证、认证,维护程序正义。乍一看,该条款的立法目的似乎是保障被告方的质证权,为控辩双方对鉴定意见进行有效质证、就有关疑问当庭盘问鉴定人奠定良好基础。但进一步研究,其实不然。与证言笔录的质证程序一样,根据2018年《刑事诉讼法》第195条的规定,对未出庭的鉴定人的鉴定意见,公诉人应当当庭宣读。该条规定的关于鉴定意见书面卷证的质证程序大大削减了第192条第3款规定的鉴定人应当出庭及其拒不出庭不利后果的法律效果。不难看出,2018年《刑事诉讼法》第192条第3款规定的重点实际上并不在于保障被告方的质证权。此外,依照权威人士的解读,法律规定经人民法院通知鉴定人不出庭的鉴定意见不具有证据效力,是考虑到鉴定意见与其他证据不同,"鉴定意见不具有唯一性,鉴定人不出庭的,可以另外进行鉴定,提出鉴定意见"[①]。据此可知,立法上这样规定的目的并不是保障辩方的诉讼权利,以促进刑事庭审实质化,而是避免司法资源的浪费,保障刑事诉讼的顺利进行。

第二节 我国刑事卷证运用实践考察

"司法权的目标是司法公正。"[②]实现司法公正,是刑事卷证制度改革的核心,也是刑事庭审实质化追求的关键。刑事庭审实质化的核心要求是通过庭审"审人"发现疑点,查明真相,从而公正作出裁判。要达到这一目标,关键在于实现从"审卷"到"审人"的转变。四川省成都市、浙江省温州市等地人民法院的庭审实质化改革试点,是较为合适的观察样本。在其中考察刑事卷证的实务运行情况,将会有所获益。本节将以此为基础,结合笔者关于审判阶段刑事卷证运用的调查问卷及

[①] 王爱立主编:《〈中华人民共和国刑事诉讼法〉修改与适用》,中国民主法制出版社2019年版,第364页。

[②] 孙笑侠:《程序的法理》,商务印书馆2005年版,第134页。

访谈资料,分析揭示我国刑事卷证的实务运行样态。

一、刑事卷证在一般审判实务中的运用

在刑事诉讼中,法官主导证据调查一直是我国的司法传统。对于刑事案件的办理,当前司法实践中法官通常遵循"四步法"。具体是:第一步,受案后、开庭前,由法官助理或者承办法官阅览检察机关提起公诉时一并移送的刑事卷证材料;第二步,通过开庭,控辩双方对刑事卷证材料进行举证、质证;第三步,休庭后,合议庭尤其是承办法官对相关刑事卷证进行再核实;第四步,评议后,审判长根据查证属实的刑事卷证(证据)签发刑事裁判文书。由此形成了"阅卷""审卷""核卷""判卷"的全流程刑事卷证审理图景。

(一)阅卷

法官对新收刑事案件的审理一般始于阅卷,刑事卷证在审判阶段的运用由此拉开序幕。实践中,阅卷通常是法官审理刑事案件的"第一要务"。在本轮司法改革之前,阅卷模式较为单一,几乎是由主审法官亲自进行阅卷,并写出阅卷笔录,合议庭成员参加阅卷的情形则相当罕见。在本轮司法改革之后,员额法官和法官助理的职责分化,在各自的权限范围内履行职责,并且按照权责一致原则,分别承担各自的办案责任。如果员额法官未如实汇报案情、故意隐瞒、遗漏案件主要证据或重要情节,或者提供虚假证据材料等,导致得出错误结论,那么其将承担全部责任,并且面临被停职、退额、免职、辞退等处罚。最高人民法院《关于完善人民法院司法责任制的若干意见》《最高人民法院司法责任制实施意见(试行)》等司法改革文件规定,员额法官承担的审判职责包括但不限于:主持或指导法官助理做好庭前会议等准备工作、审阅刑事卷证、制作阅卷笔录或审理报告、拟定庭审提纲、制作裁判文书等;法官助理的工作职责同样包括但不限于:在法官指导下,协助法官完成庭前会议、阅卷笔录等庭前准备工作、协助法官查阅相关参考资料、研究分析案件涉及的法律问题等。[①]

[①] 在笔者调研的 G 省高级人民法院,其制定实施的《关于审判权运行办案权责清单的暂行规定》《关于审判权运行机制改革的实施意见(试行)》等司法改革文件,也对全省员额法官、法官助理的工作职责作出了类似规定。

由此,当前司法实践中出现了两种不同的阅卷模式。一种是由法官助理阅卷,写出阅卷笔录或者阅卷摘要以后提交给主审法官,主审法官在审阅阅卷笔录或阅卷摘要的基础上,根据案件的疑难复杂程度、控辩双方争辩激烈程度以及有关方面关注度等情况决定是否再行阅卷审查;另一种是直接由主审法官自己阅卷审查,并制作阅卷笔录,法官助理主要承担文书送达、联络控辩双方、预约开庭等事务性工作。相比而言,前一种方式属于刑事司法实践中的普遍做法。

对于指控的犯罪事实认定而言,不管是哪一种阅卷模式,其所产生的阅卷笔录或者阅卷摘要均承载着丰富的证据信息。经验丰富的员额法官,通过审阅阅卷笔录或者阅卷摘要,也能了解和把握案件的基本情况。这些证据信息绝大部分来源于侦控机关制作并移送的刑事卷证,而来源于辩方的刑事卷证的情况则相对稀少。以被告人甘某某等人贩卖、运输毒品、洗钱案为例。该案检察机关起诉被告人犯有贩卖、运输毒品罪和洗钱罪两项罪名,通过查阅根据控方提交的刑事卷证所做的阅卷笔录,法官基本上能够了解被告人所犯两项罪名的证据情况及犯罪事实的基本情况,并据此作出下一阶段审理工作的研判和安排。

G省L市Z区人民法院刑事案件阅卷笔录

案由:被告人甘某某等人贩卖、运输毒品、洗钱案

阅卷人:××

阅卷时间:××年××月××日××时××分

一、被告人的基本情况

(略)

二、案件的由来

(略)

三、案件的侦破、揭发情况

(略)

四、公诉机关指控的犯罪事实及证据

G省L市Z区人民检察院指控:(略)

认定上述事实的证据如下：

(一)综合性证据材料

1. 立案决定书、指定管辖决定书、拘留证、逮捕证等程序性书证材料；

2. 被告人的户籍证明材料；

3. 抓获经过,发、破案经过等材料；

4. 被告人的前科材料；

5. 技术侦查批准文书材料；

6. 情况说明等其他材料；

7. 鉴定人、鉴定机构的鉴定资质材料。

(二)具体犯罪事实证据材料

1. 毒品嫌疑物物证照片；

2. 车辆卡口信息及照片；

3. 微信转账记录及银行流水；

4. 微信提取照片及指认笔录；

5. 通话记录及技术侦查材料；

6. 入住酒店信息；

7. 扣押笔录及清单；

8. 毒品称量笔录及照片；

9. 证人白某等的证言等材料；

10. 被告人甘某某等的供述材料；

11. 另案处理的同案犯的供述材料；

12. 辨认笔录及照片；

13. 毒品检验报告；

14. 涉案银行账户收款情况；

15. 被告人购买商品房资金情况。

从一定程度上讲,法官庭前阅卷的深度和广度,直接决定着刑事庭审的质量和效率。无独有偶,这与奉行职权主义诉讼模式国家的刑事司法实践较为相似。根据比较刑事诉讼法学家达马斯卡教授的考察,在大陆法系国家的刑事诉讼中,"法官在审前就证据准备得越充分,他就越熟悉实际上既用于实体目的又用于评估法庭证人证言真实性的证据"①。

当然,"法官庭前阅卷并不一定就不利于被告"②。在我国刑事诉讼中,存在这样一些案例,法官通过阅卷发现了公诉机关指控证据存在的问题,而这些问题辩护律师却未注意到。笔者访谈时曾经了解到这样一个案例:被告人犯前罪时未满 18 周岁,系未成年人,公诉机关指控该被告人具有累犯情节。承办法官阅卷时发现了该指控错误事实,并提出纠正意见。然而,辩护律师尽管查阅了控方移送的全案刑事卷证,但是却未发现这一明显错误且不利于被告人的事实。

(二)审卷

在我国刑事法庭中,审卷是法官办理刑事案件的"重中之重"。开庭期日确定后,主审法官会制作一个庭审提纲,或者由主审法官指导法官助理起草庭审提纲,并由主审法官或审判长最终修订。庭审提纲的作用:一是为审判长依法高效指挥法庭审理提供操作指引,主要目的在于达到"预则立"的效果。一份准备充分、内容翔实的庭审提纲,无疑是庭审顺利有效进行的保障。二是为合议庭成员了解把握审理案件的庭审安排提供一个快速通道。因为在当前类似于"承包制"的案件办理模式下,囿于时间、精力以及刑事案件审限、考核等方面的要求,除审判长或主审法官以外的其他合议庭成员,往往无暇全面顾及非本人承办的刑事案件,此时的庭审提纲就为合议庭成员尽快进入庭审场域发挥了关键作用。三是为书记员做好庭审笔录奠定良好基础。书记员应全程、全面、如实地将法庭审理活动记录在庭审笔录中,以备诉讼参与各方、合议庭以及上级法院对庭审活动进行核查。一些进入追责程序的刑事案件,其庭审笔录还需要接受法院督察等部门的调查核实。随着当前信息技术的飞速发展,智能语音转换系统等司法应用在一定程度上可以缓解书记员的庭审记录压力,也可以提高庭审笔录的质效,但庭审提纲对庭审笔录的形成依然具有框定结构、支撑骨架的重要作用。

---

① [美]米尔建·R.达马斯卡:《漂移的证据法》,李学军等译,中国政法大学出版社 2003 年版,第 99 页。
② 张栋:《我国刑事诉讼中"以审判为中心"的基本理念》,载《法律科学(西北政法大学学报)》2016 年第 2 期。

值得关注的是,对于刑事庭审程序而言,一份详尽有效的法庭审理提纲,无疑是庭审环节最关键的"预备"工作。尤其是在法庭调查中的举证、质证环节,针对案件事实及现有卷证材料进行梳理整合而成的庭审提纲,能够先期将控辩双方提交的刑事卷证材料呈现给审判长及其他合议庭成员。实践中,庭审提纲里呈现的卷证材料通常以控方的刑事卷证居多,而辩方的刑事卷证则较少,被告人洪某某故意杀人、保险诈骗案的庭审提纲即是例证。这一实际情况,与我国刑事卷证移送、运用的司法现状具有耦合性。

G省B市中级人民法院

刑事案件庭审提纲

时间:××年××月××日××时××分至××时××分

地点:××法院××法庭

案由:洪某某故意杀人、保险诈骗案

是否公开审理:是

审判长:黄某

审判员:谢某、张某

书记员:樊某某

公诉人:××

被告人:洪某某

辩护人:××

一、法庭准备阶段:宣布合议庭组成人员、告知诉讼权利等(略)

二、法庭调查阶段:

(一)宣读起诉书环节(略)

(二)讯问、发问环节(略)

(三)举证、质证环节:

G省B市人民检察院证据目录

1. 相关法律文书

(1)接处警登记表、受案登记表、立案决定书(卷1 P4—7);

(2)到案经过、破案报告等材料(卷5 P1—2);

(3)传唤证、拘留证及拘留通知书、逮捕证及逮捕通知书(卷1 P1—3、卷4 P4—6)。

2.证人证言

(1)第一组证言:购买甲保险公司的保险及其理赔情况

①证人崔某某的证言(卷2 P91—94);

②证人陈某某的证言(卷2 P96—100)。

(2)第二组证言:购买乙保险公司的保险及其理赔情况

证人易某某的证言(卷2 P111—115)。

(3)第三组证言:购买丙保险公司的保险及其理赔情况

①证人陈某的证言(卷2 P138—141);

②证人赵某的证言(卷2 P144—149);

③证人杨某某的证言(卷2 P153—166);

④证人彭某的证言(卷2 P169—178);

⑤证人马某某的证言(卷2 P180—185);

⑥证人姜某某的证言(卷2 P194—200)。

(4)第四组证言:购买丁保险公司的保险及其理赔情况

①证人吴某某的证言(卷3 P3—6);

②证人李某某的证言(卷3 P12—15)。

(5)第五组证言:案发后参与抢救被害人的情况

①被告人母亲辛某某的证言(卷3 P24—26、卷3 P29—36);

②被告人胞弟洪某的证言(卷3 P38—40、卷3 P42—51、卷5 P24—26)。

3.被告人洪某某的供述与辩解

(卷2 P21—39、卷2 P40—48、卷3 P21—23、卷5 P7—11、卷5 P12—16)

4.鉴定意见

(1)被害人死因鉴定意见书及照片(卷3 P105—109、卷4 P2—18);

(2)被害人体内提取的硅藻检验鉴定意见书(卷4 P20—28);

(3)被害人胃内容物鉴定意见书(卷4 P29—32);

(4)被害人亲缘鉴定意见书(卷4 P37—41);

(5) 被告人手机数据鉴定意见书(卷 4 P42—48)。

5. 勘验、检查、提取、辨认等笔录

(1) 现场勘验笔录及照片(卷 6 整卷);

(2) 辨认笔录及照片(卷 5 P17—22)。

6. 本案相关书证

(1) 被告人洪某某的通话清单、话单分析说明(卷 5 P27—43);

(2) 保险合同、保单及甲保险公司的调查报告(卷 2 P49—88、卷 2 P138—203);

(3) 乙保险公司的调查资料、理赔核定通知书(卷 2 P109—134、卷 5 P46);

(4) 被告人的户籍证明(卷 2 P125—126);

(5) 情况说明(卷 5 P70)。

三、法庭辩论阶段(略)

四、最后陈述阶段(略)

(其余略去)

有了上述庭审提纲,在法庭审理过程中,审判长或者主审法官即可"照纲办事"。尤其在法庭调查阶段,庭审提纲作用发挥得更加明显。公诉人宣读完起诉书,公诉人、合议庭逐一讯问被告人,辩护人对被告人发问完毕以后,便进入控辩双方举证、质证及法庭认证阶段。一般情况是,审判长依照庭审提纲的指引引导控辩双方,对控辩双方出示的刑事卷证逐项进行举证、质证。公诉人举证时需向法庭说明证据的名称、来源、卷证出处及其页码以及拟证明的对象,公诉人将刑事卷证材料出示完毕后,被告人及其辩护人即可有针对性地发表质证意见。上述举证、质证活动全过程以及随后举行的法庭辩论、被告人最后陈述等阶段,均由书记员全面如实地记录在案,待休庭后公诉人、被告人及其辩护人签名确认之后,便形成了具有法律效力的法庭审理笔录。例如,G省B市中级人民法院审理的被告人洪某某故意杀人、保险诈骗案的庭审笔录。

G省B市中级人民法院

刑事案件庭审笔录

时间:××年××月××日××时××分至××时××分

地点:××法院××法庭

案由:洪某某故意杀人、保险诈骗案

是否公开审理:是

审判长:黄某

审判员:谢某、张某

书记员:樊某某

公诉人:王某

被告人:洪某某

辩护人:王某某

一、法庭准备阶段:宣布合议庭组成人员、告知诉讼权利等(略)

二、法庭调查阶段:

(一)宣读起诉书环节(略)

(二)讯问、发问环节(略)

(三)举证、质证环节:

审判长:下面由公诉人向法庭出示本案证据,并说明证据的名称、来源、卷号及其页码以及拟证明的对象。

公诉人:首先出示本案的相关法律文书。

(1)接处警登记表、受案登记表、立案决定书(卷1 P4—7)。

被告人:无意见。

辩护人:无意见。

(2)到案经过、破案报告等材料(卷5 P1—2)。

被告人:无意见。

辩护人:无意见。

(3)传唤证、拘留证及拘留通知书、逮捕证及逮捕通知书(卷1 P1—3、卷4 P4—6)。

被告人:无意见。

辩护人:无意见。

公诉人:接下来向法庭出示本案的证人证言。

(1)第一组证言:购买甲保险公司的保险及其理赔情况。

①证人崔某某的证言(卷2 P91—94)。

被告人:无意见。

辩护人:无意见。

②证人陈某某的证言(卷2 P96—100)。

被告人:我没有说过证言笔录中后面记录的那些话。

辩护人:无意见。

(2)第二组证言:购买乙保险公司的保险及其理赔情况。

证人易某某的证言(卷2 P111—115)。

被告人:无意见。

辩护人:无意见。

(3)第三组证言:购买丙保险公司的保险及其理赔情况。

①证人陈某的证言(卷2 P138—141)。

被告人:无意见。

辩护人:无意见。

②证人赵某的证言(卷2 P144—149)。

被告人:无意见。

辩护人:无意见。

③证人杨某某的证言(卷2 P153—166)。

被告人:无意见。

辩护人:无意见。

④证人彭某的证言(卷2 P169—178)。

被告人:无意见。

辩护人:无意见。

⑤证人马某某的证言(卷2 P180—185)。

被告人:无意见。

辩护人:无意见。

⑥证人姜某某的证言(卷2 P194—200)。

被告人:无意见。

辩护人:无意见。

(4)第四组证言:购买丁保险公司的保险及其理赔情况。

①证人吴某某的证言(卷3 P3—6)。

被告人:无意见。

辩护人:无意见。

②证人李某某的证言(卷3 P12—15)。

被告人:无意见。

辩护人:无意见。

(5)第五组证言:案发后参与抢救被害人的情况。

①被告人母亲辛某某的证言(卷3 P24—26、卷3 P29—36)。

被告人:无意见。

辩护人:无意见。

②被告人胞弟洪某的证言(卷3 P38—40、卷3 P42—51、卷5 P24—26)。

被告人:无意见。

辩护人:无意见。

公诉人:接下来向法庭出示被告人洪某某的供述与辩解(卷2 P21—39、卷2 P40—48、卷3 P21—23、卷5 P7—11、卷5 P12—16)。

被告人:第一次所做的口供是由于自己喝了酒并且晕车,人是迷糊的、头晕的,说的是糊涂话。

辩护人:与被告人一致。

公诉人:下面向法庭出示本案的鉴定意见。

(1)被害人死因鉴定意见书及照片(卷3 P105—109、卷4 P2—18)。

被告人:无意见。

辩护人:无意见。

(2)被害人体内提取的硅藻检验鉴定意见书(卷4 P20—28)。

被告人:无意见。

辩护人:无意见。

(3)被害人胃内容物鉴定意见书(卷4 P29—32)。

被告人:无意见。

辩护人:无意见。

(4)被害人亲缘鉴定意见书(卷4 P37—41)。

被告人:无意见。

辩护人:无意见。

(5)被告人手机数据鉴定意见书(卷4 P42—48)。

被告人:无意见。

辩护人:无意见。

公诉人:下面向法庭出示本案的勘验、辨认等笔录及照片。

(1)现场勘验笔录及照片(卷6整卷)。

被告人:无意见。

辩护人:无意见。

(2)辨认笔录及照片(卷5 P17—22)。

被告人:指认犯罪现场时,我说我不去,我没有犯罪,公安机关说只是走个流程,当时我说什么我都不知道。

辩护人:无意见。

公诉人:最后向法庭出示本案的相关书证。

(1)被告人洪某某的通话清单、话单分析说明(卷5 P27—43)。

被告人:打电话不记得说了什么。

辩护人:无意见。

(2)保险合同、保单及甲保险公司的调查报告(卷2 P49—88、卷2 P138—203)。

被告人:无意见。

辩护人:无意见。

(3)乙保险公司的调查资料、理赔核定通知书(卷2 P109—134、卷5 P46)。

被告人:无意见。

辩护人:无意见。

(4)被告人的户籍证明(卷 2 P125—126)。

被告人:无意见。

辩护人:无意见。

(5)情况说明(卷 5 P70)。

被告人:无意见。

辩护人:无意见。

三、法庭辩论阶段(略)

四、最后陈述阶段(略)

(其余略去)

签名:

年　月　日

上述刑事案件庭审笔录显示出的这样一种以刑事卷证为中心的庭审模式,使刑事诉讼中贯彻落实直接言词原则成为"浮云",刑事裁判的作出不是依赖庭审调查核实的"第一手"证据资料,而是依赖于经过举证、质证而查证属实的刑事卷证,主审法官不能只根据当庭传递给他的证据和信息作出裁判,从而"导致举证上的'书证中心主义'、质证上的形式主义以及认证上的'裁量纠问主义'"[1]。与此同时,这种来自刑事卷证的信息可以轻易地影响到合议庭的其他成员,其他成员也可能会受主审法官已然从刑事卷证材料中得出的见解的影响。这种高度依赖刑事卷证的裁判方式,直接导致了刑事庭审虚化,这不仅严重侵害了当事人的诉讼权利,也极易造成法官的预判和误判。[2] 从诉讼法理上讲,法官心证的形成应当以"庭审审理"的时空维度为限,庭审之外的刑事卷证信息或其他任何因素都不应当成为法官心证的来源。这本来也是刑事庭审实质化的必然要求。但遗憾的是,目前我国刑事审判司法实务却远非如此,前述这种有悖于刑事诉讼规律的做法,一定程度上正是我国刑事审判的现实写照。

(三)核卷

刑事案件经过法庭审理,在被告人依法作出最后陈述以后,经合议庭

---

[1] 孙长永:《探索正当程序——比较刑事诉讼法专论》,中国法制出版社 2005 年版,第479 页。

[2] 参见叶青:《以审判为中心的诉讼制度改革之若干思考》,载《法学》2015 年第 7 期。

评议,案件处理方式一般有两种:当庭宣判和另行宣判。前者是指法庭对一部分案件当庭宣告裁判结果。这部分案件大多是案情简单,案件事实清楚,证据确实、充分,控辩双方争议不大且被告人罪行轻微的刑事案件。后者是指由于受案情重大、疑难、复杂等因素影响,合议庭出于慎重考虑,会于休庭后对其进行认真讨论、评议,然后再行作出判决,其中部分案件还需经过审判委员会讨论决定以后才能作出裁判,而宣判的时间、地点则另行通知、公告。对于当庭宣判的案件,法官一般不需要再核查刑事卷证,而对于另行宣判的案件来说,则另当别论。法官通常需要写出审理报告提交合议庭,甚至审判委员会讨论决定,在拟写审理报告时,核实刑事卷证信息成为法官的必做功课。

核卷,顾名思义就是进一步核查、核实刑事卷证信息。公诉机关提交的指控犯罪事实成立的刑事卷证以及辩护人提供的用以证明被告人轻罪或者无罪的刑事卷证,经"审卷"阶段的举证、质证,查证属实以后,法官方可将其作为定案的证据。但正如已故首席大法官肖扬曾经指出的那样:"证据是实现司法公正的基石。"证据如果出现瑕疵或者损毁,就会影响案件事实的认定,进而就会影响到司法公正,损害刑事裁判的权威。因此,法官通常会对有关刑事卷证,尤其是定案关键的刑事卷证进行核实,以确保定案证据确实、充分,确保依法公正作出判决,并且要将核卷的情况完整准确地呈现在审理报告中。如被告人伍某某故意伤害案的审理报告。

关于被告人伍某某故意伤害案的审理报告

(2022)渝××刑初××号
一、控辩双方和其他诉讼参与人的基本情况(略)
二、案件的由来和审理经过(略)
三、案件的侦破、揭发情况(略)
四、控辩双方的主要控辩内容(略)
五、审理查明的事实和证据
经审理查明,叙述具体犯罪事实(略)。

上述事实,有经庭审举证、质证,查证属实的下列证据证实:

(一)书证

1. 被告人的户籍证明,证明被告人伍某某的身份信息,具有完全刑事责任能力。

(其余书证略)

(二)证人证言

1. 证人梁某某的证言,证明被告人伍某某因邻里纠纷与被害人伍某发生争吵。

2. 证人卢某某的证言,证明被告人伍某某持木棒多次打击被害人伍某的头部。

(其余证人证言略)

(三)被害人伍某的陈述,证明其因邻里纠纷与被告人伍某某发生口角,后被伍某某用木棒打伤头部。

(四)鉴定意见,证明被害人伍某的右枕骨骨折伴枕叶挫裂伤,就医接受右颞枕部凹陷颅骨切除手术,伍某的损伤属人体重伤二级。

(五)被告人伍某某的供述与辩解,证明其与被害人伍某系叔侄关系,因邻里纠纷与伍某发生抓打,其间持木棒打击伍某头部致其头部损伤。

(六)视听资料,证明本案证据取证程序合法,证据真实、有效。

根据现有刑事卷证,依照相关法律规定,对本案的综合证据分析如下:

(具体内容略)

六、需要说明的问题(略)

七、拟处意见及理由(略)

主审法官:××

××年××月××日

主审法官对审理报告中的刑事卷证信息的真实性、准确性负责,不得故意隐瞒、遗漏案件主要证据或重要情节,更不得提供虚假证据材料等。如前所述,法官一旦故意隐瞒、遗漏案件主要证据或重要情节,或者提供虚假证据材料等,导致得出错误结论的,那么其将承担刑事错案的全部责任,并且面临被停职、退额、免职以及辞退等处罚。所以,在当前司法责任制的要求下,刑事审判中的庭后核卷显得必不可少。

在审理报告中,最核心、最重要的部分是证据综合分析论证部分,该部分内容与刑事卷证的运用也最为密切相关。在证据综合分析论证部分,需要对控方所指控的犯罪事实、辩方所质疑的事实、法庭查明的事实等逐一作出分析、评判。法官完成这一任务的前提主要是开展庭后核卷工作,对在案刑事卷证进行仔细梳理、归纳,"用证据说话",在此基础上准确认定案件事实。进言之,法官在进行刑事案件证据分析时,随时会谨记"忘记事实这个词,而记住证据一词",从在案刑事卷证的浩瀚证据信息中尽量拼缀出准确的案件事实,以努力还原客观事实真相。在这一过程中,法官庭后再次核实刑事卷证信息无疑起到了基础性的保障作用。由是,"案卷仍然存在于审判之翼中,就像提示台词者在业余演出中那样必不可少"①。

（四）判卷

判卷是法官办理刑事案件的最后一个环节,是产出刑事司法产品——刑事裁判文书的关键环节。该步骤中的工作形式及内容看似与前一环节即核卷的工作基本相同,但负责实施的主体却不完全一致。在核卷环节中,一般是由承办法官、合议庭成员或者法官助理负责完成刑事卷证审核,判卷环节中则是由审判长或独任法官在审签刑事裁判文书时另行单独完成。如此一来,刑事卷证(证据)相当于在裁判文书审签阶段被独立地"判"了一遍。刑事卷证在审判阶段的运用,也随着刑事裁判文书的作出而落下帷幕。刑事裁判文书作为刑事司法活动的最终产品,它向社会公众展示的是法院认定的案件事实、法律规范、法律论证以及法理、情理、事理等内容,理应是对裁判者如何形成裁判结论的理性宣示。② 证据是刑事裁判文书的核心和灵魂,是认定案件事实的重要依据。司法实践中,在刑事裁判文书正式制作出来之前,审判长或独任法官还需就刑事

---

① ［美］米尔伊安·R.达玛什卡:《司法和国家权力的多种面孔:比较视野中的法律程序(修订版)》,郑戈译,中国政法大学出版社 2015 年版,第 69 页。

② 参见孔德伦:《论裁判文书司法大数据应用及其限度》,载《法律适用》2022 年第 11 期。

卷证(证据)进行最后的审核,确保刑事裁判文书上每一节事实表述都真实、准确,比如,认真核实被告人身份信息,被告人所从事的职业,采取强制措施的时间,犯罪前科以及被告人作案的起因、经过等是否准确。其中,对案件事实及相关刑事卷证(证据)的判定属于保障刑事裁判准确无误乃至刑事司法公正的"最后一道关口"。这也许就是采行职权主义诉讼模式国家中的法官真相发现职责的最好诠释和真实写照。

无独有偶,在域外的刑事司法实践中,法官在制作裁判文书时查阅、审核刑事卷证的情形也比较常见。在日本,"法官平日里总是将阅读卷宗、撰写判决书等工作带回家中完成"①。这是有着 25 年刑事法官职业生涯的日本前法官秋山贤三的"经验之谈"。据此,他还认为,日本法官的家庭模式还被这一工作形式所限制。因而,"比起在法庭上的问答,供述笔录被多样地利用,法官重视在法庭外详细阅卷而形成心证"②,这样的司法实务镜像也就不难想见了。

通常情况下,由于我国刑事诉讼中的证人、鉴定人以及被害人等一般不出庭作证,因此,审判长或者独任法官赖以判断裁判文书认定的犯罪事实及采信证据正确性的唯一方式就是刑事卷证。他们需要对审前阶段由侦、控机关收集得来的各种笔录材料、书面鉴定意见及检验报告等关键性证据再次逐项进行甄别并据此进行分析、判断,从而确保刑事判决书认定的案件事实客观、准确。刑事审判中的"办公室作业"由此产生也就不足为奇了。长期以来,我国刑事庭审在很大程度上就是宣读与审查刑事卷证,控辩审各方主体也习惯了这样的庭审方式。然而,刑事庭审实质化改革所要求的是一种口头化、言词化以及亲历式、现场式的证据调查与证明方式,其完全不同于以往展示经过裁剪的、碎片化的刑事卷证的审判模式。从此意义上说,如何通过口头化、现场式方式举示刑事证据,进而展开法庭调查、法庭辩论以查明案件事实,对控、辩、审各方而言可能都是亟须解决的问题。庭审实质化改革力求改变当前法官书面调查的庭审模式,摆脱刑事裁判对卷证的严重依赖,切实发挥刑事庭审应有的功能,让

---

① [日]秋山贤三:《法官因何错判》,曾玉婷译,魏磊杰校,法律出版社 2019 年版,第 21 页。
② [日]三井诚:《裁判员审判之实施及其对于刑事程序之影响》,吴秋宏译,载《月旦法学杂志》第 223 期。

法官亲自通过控辩双方的庭审对抗对证据直接进行审查判断,并在此基础上准确认定案件事实。

一言以蔽之,我国司法实践中,法官实质上最终是以庭外判卷的形式向当事人以及社会公众提供合格乃至不乏诸多优秀的司法产品——刑事裁判文书,刑事法官的基本工作方式是通过查阅刑事卷证来形成对案件事实的认定。然而,这一司法产品,囿于技术理性的不成熟以及司法理性的不健全,可能既难以显示出"物性的神奇",又难以闪耀出"人性的光辉"①。职是之故,改革完善刑事卷证在审判阶段的运用以推动技术理性的进一步成熟,系统化优化刑事卷证在审判阶段良性运用的配套保障制度以促进司法理性的逐步健全,理应成为助推我国刑事诉讼体系和刑事诉讼能力现代化的有力举措。

二、刑事卷证在庭审实质化改革中的运用

前已论及,我国司法实践中一直存在着"审卷"的传统,刑事裁判的作出基本上是通过"阅卷""审卷""核卷""判卷"这样的流水线进行操作的,贯彻落实直接言词原则的以"审人"为核心的庭审方式则较少运用。随着刑事庭审实质化改革的推行,考察改革试点中的刑事卷证运用情况,可以较好地揭示出刑事卷证制度良性运行在庭审实质化改革中的应有作用。

(一)试点改革情况要览

党的十八大以来,在全面推进依法治国的背景下,刑事庭审实质化改革在新一轮司法改革中被推出。四川省成都市和浙江省温州市两地法院迅速响应,相继启动了庭审实质化改革试点工作。2015年2月,成都市中级人民法院指定所辖大邑县、温江区、高新区三家基层人民法院作为刑事案件庭审实质化改革试点。3月,成都市中级人民法院制定改革试点方案。根据该方案,全国首例刑事庭审实质化示范庭在成都市温江区人民法院率先落槌。② 随后,大邑县人民法院、温江区人民法院试行侦查人员

---

① 孔德伦:《论裁判文书司法大数据应用及其限度》,载《法律适用》2022年第11期。
② 参见王鑫、夏旭东、陈睿:《庭审实质化改革的成都实践》,载《人民法院报》2015年4月20日,第06版。

出庭作证、证人宣读保证书、证人接受交叉询问等举措,总结出了很多实践经验。同年 7 月,成都市两级法院全面开展庭审实质化改革试点工作。通过上百次的示范庭具体实践,成都市中级人民法院出台了《刑事诉讼人证出庭作证操作规范(试行)》等十多项制度规范,其重点是突出"证在法庭""辩在法庭""判在法庭",形成了刑事庭审实质化改革的"成都模式"。2016 年 3 月,四川省高级人民法院召开庭审实质化改革工作推进会,在全省推广成都经验。①

与此同时,自 2014 年 11 月起,温州市中级人民法院及所辖的瑞安市人民法院、平阳县人民法院联合中国政法大学开展了为期一年的庭审中心与证人出庭改革试点工作,以严格落实证人出庭制度为主要抓手,不断推进刑事庭审实质化。温州市中级人民法院还积极推动温州市委将抓好庭审中心与证人出庭改革试点内容纳入《温州市委关于全面深化法治温州建设的意见》和 2015 年温州市政法系统重点改革项目。利用常态化的公、检、法联席会议制度,及时协调解决试点实践中出现的问题,以期强化庭审中心主义理念,确保庭审实质化改革顺利有效推进。在此基础上,温州市中级人民法院与相关部门联合出台了《关于人民警察出庭作证若干问题的会议纪要》《关于刑事案件专家证人出庭若干问题的纪要》等文件,对证人、鉴定人和侦查人员出庭作证进行规范。总体上看,温州市中级人民法院的改革其实主要集中在推动证人出庭作证与案件繁简分流之上。②

随后,在中央政法委、最高人民法院的推动下,全国各地法院纷纷参与改革试点工作。2017 年初,吉林省吉林市中级人民法院将推进庭审实质化作为年度重点工作。其间,全市法院认真做好刑事示范庭审,推动证人出庭,鼓励控辩双方充分举证、质证,促进了刑事司法水平的全面提升。③ 2017 年 3 月,山西省高级人民法院启动刑事庭审实质化改革试

---

① 参见王鑫、王晓燕、刘方祺:《四川召开刑事庭审实质化改革推进会》,载《人民法院报》2016 年 4 月 2 日,第 01 版。
② 参见温萱:《温州 一场让庭审更具"实战化"的改革》,载《人民法院报》2016 年 5 月 9 日,第 05 版。
③ 参见闫志东:《吉林市启动刑事庭审实质化改革》,载《人民法院报》2017 年 7 月 26 日,第 04 版。

点,分项目在太原市中级人民法院、忻州市中级人民法院、阳泉市中级人民法院试行庭前会议制度、证人出庭保障制度、辩护保障制度等。

总的来看,在全国部分法院的刑事庭审实质化改革试点过程中,各地法院积极参与、主动作为,对庭审实质化改革的推进作了诸多探索,取得了一定成效,尤其是人民法院关于庭审实质化的建章立制初具规模,基本做到了有章可循,一定程度上实现了庭审实质化操作的技术指引。例如,成都市龙泉驿区人民法院围绕庭审实质化的具体要求,制定出台了《刑事诉讼证据开示操作规范》《刑事诉讼举证规范》《刑事诉讼人证出庭操作规范》《刑事案件繁简分流的若干规定》等十余项相关制度和操作规则的规范性文件。① 又如,江苏省徐州市鼓楼区人民法院为落实庭审实质化改革,制定实施了《证据开示操作规范》《证人、鉴定人出庭作证操作规范》等12项改革文件。②

(二)试点法院的实践措施

在全国各地的刑事庭审实质化改革试点中,实践措施可谓丰富多样。但本书主要分析梳理的是与刑事卷证制度密切相关的证人出庭、辩护权保障、当庭宣判等实践措施。

第一,积极推动人证出庭。虽然2012年《刑事诉讼法》的修订进一步明确细化了证人、鉴定人出庭作证的相关内容,但司法实践中并没有很好地贯彻落实相关规定,证人、鉴定人出庭率极低。刑事庭审实质化改革试点法院注重贯彻落实直接言词原则,扩大证人、鉴定人、有专门知识的人以及侦查人员出庭的案件范围,力推人证出庭作证制度。上海市高级人民法院将证人、鉴定人出庭作为改革的关键环节;成都市中级人民法院着力规范人证出庭作证程序,扩大人证出庭作证范围,明确"人证"包括《刑事诉讼法》规定的证人、被害人、鉴定人、有专门知识的人、出庭说明情况的侦查人员等能够证明案件有关情况的人员。同时,一些试点法院积极探索,将专家证人出庭作证作为庭审实质化改革的一项长效机制并努力

---

① 参见龙宗智:《庭审实质化需要技术与规则并重》,载《检察日报》2016年11月22日,第03版。
② 参见王晓红、李涛:《徐州鼓楼法院创新推进庭审实质化》,载《江苏法制报》2017年7月31日,第A01、A02版。

推动实施。例如,在曹某故意杀人案、姚某香故意杀人案中,温州市中级人民法院积极促成反家暴专家陈敏研究员出庭,就家暴犯罪行为的特点及规律进行解释、说明,使被害人家属在一定程度上理解、认可家暴因素对案件的影响。相关案件的审判情况及结果在中央电视台、《人民法院报》等全国主流媒体进行宣传报道,实现了法律效果与社会效果的统一。

第二,强化辩方权利保障。试点法院进一步扩大指定辩护范围,以有效强化刑事庭审对抗性。为依法保障刑事案件被告人充分行使辩护权,维护司法公正,试点法院通常会联合司法行政部门制定实施《关于在刑事审判中加强律师辩护工作的意见》等文件,明确规定:人民法院适用普通程序审理的一审刑事案件,一般应当通知法律援助机构指派律师为其提供辩护。上述规定,在推行刑事案件律师辩护全覆盖试点工作中,成效明显。此外,温州市中级人民法院还加强了刑事诉讼中人证出庭申请权利的保障。2017年,温州市全市法院依职权通知出庭率为61.26%;到2021年,全市法院依职权通知出庭率降至18.38%,同时控辩双方申请证人出庭率则升至81.62%。①

第三,推行当庭认证、当庭宣判制度。试点法院力推法官当庭采证、认证,以期尽量避免法官庭后再次"阅卷""核卷",鼓励法官当庭宣判,以防止庭审虚化、形式化再次上演。全国各地试点法院刑事案件的当庭认证和当庭宣判率有了明显的提升。温州市中级人民法院刑事案件当庭宣判率位居浙江省前列,其中,2014年和2015年刑事案件当庭宣判率分别为51.5%和59.6%,同比上升了8.1%。2016年5月至2017年5月这一年期间,上海法院刑事案件当庭宣判率达到74.48%,同比上升了0.95%(2015年为73.53%)。② 同时,成都市中级人民法院及所辖基层法院2015年2月至2016年年初,刑事案件当庭认证率达81.96%,③刑事庭审实质化改革成效初步显现。

---

① 参见《以审判为中心的刑事诉讼制度改革"温州经验"》,载"温州市中级人民法院"微信公众号,最后访问日期:2022年4月5日。
② 参见熊秋红:《审判中心视野下的律师有效辩护》,载《当代法学》2017年第6期。
③ 参见聂敏宁、姜郑勇:《四川力推庭审实质化改革》,载《人民法院报》2017年3月12日,第12版。

第三节　我国刑事卷证制度运行环境考察

处于不同法治发展阶段的刑事卷证制度模式,自然有着不同的运行环境。当前,我国刑事卷证制度的运行环境,就有别于域外刑事卷证制度的运行环境。从制度自身发展改良的视角来看,我国刑事卷证制度欲持续进行良性、高效的运行,既离不开程序制度的保障环境,也离不开司法改革的支撑环境和犯罪治理的协同环境。这些积极的运行环境,能够为我国刑事卷证制度良性发展提供有利条件。

一、程序制度的保障环境

从程序制度方面来看,保障我国刑事卷证运行的积极程序环境主要包括四个方面,即认罪认罚从宽制度、庭前会议制度、人证出庭制度和刑事简易程序制度。

（一）认罪认罚从宽制度

《全面依法治国决定》提出了"完善刑事诉讼中认罪认罚从宽制度"。认罪认罚从宽制度经过开展工作试点,取得了"可复制、可推广"的成功经验,并在2018年修改的《刑事诉讼法》中正式确立。最高人民检察院工作报告显示,2020年、2021年连续两年检察机关提起公诉的案件中,认罪认罚从宽制度适用率均超过85%。根据最高人民检察院2023年工作报告,2022年,检察环节认罪认罚从宽制度适用率已超过90%;认罪认罚从宽案件量刑建议采纳率98.3%;一审服判率97%,高出未适用该制度案件29.5%;上诉、申诉大幅减少。① 此外,据最高人民法院分管负责同志介绍:"2023年,全国法院适用认罪认罚从宽制度审结的一审刑事案件,分别占同期审结刑事案件总数、人数的88.2%和86.2%。从案件态势上看,适用数量、比例逐年上升,相比2019年44.0%、2020年73.1%、2021年80.1%、2022年86.0%,2018—2022年五年间案件适用率上升了44.2个百

---

① 参见徐日丹:《数读！最高检工作报告透露了这些重要内容》,载最高人民检察院官网 https://www.spp.gov.cn/spp/zdgz/202303/t20230307_606737.shtml,最后访问日期:2023年3月11日。

分点。"①这充分说明了认罪认罚从宽制度具有旺盛的实践生命力。

从笔者调研的G省②司法实践来看,认罪认罚从宽制度的适用情况表现为"三升一降"。首先是"三升",即2019年至2021年,在G省全省法院审结的认罪认罚案件中,速裁程序适用率、简易程序适用率及普通程序简化审适用率均呈现上升态势:其一,在速裁程序方面,2019年适用率为7.81%,2020年为14.55%,2021年为29.45%,速裁程序适用率呈现逐年倍增的态势。其二,在简易程序方面,2019年适用率为33.20%,2020年为42.59%,2021年为44.77%,简易程序适用率呈现逐年上升的趋势。其三,在普通程序简化审方面,2019年适用率为16.73%,2020年为27.48%,2021年为44.77%,适用普通程序简化审的案件呈逐年大幅上升趋势。其次是"一降",即2019年至2021年,在全省法院审结的认罪认罚案件中,被告人上诉率呈小幅下降趋势,且处于相对稳定的较低上诉率水平:2019年被告人上诉率为6.74%,2020年为6.53%,2021年为5.58%。从当前司法适用的情况来看,认罪认罚从宽制度入法,有利于有效提升诉讼效率,促进刑事程序调整,并向刑事庭审实质化迈进。

笔者认为,2018年10月以来,我国刑事诉讼立法上完善了认罪认罚从宽制度及其体系,与此相配套,刑事诉讼法中增设了速裁程序。至此,我国刑事程序形成了"普通程序→简易程序→速裁程序"的三级递简程序格局。适用简易程序、速裁程序使刑事审判的部分环节得以简化或者省略,促使司法机关不再将较多的司法资源耗费在庭审的控辩过程之中。G省的"三升一降"司法样态说明,认罪认罚从宽制度的施行,可以为普通程序中刑事卷证的证据能力否定模式的实施释放司法能量、提供制度空间。

(二)庭前会议制度

我国2012年《刑事诉讼法》修正时,为了配合非法证据排除规则、证

---

① 行海洋:《最高法副院长杨万明:适用认罪认罚从宽制度,推进轻罪审理现代化》,载新京报 https://www.bjnews.com.cn/detail/1709905845129007.html,最后访问日期:2024年3月10日。

② 需要说明的是:G省位于我国西南地区,是笔者因写作本书需要而进行实证调研的主要省份之一,书中涉及的有关G省的数据、资料均来源于G省高级人民法院。在此,对G省高级人民法院刑事审判庭、审判管理办公室等相关部门的大力支持致以诚挚谢意。

人出庭制度的修改实施,引入了庭前会议制度,由审判人员在开庭审理之前将控辩双方召集在一起,就开庭审理的程序性事项及部分实体性事项进行沟通,听取各方的意见。根据2012年《刑事诉讼法》第182条第2款的规定,在开庭之前,审判人员可以召集公诉人、当事人和辩护人、诉讼代理人,对回避、出庭证人名单、非法证据排除等与审判相关的问题,了解情况,听取意见。庭前会议具有选择性、协商性和程序性等特点,其功能主要有三:其一,可以使审判人员了解辩护方对案件事实、证据的意见,从而全面了解案件情况,一定程度上避免"偏听偏信"。其二,可以使控诉、辩护、审判三方对案件审理的复杂程度、庭审调查的范围和重点、证据调查的顺序和方法、庭审持续的时间等有一定的预判,充分做好庭前准备工作。其三,可以及时发现和排除一些可能妨碍庭审公正高效进行的因素,从而确保案件审理的持续、集中、迅速。引入庭前会议制度的目的在于完善庭前准备程序,提高庭审效率,保证庭审质量,充分发挥刑事庭审的功能。

据笔者对司法实践的观察,近年来,一些地方法院尝试了在庭前会议中进行证据开示的改革创新。总的来看,实践效果较佳。虽然我国《刑事诉讼法》没有明确规定庭审证据开示制度,但其中规定的庭前会议制度,实际上包含了庭前证据开示的内容,审判人员可以在庭前会议中组织控辩双方进行证据开示。基于此,最高人民法院及时总结实践经验,将其置于2021年《刑诉法解释》第229条中予以规范,明确规定:庭前会议中,审判人员可以询问控辩双方对证据材料有无异议,对有异议的证据,应当在庭审时重点调查;无异议的,庭审时举证、质证可以简化。这在一定程度上赋予了庭前会议制度的证据审查功能。当然,应该明确的是,在庭前会议的证据开示过程中,只是就证据有无异议发表意见,而不是进行质证,以防止复现"庭前实体审""庭审走过场"的现象。

(三)人证出庭制度

2012年《刑事诉讼法》有关证人、鉴定人、侦查人员出庭制度的修改,其目的是促进证人证言笔录、鉴定意见等刑事卷证在法庭上得到"实质检验",以助推刑事庭审实质化的实现。笔者将证人、鉴定人、侦查人员等出庭作证的制度统称为人证出庭制度。

第一,完善了证人出庭作证制度。证人出庭作证在2012年《刑事诉讼法》修改以前一直是困扰司法实践的难题之一。据此,2012年《刑事诉讼法》的修改,采纳了当时学界关于强化证人出庭作证以保障庭审对抗性、实现庭审实质化的观点,规定了证人出庭经济补偿制度、人身特别保护制度、证人强制出庭制度等措施。立法的这一修改,完善了证人出庭作证制度,有助于贯彻直接言词原则,实现刑事庭审实质化。

值得注意的是,我国法律制度关于证人保护的规定是在不断完善的。《宪法》第41条第2款是我国证人保护的宪法渊源。根据该条款,对于公民的申诉、控告或者检举,有关国家机关必须查清事实,负责处理。任何人不得压制和打击报复。据此,针对妨害作证以及威胁、打击报复证人等犯罪行为,《刑法》第307条第1款规定了妨害作证罪、打击报复证人罪,将以暴力、威胁、贿买等方法阻止证人作证或者指使他人作伪证的情形予以入罪评价。1996年《刑事诉讼法》第49条规定了人民法院、人民检察院、公安机关应当保障证人及其近亲属的安全。2010年6月,最高人民法院、最高人民检察院、公安部、国家安全部、司法部《关于办理死刑案件审查判断证据若干问题的规定》第16条第2款规定,"证人出庭作证,必要时,人民法院可以采取限制公开证人信息、限制询问、遮蔽容貌、改变声音等保护性措施"。2012年修改的《刑事诉讼法》在证人保护方面进一步予以完善,增加对危害国家安全犯罪、恐怖活动犯罪、黑社会性质的组织犯罪、毒品犯罪等特定案件的证人、鉴定人、被害人及近亲属采取特别的保护措施的规定,2018年《刑事诉讼法》的修正继续沿用该规定。① 2022年5月1日施行的《反有组织犯罪法》第61条在2018年《刑事诉讼法》第64条的基础上进一步予以完善,新增了一项证人保护措施,即"变更被保护人员的身份,重新安排住所和工作单位"。上述法律规

---

① 2018年《刑事诉讼法》第64条规定:对于危害国家安全犯罪、恐怖活动犯罪、黑社会性质的组织犯罪、毒品犯罪等案件,证人、鉴定人、被害人因在诉讼中作证,本人或者其近亲属的人身安全面临危险的,人民法院、人民检察院和公安机关应当采取以下一项或者多项保护措施:(一)不公开真实姓名、住址和工作单位等个人信息;(二)采取不暴露外貌、真实声音等出庭作证措施;(三)禁止特定的人员接触证人、鉴定人、被害人及其近亲属;(四)对人身和住宅采取专门性保护措施;(五)其他必要的保护措施。证人、鉴定人、被害人认为因在诉讼中作证,本人或者其近亲属的人身安全面临危险的,可以向人民法院、人民检察院、公安机关请求予以保护。人民法院、人民检察院、公安机关依法采取保护措施,有关单位和个人应当配合。

定构建了当前我国证人保护措施的基本框架,从实体法到程序法的规范体系基本成型,对保障证人出庭作证具有积极意义。

第二,设立鉴定人出庭作证制度。为了解决司法实践中鉴定人应当出庭而不出庭的突出问题,2012年《刑事诉讼法》修改,增加了鉴定人必须出庭作证的情形以及强制到庭和处罚等保障性措施的规定。这是刑事庭审制度的重大改革和完善,也是审判程序中必须遵守的规范。[①] 这一规定有利于控辩双方就鉴定意见中的有关问题进行当庭质证,有利于审判人员根据质证情况对鉴定意见的真伪以及在案件事实认定中的证明力作出判断,从而对案件作出公正判决。

第三,设立侦查人员出庭作证制度。2012年《刑事诉讼法》修改,规定了"人民警察就其执行职务时目击的犯罪情况作为证人出庭作证"的条件,即公诉人、当事人或者辩护人、诉讼代理人对该警察证言有异议,该警察证言对案件定罪量刑有重大影响,法院认为有必要出庭作证时,警察证人也应当出庭作证。但该规定仅仅将警察出庭作证限定于其目击的犯罪情况,即作为目击证人出庭作证,而不包括因为勘验、检查、搜查等而知晓案件的情形。

第四,设立有专门知识的人出庭制度。为了进一步完善我国刑事诉讼中的司法鉴定制度,2012年《刑事诉讼法》修改引入了有专门知识的人出庭制度,在法庭审理过程中,控辩双方可以申请法庭通知有专门知识的人出庭对鉴定人作出的鉴定意见提出意见,作为法官甄别证据的参考。该制度的增设,有助于实现鉴定人与有专门知识的人的法庭对抗,是2012年《刑事诉讼法》修改的亮点之一。有专门知识的人出庭制度是对国际刑事诉讼有益经验的借鉴,有利于依法保护被告人的合法权益,保证案件的公正审理。自意大利1998年刑事司法改革中引入技术顾问制度之后,诸多大陆法系国家开始纷纷效仿,经过探索后,也逐步建立起了类似制度。我国刑事诉讼中应否引入专家辅助人制度,一直是理论界和实务界探讨的重点问题之一。[②] 在刑事诉讼中,鉴定意见往往对案件的定性具有直接

---

① 参见王尚新、李寿伟主编:《〈关于修改刑事诉讼法的决定〉释解与适用》,人民法院出版社2012年版,第186页。

② 参见汪建成:《司法鉴定模式与专家证人模式的融合——中国刑事司法鉴定制度改革的方向》,载《国家检察官学院学报》2011年第4期。

影响,但其涉及的专业性较强。不仅审判人员难以作出正确判断,被告人及辩护人仅凭自身知识一般也难以发现鉴定中存在的问题,难以对鉴定意见进行有效质证。因此,通知有专门知识的人出庭,由有专门知识的人根据其专业知识、操作规程,发现已有鉴定中存在的鉴定方法是否科学、检材选取是否适当、鉴定论证是否规范等问题,从而为法官判断鉴定意见、增强内心确信提供参考,防止鉴定人的错误鉴定对法官裁判造成不当影响,进而更好地保护当事人的合法权益,增强刑事诉讼的人权保障功能。[①]

（四）刑事简易程序制度

从比较法的视角来看,刑事简易程序的设立,各国无一不是为了适应现实需要,解决司法公正与司法效率的问题,刑事简易程序所体现的价值取向首先就是司法效率。在犯罪不断增加、刑事实体法犯罪圈逐步扩大,而单一的普通诉讼程序烦琐,难以应对越来越多的犯罪的情况下,世界各国均根据各自国情实际采用了形式各异的简易程序来审理刑事案件,以提高刑事诉讼效率,增强犯罪打击治理实效。由此,在刑事诉讼法中增设简易程序,成为晚近以来世界各国刑事诉讼制度发展的主流趋势。尽管如此,世界各国的刑事简易程序也并没有突破司法正义的底线。

我国 1979 年《刑事诉讼法》并未规定简易程序。为有效打击社会主义市场经济发展条件下易发、频发的刑事犯罪,降低诉讼成本、提高诉讼效率,促进刑事司法资源的合理配置,实现刑事案件繁简分流,1996 年《刑事诉讼法》增设专节规定了简易程序,对依法可能判处 3 年以下有期徒刑且事实清楚、证据充分等轻微刑事案件适用简易程序审理,可以由审判员一人独任审判。随着经济、社会的不断发展,1996 年《刑事诉讼法》确立的简易程序不能满足司法实践的需要,对可能判处 3 年以上有期徒刑但被告人认罪的案件,一些地方在普通程序基础上探索了被告人认罪的简化审理程序,并将其称为"普通程序简化审"[②]。2003 年,最高人民法

[①] 参见喻海松:《刑事诉讼法修改与司法适用疑难解析》,北京大学出版社 2021 年版,第 214 页。

[②] 安克明、陶元迪:《刑事普通程序简便审》,载《人民法院报》2001 年第 8 期,第 B1 版。

院、最高人民检察院、司法部《关于适用普通程序审理"被告人认罪案件"的若干意见(试行)》(已失效)正式确立了这种程序的诉讼地位和适用规则,并将其命名为"'被告人认罪案件'的普通程序"。1996 年《刑事诉讼法》规定的简易程序,在一定程度上缓解了稀缺有限的司法资源和高位运行的刑事案件之间的矛盾。然而,当时的理论研究不充分,立法技术也不太成熟,故而导致刑事简易程序的司法运行并未得到有效简化,其实践积极作用有限,并未发挥立法预期的功能。

2012 年《刑事诉讼法》修改,总结吸收了司法实践经验,将司法机关的改革成果及司法解释确立的程序规则一并上升为国家法律规范,依据可能判处的不同刑罚,规定了不同的审判组织、审理期限,并健全了刑事简易程序中的三方诉讼结构。进言之,此次《刑事诉讼法》修订,吸收了司法解释的原则和精神,扩大了简易程序的适用范围,确立了统一的简易程序,重新界定了简易程序适用的条件、审判组织和审判程序。应当说,我国刑事诉讼立法中简易程序的增设和改革,不仅契合我国刑事司法实践的客观需要,而且也符合当今世界各国刑事诉讼程序多元化改革的发展趋势。但是,我国刑事简易程序依然有其完善和拓展的空间。

随着刑法修正案的渐次出台实施,我国犯罪罪名数大幅增加,从 1979 年《刑法》规定的 129 个罪名,经过 1 个单行刑法《全国人民代表大会常务委员会关于惩治骗购外汇、逃汇和非法买卖外汇犯罪的决定》以及 12 次修正后至《刑法修正案(十二)》生效实施时,罪名达 483 个,罪名数量将近翻了两番。伴随着风险社会的来临,刑事立法为回应风险社会防控需要,秉持积极主义刑法立法观,将一些帮助行为、准备行为单独正犯化、实行行为化,进一步扩大了犯罪圈,如帮助信息网络犯罪活动、非法利用信息网络等新罪行的入罪。刑事入罪门槛的降低也是刑法修改的趋势,这也进一步丰富了刑法的罪名。毋庸置疑,上述情形导致的综合结果就是刑事案件总量的大幅增长,但刑法上的这些变化最终是由刑事诉讼法来承载的。而 2012 年《刑事诉讼法》规定的普通—简易两级递简格局的刑事审判程序,不能适应现实需求。

对此,我国从 2014 年开始进行刑事速裁程序试点,全国人大常委会于 2014 年 6 月 27 日、2016 年 9 月 3 日分别授权最高人民法院、最高人民检察院在部分地区开展刑事速裁程序试点工作、开展刑事案件认罪认罚从宽制度试点工作。这是我国刑事立法理念的创新。立法机关经授权试点、总结经验后于2018年修改《刑事诉讼法》时增设专节规定了刑事速裁程序,从法律层面明确了基层法院管辖的可能判处3年有期徒刑以下刑罚、案件事实清楚、证据确实充分,且被告人认罪认罚并同意适用速裁程序的刑事案件,可以适用速裁程序,由审判员一人独任审判。速裁程序不受《刑事诉讼法》规定的送达期限的限制,一般不进行法庭调查、法庭辩论,但应当听取被告人的最后陈述,并当庭宣判。至此,我国刑事诉讼程序形成了普通程序—简易程序—速裁程序三级递简格局的多元化刑事诉讼程序,由速裁程序处理罪行更轻微的刑事案件。

基于刑事程序的多元化,只有多元化的刑事卷证移送、运用制度才能科学、高效地将有限的诉讼资源分流投入不同的刑事案件,以实现诉讼效益最大化。实行案件审判繁简分流、快慢分道,扩大刑事诉讼简易程序和速裁程序的适用,优化整合诉讼资源,是刑事庭审实质化实现的关键。因为从域外的立法和司法的实践经验来看,许多国家拥有较高的证人出庭率,与其施行简易程序和辩诉交易程序以分流刑事案件是分不开的。对于司法资源本就捉襟见肘的我国来说,刑事案件实行繁简分流,扩大刑事简易程序、速裁程序适用案件范围,显得尤为重要和迫切。如此一来,即可节省大量刑事司法资源,并将之用于适用普通程序审理的刑事案件中,从而更好保障人证出庭等制度,贯彻直接言词审理原则,推进刑事庭审实质化的实现。

二、司法改革的支撑环境

近年来,我国司法改革领域的各项工作正在如火如荼地进行,并取得了良好成效。这为我国刑事卷证制度良性运行提供了支撑条件。其中,"以审判为中心"的诉讼制度改革以及法官、检察官员额制改革,规范司法权运行改革,是支撑刑事卷证制度发展完善的主要司法改革举措。

(一)"以审判为中心"的诉讼制度改革

《全面依法治国决定》首次以党的纲领性文件的形式确定了"以审判

为中心"的诉讼制度改革方向。随后,最高人民法院提出了要实现"证据质证在法庭、案件事实查明在法庭、诉辩意见发表在法庭、裁判理由形成在法庭"的"四个在法庭"的改革目标。从中央及最高人民法院的文件规定来看,"以审判为中心"的诉讼制度改革的主要对象是刑事诉讼制度,其核心目的是发挥审判在刑事诉讼中的决定性作用,保证刑事庭审在查明事实、认定证据、保护诉权、公正裁判中发挥决定性作用,通过法庭审判的程序公正实现案件裁判的实体公正,确保办案质量,有效防范冤错案件的发生。

推进"以审判为中心"的诉讼制度改革,实际上是推动证人、鉴定人出庭作证,推动实现刑事庭审实质化,它是一项"给庭审程序做加法的改革"①,需要增加时间资源以及人力、物力的投入。我国经济持续高质量发展,能够为刑事卷证证据能力否定模式提供充足的物质支撑条件。采行刑事卷证证据能力否定模式,实现庭审实质化,势必带来人证出庭作证费用增多、单个案件经济成本投入增大以及办案周期增长等问题。从域外司法实践来看,刑事庭审实质化非常耗时。在美国,"美国国家州法院中心"(NCSC)对美国3个州9个法院1500件刑事案件的分析数据显示,开庭审理的刑事案件庭审平均耗时(绝对"庭审时间")是1.6—7.3个庭审日;如果再加上庭前准备耗时,整个审判期间耗时将长达67—405天。在日本,根据平成15年(2003年)的统计,地方法院审理的普通第一审案件的平均审理时间是3.2个月。而在日本新的裁判员制度生效后的2009年5月至2010年3月,从起诉到判决的平均审判周期为6个月。② 据此,从司法效益的角度来看,刑事庭审实质化"虽然'物美',但绝非'价廉'"。③ 然而,我国经济多年来持续健康稳定发展的成果,必然能够惠及每一项司法体制改革举措,可以为刑事卷证制度改革所带来的经济成本增长等问题提供坚实的物质保障条件。

笔者认为,审判中心主义不是取消刑事卷证移送制度,实行卷证不并

---

① 魏晓娜:《冲突与融合:本土化进程中的认罪认罚从宽制度》,载潘金贵主编:《证据·刑辩散思集》(第二集),中国检察出版社2022年版,第187页。
② 参见于增尊:《为刑事审限制度辩护——以集中审理原则之功能反思为视角》,载《政法论坛》2014年第6期。
③ 参见陈实:《刑事庭审实质化的维度与机制探讨》,载《中国法学》2018年第1期。

送主义就能实现的。卷证不并送主义,仅仅是防止法官预断的一个手段而已,但并不是实现刑事庭审实质化的必要举措,也不会是实现"审判中心主义"的前提条件。刑事卷证不并送制度如果不能与本国的诉讼文化、诉讼制度相契合,不但无助于解决问题,而且还可能带来新的问题。"二战"后日本刑事诉讼的改革就是一个很好的例证,而且日本刑事诉讼模式的形成是特定历史条件下国内危机和美国施压合力作用下的结果,其经验不具有可复制性和可推广性。《全面依法治国决定》作出的"推进'以审判为中心'的诉讼制度改革"重大部署,蕴含着丰富的理论内涵和强大的实践动力。党的二十大报告提出的"中国式现代化",必然包含中国式刑事司法现代化,且中国式刑事司法现代化与"推进'以审判为中心'的诉讼制度改革"部署一脉相承。据此可以说,刑事诉讼模式的中国化转型已经拉开帷幕。但不会如有些学者所预期的那样,能够从西方诉讼格局中寻找到自身原型,因为"制度的生命力来源于理论预设同实践操作的高度统一"①。

推进"以审判为中心"的诉讼制度改革,需要完善证人、鉴定人出庭作证制度。这为刑事卷证运用制度改革提供了政策背景支持。刑事卷证在审判阶段的合理、有限运用,是完善证人、鉴定人出庭作证以及侦查、调查人员出庭接受问询的前提条件。正如前文所述,如果不对刑事卷证在审判阶段的运用加以合理限制,证人、鉴定人出庭作证等制度的运行情况就不大会有改观。基于传统思维和惯性做法,审判人员就不会关心证人、鉴定人是否出庭作证,而更多的是关心刑事卷证里的证人证言、鉴定意见,难以实现从"审卷"到"审人"的转变,刑事庭审实质化改革成效乃至"以审判为中心"的诉讼制度改革效果都会大打折扣。在此背景下,为了克服卷证中心主义的裁判方式对刑事庭审实质化造成的阻碍,未来的改革需要对刑事卷证在审判阶段的运用进行适度限制。

(二)法官、检察官员额制改革

我国司法体制改革的丰硕成果为刑事卷证制度改革提供了人力支撑条件。刑事庭审实质化意味着查明事实、认定证据主要在法庭,要求法官

---

① 李奋飞:《从"顺承模式"到"层控模式"——"以审判为中心"的诉讼制度改革评析》,载《中外法学》2016年第3期。

在刑事裁判文书中阐释心证和结论。刑事卷证移送和运用制度功能的发挥,离不开高素质的法官。从诉讼主体角度来看,刑事庭审实质化要求高素质的裁判者和参与者。"庭审的实质化和庭审的抗辩性,也要求法官、检察官、律师能在有限的庭审时空作出正确的判断,敏捷的反应,并充分调动其各种知识、经验和技能。"①因此,法学素养不高的法官、检察官难以承受刑事庭审实质化之重任。当前,法官、检察官员额制改革,极大地提升了法官、检察官队伍的整体司法能力素养,刑事法律援助全覆盖的推进有力保障了犯罪嫌疑人、被告人的诉讼权利行使。这些都是实现刑事庭审实质化的必备要素,为刑事庭审的举证、质证、认证、采证以及裁决奠定了良好基础。反过来,刑事卷证制度系统也有助于提高司法人员的素质。刑事卷证证据能力一旦被否定,检察官的证明责任将被进一步强化,法官也没有通过阅卷、审卷就可以得到的现成答案,因此必须充分发挥检察官和法官的主观能动性。如此一来,检察官就会积极思考,争取通过庭审中的"口证"等形式依法准确指控犯罪事实,法官也自然会力争做到通过庭审准确认定案件事实。在此过程中,司法人员的素质得到了提高,职业荣誉感也得到了增强。这说明司法人员主体和刑事卷证制度系统之间可以实现良性互动,刑事卷证制度的功能得到有效发挥,其助推刑事庭审实质化的目的也就容易实现。

近年来的司法改革,对法官、检察官员额制与司法助理人员进行分类改革。法官、检察官员额制改革之后,入额的法官、检察官具有学历高、社会阅历深、审判经验丰富等优势和特点。同时,一批学历高、法学素养好的司法助理人员也会适时源源不断地充实到手握裁判权的员额法官队伍之中。以笔者调研的 G 省为例,2022 年全省法院员额法官、法官助理的学历结构以及年龄结构情况如下:其一,关于员额法官。从数量上看,员额法官占在职政法干警编制总数的 35.28%;从学历上看,硕士研究生以上学历占 17.36%,大学本科学历占 80.97%,专科学历占 1.67%;从年龄上看,35 岁及以下占 20.26%,36 岁至 45 岁占 34.53%,46 岁至 55 岁占 36.43%,56 岁及以上占 8.78%。如图 3-1、图 3-2 所示。

---

① 龙宗智:《论我国刑事庭审方式》,载《中国法学》1998 年第 4 期。

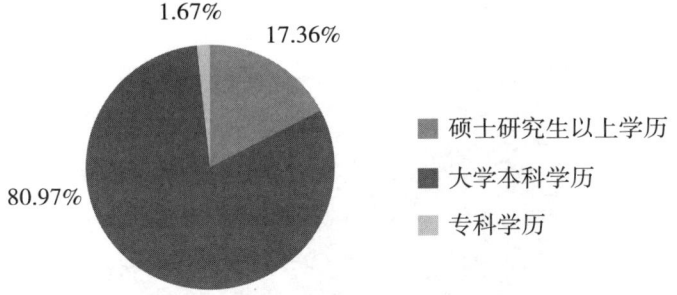

图 3-1 G 省法院员额法官学历结构

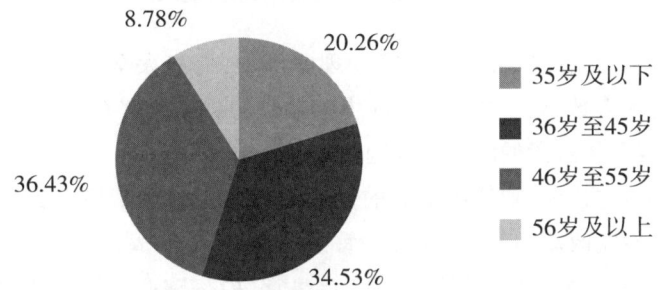

图 3-2 G 省法院员额法官年龄结构

其二,关于法官助理。从数量上看,法官助理占在职政法干警编制总数的 35.28%;从学历上看,硕士研究生学历占 12.27%,大学本科学历占 83.86%,专科学历占 3.87%;从年龄上看,35 岁及以下占 63.90%,36 岁至 45 岁占 17.70%,46 岁至 55 岁占 11.59%,56 岁及以上占 6.81%。如图 3-3、图 3-4 所示。

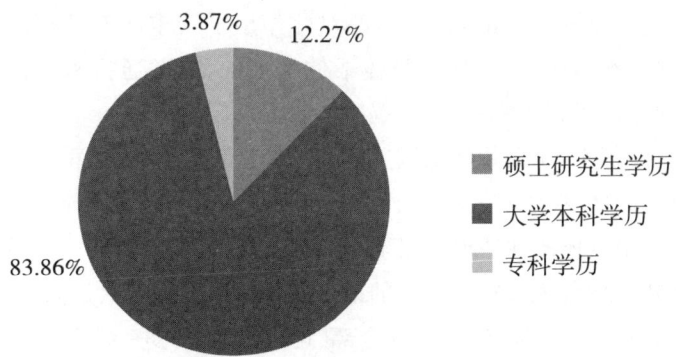

图 3-3 G 省法院法官助理学历结构

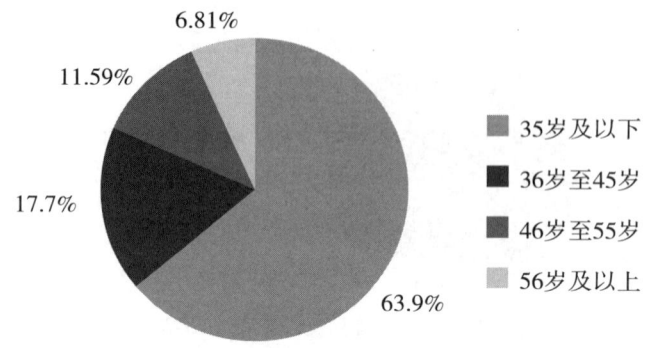

图 3-4　G 省法院法官助理年龄结构

不难看出,在员额法官、法官助理队伍中,拥有大学本科以上文化程度的占绝大多数,处于 35 岁至 55 岁年龄段的员额法官有七成之多,而处于 45 岁以下年龄段的法官助理则达到了八成。

上述数据说明,司法改革后的员额法官队伍整体素质得到了有效提升。以员额制改革为契机,提升法官、检察官等刑事司法人员的素质,可以满足刑事诉讼中的直接言词原则对法官、检察官业务能力的要求。与此同时,确保最优秀的人才进入员额法官、员额检察官队伍,能够保障普通程序中适用刑事卷证证据能力否定模式,为我国刑事卷证制度的改革完善创造有利条件。

（三）规范司法权运行改革

实现刑事庭审实质化,必须坚持"让审理者裁判"。法官在控辩双方言词举证、质证、辩论的基础上,形成内心确信,判决结果不受任何外在因素的影响。《全面依法治国决定》亦对此作出了安排部署,提出了"建立领导干部干预司法活动、插手具体案件处理的记录、通报和责任追究制度",同时要求完善主审法官、合议庭办案责任制。

为贯彻落实《全面依法治国决定》改革部署要求,确保司法机关廉洁公正司法,2015 年中共中央办公厅、国务院办公厅印发《领导干部干预司法活动、插手具体案件处理的记录、通报和责任追究规定》,中央政法委印发《司法机关内部人员过问案件的记录和责任追究规定》,最高人民法院、最高人民检察院、公安部、国家安全部、司法部《关于进一步规范司法人员与当事人、律师特殊关系人、中介组织接触交往行为的若干规定》,上述三个规范性文件合称"三个规定"。出台"三个规定",旨在确保司法机关依法独立公正行使职权,实现"让审理者裁判"的改革目标。

笔者调研了解到,2022年上半年,全国四级法院共计6.1万人次,记录报告信息6.5万余条。其中,外部人员过问案件信息3.5万余条,内部人员过问案件信息1.1万余条,与当事人和律师等利害关系人的交往信息1.9万余条。与此同时,对于"三个规定"的落实,自2019年起,全国检察机关实行全员覆盖、逐月报告、季度通报等制度,推动如实填报"三个规定"渐成自觉。最高人民检察院2023年工作报告披露:"2022年检察人员记录报告有关事项16.9万件,是2019年的15.4倍。"①数据显示,"2023年,全国法院干警记录报告121.15万人次,记录报告信息193.85万余条,同比分别增长7.5倍、11.8倍"②。在此前的司法实践中,领导干部过问,甚至插手具体案件处理,常常让法官、检察官左右为难、头痛不已,难以专心办理刑事案件,有时甚至被迫违背良知提起公诉、作出裁判。

"三个规定"填报制度,有利于司法人员依法充分行使公诉权、审判权。笔者访谈的很多员额法官坦言:在刑事司法实践中,"三个规定"的严格执行,为主审法官、合议庭依法独立审判刑事案件进一步营造了良好法治环境。建立"三个规定"填报制度,为防止领导干部等内、外部人员违规干预司法活动、插手具体案件办理设立了"防火墙",为公正司法提供了制度保障。该制度的推行,也为刑事卷证制度的运行营造了积极环境,法官可以不受外界因素的不当影响,按照刑事卷证制度的运行理性,依据法律规定和职业良知认定事实,确保刑事审判活动依法公正进行。

三、犯罪治理的协同环境

从刑事一体化的视角广度来看,近年来我国罪名修订迈向轻罪化、犯罪惩治迈向轻刑化、刑事司法迈向智能化等犯罪治理能力现代化领域的诸多举措,同样能够助力我国刑事卷证制度的进一步完善。

---

① 徐日丹:《数读!最高检工作报告透露了这些重要内容》,载最高人民检察院官网https://www.spp.gov.cn/spp/zdgz/202303/t20230307_606737.shtml,最后访问日期:2023年3月11日。

② 《人民法院落实防止干预司法"三个规定"情况新闻发布会》,载最高人民法院官网https://www.court.gov.cn/zixun/xiangqing/425882.html,最后访问日期:2024年3月15日。

(一)罪名修订迈向轻罪化

《刑法》自 1997 年施行以来,经过多次修正,总体上呈现一种罪行轻刑化趋势。一方面,死刑罪名从 1997 年制定《刑法》时的 68 个减至 2015 年《刑法修正案(九)》的 46 个,后续 3 次修正均未再涉及此;另一方面,新增设的罪以行政犯为主,配置的法定最高刑均较低。从各罪名配置的法定刑来看,《刑法》规定的 483 个罪名的法定最高刑分布如下,见图 3-5。分别为:最高刑为死刑的罪名 46 个,占 9.52%;最高刑为无期徒刑的罪名共 59 个,占 12.21%;最高刑为 15 年有期徒刑的罪名共 68 个,占 14.08%,其中 10 年以上有期徒刑的罪名共 12 个、7 年以上有期徒刑的罪名共 13 个、5 年以上有期徒刑的罪名共 43 个;最高刑为 10 年有期徒刑的罪名共 73 个,占 15.12%,其中 7 年以上有期徒刑的罪名共 3 个、5 年以上有期徒刑的罪名共 29 个、3 年以上有期徒刑的罪名共 41 个;最高刑为 7 年有期徒刑的罪名共 105 个,占 21.74%,其中 3 年以上有期徒刑的罪名共 96 个、2 年以上有期徒刑的罪名共 9 个;最高刑为 5 年有期徒刑的罪名共 33 个,占 6.83%,其中 2 年以上有期徒刑的罪名共 2 个、6 个月以上有期徒刑的罪名共 31 个;最高刑为 3 年有期徒刑的罪名共 81 个,占 16.77%。其中,1 年以上有期徒刑的罪名 1 个、6 个月以上有期徒刑的罪名共 80 个;最高刑为 2 年有期徒刑的罪名共 11 个,占 2.28%;最高刑为 1 年有期徒刑的罪名共 4 个,占 0.83%;最高刑为拘役的罪名共 3 个,占 0.62%。

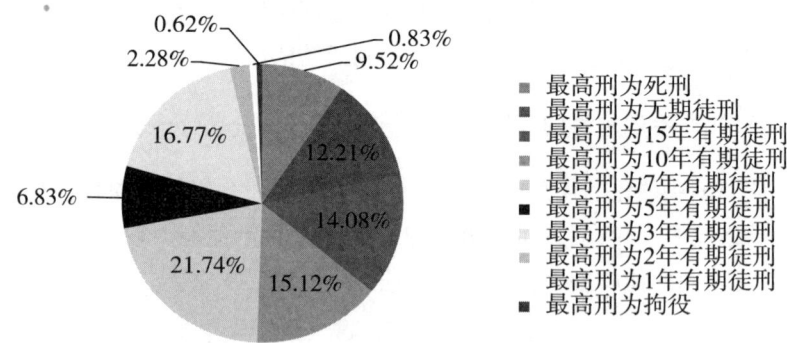

图 3-5 我国刑法法定最高刑分布

据此,法定刑为 3 年有期徒刑以下的罪名共计 99 个,占比为 20.50%,达到了 1/5 强。

从近年来《刑法》修正新增的罪名来看,危险驾驶罪、帮助信息网络犯罪活动罪、非法利用信息网络罪、高空抛物罪、袭警罪等轻微罪名,自 2011 年《刑法修正案(八)》开始陆续入罪。新增加的罪名中,法定最高刑为 3 年有期徒刑的罪名有 28 个。这是刑法立法为了有效应对风险社会而采取的积极转向。换言之,我国通过不断扩张新罪名,尤其是轻罪罪名并且降低入罪门槛的方式,允许刑法深度介入社会治理。① 刑法规范的实践落实,依赖于刑事程序法的完善。"刑事实体法规范了国家刑罚权的各个要件,但却是一个不能自我实现的法律,它必须借助于刑事诉讼法确定并实现在具体刑事个案中对被告定罪量刑。"②

据此,我国刑法的修改变化给刑事诉讼法带来了一个难题,这就是大量的罪刑各异的刑事案件涌入诉讼轨道。刑法可以不管这一问题,事实上它也管不了该问题,但对于刑事诉讼法而言,如何解决这一实际问题,却是实实在在的真问题。刑事卷证制度乃至刑事诉讼程序、刑事证据制度的设置,需要观照刑法实体规范的具体现实,"自说自话"的刑事程序规则设置,其结果很有可能就是留存于法律文本中的"僵尸"条款,自然会被司法实践弃如敝屣。放眼域外,如第二章所述法国的"罪分三类"制度,立法规定了不同规格的刑事诉讼程序。法国刑事诉讼程序设置与其刑法上的"罪分三类"制度相互呼应,体现出了刑事一体的制度设置理念。我国刑事卷证制度的完善可以借鉴这一理念,将不同的罪行分类规制于差异化的刑事卷证移送和运用制度之中。

(二)犯罪惩治迈向轻刑化

我国轻罪治理现代化的发展趋势为刑事卷证运用制度提供了背景支撑条件。从全国司法实践来看,首先,最高人民法院发布的 2023 年人民法院审判执行工作主要数据显示,全国法院刑事一审收案 122.98 万件,增长 18.3%,其中案件数量居前五的罪名上升明显:危险驾驶罪上升 15.25%,盗窃罪上升 18.27%,帮助信息网络犯罪活动罪上升 23.89%,掩饰、隐瞒犯罪所得、犯罪所得收益罪上升 100.48%,诈骗罪上升 33.40%。判处生效被告人 166.03 万人,增长 15.97%,其中判处 5 年有期徒刑以上

---

① 参见陈光中、李作:《轻微犯罪无罪化处理问题探讨》,载《法律适用》2024 年第 1 期。
② 张栋:《中国刑事证据制度体系的优化》,载《中国社会科学》2015 年第 7 期。

刑罚的罪犯13.41万人,增长13.64%,重刑率为8.08%,下降0.17个百分点;判处3年有期徒刑以下刑罚的罪犯143.13万人,增长16.78%,占比86.21%,增长0.7个百分点。① 这意味着实际上危险驾驶罪(法定最高刑为拘役)、帮助信息网络犯罪活动罪(法定最高刑为3年)等轻微罪名的司法适用占比远远超过了严重暴力犯罪。我国刑事犯罪案件、严重暴力犯罪案件总体下降但轻罪上升的趋势明显。其次,根据2020年最高人民检察院工作报告显示:1999年至2019年,检察机关起诉严重暴力犯罪从16.2万人降至6万人,年均下降4.8%;被判处3年有期徒刑以上刑罚的占比从45.4%降至21.3%。同时,新类型犯罪增多,"醉驾"取代盗窃成为刑事追诉第一犯罪。② 最后,据2023年最高人民检察院工作报告,2022年检察机关起诉杀人、放火、爆炸等严重犯罪的数量为近二十年来最低。③ 同时,2023年最高人民法院的工作报告中也直陈,2018年至2022年,我国"严重暴力犯罪案件总体呈持续下降态势"④。严重暴力犯罪及重刑率下降,表明社会治安状况持续好转;新型危害经济社会管理秩序犯罪上升,表明社会治理进入新阶段。

此外,从笔者调研的G省司法实践来看,认罪认罚从宽制度的适用呈现平稳上升态势:2019年,G省全省法院审结认罪认罚案件19409件,涉及被告人25516人,适用率为55.56%;2020年,审结认罪认罚案件21717件,涉及被告人29536人,适用率为83.41%;2021年,审结认罪认罚案件25155件,涉及被告人34858人,适用率为86.83%。三年来,认罪认罚从宽制度司法适用率逐年上升,G省全省法院在确保事实认定准确的前提下,及时、高效审结轻微刑事案件,将更多的司法资源分配至需要对事实、

---

① 参见最高人民法院新闻局:《最高法发布2023年人民法院审判执行工作主要数据》,载最高人民法院官网 https://www.court.gov.cn/zixun/xiangqing/427532.html,最后访问日期:2024年3月10日。

② 参见吴宏耀:《以轻罪程序治理现代化推进诉源治理》,载《检察日报》2022年3月28日,第03版。

③ 参见徐日丹:《数读!最高检工作报告透露了这些重要内容》,载最高人民检察院官网 https://www.spp.gov.cn/spp/zdgz/202303/t20230307_606737.shtml,最后访问日期:2023年3月11日。

④ 《最高人民法院工作报告——2023年3月7日在第十四届全国人民代表大会第一次会议上》,载最高人民法院官网 https://www.court.gov.cn/zixun/xiangqing/391381.html,最后访问日期:2023年3月11日。

证据进行"实质检验"的刑事案件中,打击治理犯罪能力得到进一步提高。

由此可知,严重暴力犯罪及重刑率下降,轻刑犯罪呈现上升态势,说明我国社会治理进入新阶段,轻罪治理现代化越发重要。比较考察发现,"轻重有别"的程序治理体系也是各国刑事诉讼程序的惯例。在英美法系国家,重罪案件适用的陪审团审判与治安法官审理的轻罪案件的诉讼程序也存在实质性差异。故而,在刑事司法领域,通过差异化的刑事司法政策,积极推动轻罪治理现代化,逐步建立"轻重有别,区别对待"的刑事程序治理体系,无疑是我国轻罪治理现代化的首要问题。而差异化的刑事司法政策需要落实到差异化的刑事卷证制度之中。

(三)刑事司法迈向智能化

我国已全面建成小康社会,这表明我国经济社会发展和人民生活水平踏上了新的台阶。当前,我国国内生产总值已突破 100 万亿元,经济总量稳居世界第二,人均国内生产总值突破 1 万美元。与此同时,放眼世界,人类社会已经进入了数字社会,我国亦然。身处大数据时代,我们无时无刻不受到大数据广泛而深刻的影响。① 我国经济社会发展的红利自然而然也惠及了刑事司法领域,如线上诉讼的应用、大数据证据的出现以及司法智能化建设运用等。与本书研究主题密切相关的是司法智能化运用中的网上办案单轨制,具体而言主要是电子卷证的推广应用。下面以笔者调研的 G 省为例,就刑事案件网上办案单轨制及其电子卷证的运用进行实证考察,以期揭示刑事司法智能化对我国刑事卷证制度完善的影响。

为提升刑事司法质效,实现刑事办案体系和办案能力现代化,2021 年下半年,G 省按照中央全面深化改革的部署要求,在刑事司法智慧化建设领域进行了探索。G 省的主要探索是:在办理减刑、假释、暂予监外执行案件以及简单刑事案件中实行网上单轨制办案模式。为此,G 省出台了相关文件,并下发了工作方案。按照《G 省网上办案单轨制协同管理暂行办法》的规定,网上办案单轨制是指司法机关在办理刑事案件过程中,办案人员使用案件电子数据和电子卷宗进行办理,在侦、诉、审、执各个办案

---

① 参见左卫民:《迈向大数据法律研究》,载《法学研究》2018 年第 4 期。

环节均依托跨部门大数据办案平台实现全流程网上协同办案,案件电子数据和电子卷宗随着办案进程同步于网上流转,纸质刑事卷证材料不再像传统办案方式那样随案接续传递,办案过程全程网上留痕。其中,电子卷宗是指司法机关在刑事案件办理过程中形成的电子文件,其材料形态包括纸质材料的数字化扫描文件、含有数字签章的原生性电子文件、电子图片和音视频电子文件等。依据 G 省《办理减假暂案件网上单轨制业务协同管理办法(暂行)》的规定,电子数据是指各单位根据案件卷证的记载内容,通过办案软件录入或自动生成的案件数据项。

  关于 G 省网上办案单轨制的运行模式,本书着重从电子卷宗的生成机制、案件适用范围、办案单轨制的启动以及归档方式 4 个方面进行考察。首先,从电子卷宗的生成机制来看,依照有关要求,电子卷宗实行随案同步生成机制,由办案人员根据《G 省跨部门大数据平台刑事案件电子卷宗编目规范》《G 省跨部门大数据平台刑事案件电子卷宗技术规范》等规定和标准同步在其办案软件中直接完成。办案人员应对其制作的电子卷宗真实性和准确性负责。各司法机关应确保电子卷宗在制作、传输、处理过程中全程留痕,不被篡改。其次,从案件适用范围来看,网上办案单轨制刑事案件的适用,需要考虑案件事实是否清楚、证据是否确凿、犯罪嫌疑人是否认罪以及电子卷宗数量多少等因素,结合案件办理实际,决定是否采用。对于案情简单、事实清楚,犯罪嫌疑人认罪认罚且电子卷宗数量在 200 页以内的刑事案件,一般要求采取网上办案单轨制进行办理。再次,从网上办案单轨制的启动来看,由案件办理的公安机关决定是否采取网上办案单轨制。公安机关决定采取单轨制办案的,应在移送的案件电子卷宗或者电子数据中,标明本案采取网上单轨制办理和本案的电子卷宗页数,并在本单位网上单轨制办案台账中记录。案件办理的后续环节的检察官、法官一般不得无故拒绝采用网上单轨制办理案件,只有存在诸如案情发生重大变化等特殊情况,经过一定审批手续后才可以转为双轨制使用纸质卷宗继续办理该案。最后,从网上办案单轨制的归档方式来看,G 省各司法机关对采用网上单轨制办理的刑事案件,本单位具备电子归档条件的,结案后对电子卷宗进行归档;不具备电子归档条件的,结案后将电子卷宗逐一打印后,按照传统方式归档。同时,要求对于电子卷宗的卷宗目录数据、内容数据、元数据做好存储备份。

G省刑事案件网上办案单轨制模式的先试先行,可以为刑事卷证制度的改革完善提供一定启示。其一,网上办案单轨制的运用,能够有效阻止承办法官的庭前阅卷活动。全程留痕的运行方式,从技术的角度来讲,完全可以合理管控刑事卷证流转的具体时间节点、处理终端及处理人员。举例言之,假如某一案件的刑事卷证按照规定只能流转给法官助理审查、核实,如果一旦流转给承办法官,其所留痕迹是挥之不去的,承办法官据此得出的裁判结果,可能涉嫌程序违法而归于无效。其二,网上办案单轨制的运用,有利于保障辩护权及时高效行使。司法行政机关将案件电子卷证及时推送,可以充分保障犯罪嫌疑人、被告人的辩护人的阅卷权,在提高阅卷效率的同时还可以节约司法办案成本。

第四章
对我国刑事卷证制度及实践的反思

在我国刑事诉讼中,刑事卷证承载着侦查取证获得的丰富证据信息,其移送制度和运用制度对刑事审判发挥着重要影响,因为以权力为主导的职权主义诉讼模式大都不能排除来自刑事卷证的影响。纵观我国刑事诉讼长期以来的"审卷"传统,有必要从制度理性的角度审视当前我国刑事卷证制度及其在运用实践中存在的问题,反思刑事卷证制度在司法实务运行中的"实践惯习",以现实主义立场为出发点,提出完善我国刑事卷证制度的新路径而厚植本土"问题意识"。

第一节 对我国刑事卷证法律规范的反思

笔者已于第一章论及,从保障刑事庭审实质化的角度来看,刑事卷证如何制作是刑事卷证制度的基础,刑事卷证是否移送是刑事卷证制度的关键,刑事卷证如何运用则是刑事卷证制度的核心。与之相应,本节将从刑事卷证制度如何更好地助推我国刑事庭审实质化的视角出发,对我国刑事卷证制作、移送及运用三个方面的法律规范进行评析。

一、刑事卷证制作法律规范的不足

考察我国刑事法律规范发现,刑事卷证制作方面主要还存在律师参与性有限以及同步录音录像制度使用范围狭窄等不足之处。

（一）侦查阶段律师参与性有限

一般认为,1979年《刑事诉讼法》塑造的是一种典型的职权主义诉讼模式,1996年《刑事诉讼法》修改时吸纳了当事人主义诉讼模式的诸多特征,强化了诉讼程序的公正性,2012年《刑事诉讼法》更加强调庭审中心主义的理念,进一步促进了庭审实质化,有助于确保诉讼程序的公正性。

可以看出,《刑事诉讼法》的修改,对审判模式的改革、控辩对抗性的增强等均有重要推进。

然而,作为与审判阶段同等重要的审前阶段,我国历次《刑事诉讼法》关于刑事卷证制作方面的修改,推进力度则明显不足。纵观《刑事诉讼法》修改的内容以及历次修订草案稿、审议稿等,针对规定讯问犯罪嫌疑人时以及辨认、指认、现场勘验时辩护律师在场权提出的有关意见和建议实属鲜见,至今《刑事诉讼法》也未将犯罪嫌疑人在侦查阶段享有的上述权利写入其中。

（二）录音录像制度规定的范围狭窄

第一,仅规定针对重大案件的录音录像。2012 年《刑事诉讼法》第 123 条首次对讯问犯罪嫌疑人的过程进行录音录像的情形作出了规定。但不是所有刑事案件讯问犯罪嫌疑人时均要求同步录音录像,强制录音录像的仅限于犯罪嫌疑人可能判处无期徒刑、死刑的案件或者其他重大犯罪案件。依照该条文的规定,讯问犯罪嫌疑人同步录音录像分为任意性录音录像和强制性录音录像两类。任意性录音录像是"可以"选择的,既在讯问一般犯罪嫌疑人时可以进行同步录音录像,也可以不进行同步录音录像。强制性录音录像是"应当"进行的,不具有可选择性,即对于犯罪嫌疑人可能判处无期徒刑、死刑的案件或者其他重大犯罪案件,讯问犯罪嫌疑人时必须进行同步录音录像。否则,侦查活动就涉嫌违法。

第二,未规定讯问关键证人录音录像制度。考察现行《刑事诉讼法》发现,对询问关键证人录音录像制度未予规定。

第三,未规定提取关键证物录音录像制度。首先,《刑事诉讼法》对侦查机关搜查、扣押证物等行为均未规定同步录音录像制度。其次,《监察法》作为职务犯罪调查处置的专门立法,虽然对讯问被调查人以及搜查、查封、扣押等重要取证工作应当全程录音录像作出了规定,且从表述上看属于强制性规定,但该法同时明确,同步录音录像资料并不被要求随案移送,而是留存备查,故而其在相关刑事诉讼活动中的运用范围很有限。

第四,部分同步录音录像制度法律效力层级低。虽然国家层面的相关主管部门也对刑事案件重要取证环节的录音录像作了进一步细化规定,但是其法律效力层级较低,导致其在司法实践中的适用效果打了折扣,一定程度上影响了刑事诉讼活动依法公正高效进行。

二、刑事卷证移送法律规范的不足

在我国现行刑事卷证移送制度模式之下,刑事案件提起公诉时,检察机关将全案刑事卷证移送给审理法院,一方面为审理法院对起诉必要性进行审查以及法官庭前阅卷、了解案情、准备庭审创造了条件;另一方面也为保障辩方的证据知悉权、辩护权提供了一定基础。但当前我国刑事卷证移送制度的法律规范,还存在以下不足之处。

(一)刑事卷证移送的法律规范比较粗疏

第一,法律规范上并未区分案件类型从而进行刑事卷证分类移送。我国2018年修正《刑事诉讼法》时,已将认罪认罚从宽制度写入其中,并作出了相对体系化的规定。就刑事卷证移送制度相关部分而言,虽然该法在第176条第2款规定了认罪认罚案件应当同时将量刑建议书、认罪认罚具结书等刑事卷证材料移送给审理法院,但并未就认罪认罚案件与非认罪认罚案件作出区分,即只是笼统规定检察机关将刑事卷证材料移送审理法院。同时,2018年《刑事诉讼法》也未将是否属于认罪认罚案件与被告人罪行轻重以及所应适用的审理程序结合起来予以统筹,考虑提起公诉时应当如何进行刑事卷证的分类移送。

第二,法律规范上未区分刑事卷证移送方式。随着信息技术的迭代发展进步,我国"数字检察""智慧法院""科技法庭"等建设方兴未艾,网上立案、公告送达、单轨制卷证移送及线上阅卷等技术运用迅猛发展。线上刑事卷证移送将成为未来的发展趋势。这不仅可以提升刑事诉讼效率,方便辩护律师及时查阅刑事卷证材料,还可以通过一定的技术手段限制审判人员的阅卷范围。例如,在案件开庭审理前设置一个阻却程序,由法官助理把阅卷审查、案件排期等庭前准备工作办理完毕以后,再将刑事卷证于开庭时交由承办法官,这样可在一定程度上避免承办法官先入为主。因为线上移送技术具有监管便利性,假如刑事卷证按照规定只能流转给法官助理进行庭前阅卷,一旦流转给承办法官,其所留痕迹是难以抹去的。但目前我国《刑事诉讼法》并未将刑事卷证移送制度进行区分,一律运用线下方式进行刑事卷证移送,未充分享受科技发展带来的"红利",不利于刑事司法体系现代化的发展。

（二）法律规范上未规定辩护卷证的移送

依照 2018 年《刑事诉讼法》第 43 条的规定,辩护人可以依法收集证人证言、被害人陈述以及有关物证、书证、鉴定意见等刑事卷证材料,但并未规定辩护卷证是否需要移送以及何时移送、如何移送等内容,致使司法实践中部分辩护人依法收集的辩护卷证材料的法律效力明显低于公诉人提交的刑事卷证的法律效力。同时,这又可能会进一步助长我国刑事诉讼中的"公权力信赖情结"这一不良倾向。因为我国存在的"公权信赖""国家信赖"问题,导致刑事诉讼中的"公证言"与"私证言"的运用差别较大,即在司法实践中,主要使用有权机关制作的刑事卷证("公证言"),而一般不会采用辩护人依法调查获得的刑事卷证("私证言")。[①]

（三）刑事卷证移送的协同措施不完善

制度作为一个系统运行时,通过众多制度的合力形成协同效应,可以消解某个制度的负面影响。如德国、法国等国家,在各自的刑事诉讼普通程序中,就通过设立一系列排除法官预断的机制,并配套犯罪嫌疑人或被告人辩护权保障和法庭审判制度等,对刑事卷证给审判中心主义带来的冲击进行了消解。然而,考察我国刑事卷证移送法律规范可知,相关协同措施却很少见,如附条件不起诉制度等案件分流机制不完善、庭前会议是否具有证据审查功能也未予明确,如此等等,不一而足。

三、刑事卷证运用法律规范的不足

初步看来,《刑事诉讼法》关于刑事卷证运用制度的法律规定,似乎能够为避免刑事庭审形式化提供一定的制度支撑,为刑事审判方式改革提供前提和基础。然而,事实并非如此。实践中证人、鉴定人出庭均很少见,原因何在？本书认为,从法律规范上看,造成证人、鉴定人不出庭的原因主要在于相关制度规范不明晰、条件设置不合理,因此造成证言笔录、鉴定意见等大量刑事卷证涌入法庭,证人、鉴定人自然就会几乎不出

---

① 参见龙宗智：《论书面证言及其运用》,载《中国法学》2008 年第 4 期。

庭,刑事庭审形式化由此产生。

(一)未细化刑事卷证运用的制度规范

我国审判阶段对刑事卷证的运用具有粗放型特征,庭前法官对刑事卷证的阅览和庭审及庭审后的卷证运用都缺乏相应的阻断或控制机制。就庭前法官是否应该阅览刑事卷证以及如何阅览刑事卷证、合议庭成员还是承办法官可以阅览刑事卷证等问题,现行《刑事诉讼法》并未予以明确;就法官在庭审中如何运用刑事卷证、是否需要分门别类地运用刑事卷证以及法官不当运用刑事卷证作出裁判的救济审如何规制、如何纠正等,现行《刑事诉讼法》亦未予以规定,更遑论庭审后法官是否还能阅卷、是否还能依据刑事卷证作出裁判等问题的规制。

考察我国有关刑事卷证运用制度的现有法律规范,一个普遍的共识是:容易导致刑事庭审形式化。刑事庭审形式化,是指法官所作出的刑事裁判,主要不是通过"庭审审理"来完成的,而是通过庭审之前的"阅卷"或之后的"核卷"来完成的。它的主要问题表现就是庭审在刑事诉讼中没有发挥实质性作用,从一定程度上讲,法官不经过庭审程序也可以作出刑事判决。当然,刑事庭审形式化并非我国刑事诉讼中独有的问题,同属于东亚的日本和韩国近年来也将力戒刑事庭审形式化作为各自刑事司法制度改革的目标之一。① 例如,在日本,公判中心主义意味着需要遵循作为判决基础的证据和主张应当于审判期日在法庭上进行调查的原则,其含义是作为事实认定者的法官、裁判员应该在审判法庭上形成心证。②

(二)未规定直接言词原则及其例外

我国《刑事诉讼法》规定的证人、鉴定人出庭作证制度,从理论根源上均可被视为对直接言词原则的贯彻落实。作为刑事诉讼法学理论上分析

---

① 参见董林涛:《日本审判中心改革动向与评析》,载《河南财经政法大学学报》2016年第5期,第90—98页;[韩]李柱元:《对质询问权》,载卞建林、韩旭主编:《刑事庭审实质化和有效性问题——第九届中韩刑事司法学术研讨会论文集》,法律出版社2018年版,第215—228页;[韩]吴庆植:《对韩国刑事审判证据调查程序的省思》,载卞建林、韩旭主编:《刑事庭审实质化和有效性问题——第九届中韩刑事司法学术研讨会论文集》,法律出版社2018年版,第194—204页。

② 参见[日]葛野寻之、王雲海编著:《刑事訴訟における公判中心主義:日本と中国》,日本成文堂2022年版,第15页。

卷证运用制度的原理性准则,直接言词原则是大陆法系国家规范证人出庭作证的基本原则。例如,《德国刑事诉讼法》要求法庭必须争取使用可能获得的最佳证据,如果法庭可以传唤目击证人,就不能听取询问过该证人的法官的证言,或者以宣读询问该证人的笔录来代替。① 《德国刑事诉讼法》中的这一规定,就是直接言词原则的法律渊源。直接言词原则包括两个方面:在场原则和直接采证"第一手证据"原则。它要求诉讼参与各方在法庭上陈述任何证据时均应以言词方式进行,不得以检察机关提交的刑事卷证作为法庭裁判的依据。就此而言,将我国的证人、鉴定人以及有专门知识的人出庭制度理解为保障直接言词原则在刑事诉讼中得以实现的具体制度安排,当无异议。但是,我国《刑事诉讼法》体现直接言词原则与明确规定直接言词原则并不是一回事,我国《刑事诉讼法》中有一些体现直接言词原则的规定,但遍览2018年《刑事诉讼法》,其并未将直接言词原则明确写入。故而,直接言词原则的法律化及其体系化规定,当属于解决刑事庭审实质化的主要议题。

根据直接言词原则的要求,证人应亲自出庭以言词方式提供证据,一般不允许以刑事卷证(证言笔录)代替。法官对证据的审查判断也需直接接触证人,并以言词的方式进行审查。诚如法彦所云:"有原则,就有例外。"直接言词原则也存在例外情形。换言之,在一些特定情况下,刑事卷证也具有证据能力,可以作为证据向法庭提供。仍然以德国为例,《德国刑事诉讼法》在确立了证人当庭证言优于刑事卷证的前提下,对直接言词原则规定了许多例外。比如,在证人死亡、患有严重疾病、因居所遥远不能被合理期望到庭,陈述中包含被告人的供述,控辩双方同意宣读该证人笔录等情形下均可以宣读刑事卷证。② 考察我国现行刑事诉讼法律规范,其亦无关于刑事卷证与庭审证言孰优孰劣的相关规定,这是影响我国

---

① 《德国刑事诉讼法》第250条规定:对事实的证明如果是建立在个人的认识上的,在法庭审理中应当对其询问。询问不允许以宣读以前的询问笔录或者书面证言代替。参见《世界各国刑事诉讼法》编译委员会编译:《世界各国刑事诉讼法(欧洲卷·上)》,中国检察出版社2016年版,第296页。

② 《德国刑事诉讼法》第251条规定:1.有下述情形的,允许以宣读法官讯(询)问笔录或者含有其书面陈述的证书,代替讯(询)问证人、鉴定人或者共同犯罪嫌疑人:(1)被告人有辩护人,且检察官、辩护人和被告人对此同意;(2)证人、鉴定人或者共同犯罪嫌疑人已经死亡或者其他原因导致在可预见的期间内不能进行讯(询)问;(3)此笔录或者文书涉(转下页)

刑事卷证制度功能有效发挥的一个重要因素。

（三）具体制度设计尚不完善

尽管 2012 年《刑事诉讼法》对刑事卷证移送制度的恢复与 1979 年《刑事诉讼法》所确立的刑事卷证移送制度存在重大差异，但学界对此纷纷表示担忧，认为 1996 年之前产生过的"法官可能预断，法庭审判先定后审，影响公正审理案件的问题，在立法和理论研究方面仍有继续探讨的必要"①。这些担忧不无道理。从法律规范上分析，2012 年《刑事诉讼法》的修改完善，很多制度设计实质上并非完美无缺。

第一，在证人、鉴定人出庭作证问题上，《刑事诉讼法》所作的制度安排仍然赋予了法官较大的自由裁量权。对于证人出庭作证的三项条件以及鉴定人出庭作证的两项条件中，控辩双方对证人证言或者鉴定意见"有异议"这一条件很容易理解，比如，公诉人、辩护人认为某一证人证言或者某项鉴定意见不符合实际情况，与在案的其他证据之间存在矛盾之处，然后据此申请证人或者鉴定人出庭作证的。但是，"人民法院认为有必要"这一条件则比较模糊。实质上，这相当于将证人、鉴定人是否出庭的最终决定权交给了法官。法律没有规定何种情况下属于"有必要出庭"，何种情况下属于"没有必要出庭"，加之法律明确规定的未出庭的证人证言笔录、鉴定人的鉴定意见应当当庭宣读的法庭质证程序规则要求，"人民法院认为有必要"这一条件几乎变成了"法官认为证人、鉴定人没有必要出庭"的理解和运用。更为重要的是，被告人及其辩护人对于法庭拒绝通知证人、鉴定人出庭作证而允许控方宣读证言笔录和书面鉴定意见的，法律并没有规定是否可以通过上诉途径来申请二审法院撤销原判。针对上述问题，现行《刑事诉讼法》均没有确立可操作的程序规则，对于规范法官的

(接上页)及财产损害的状态或者制度。2.有下列情形的，也允许以宣读之前的法官讯（询）问笔录，代替讯（询）问证人、鉴定人或者共同犯罪嫌疑人：(1) 证人、鉴定人或者共同犯罪嫌疑人鉴于长期的或者不可确定期限的疾病、虚弱或者其他不能排除的障碍使其不能出席法庭审理的；(2) 证人、鉴定人到庭路途遥远，考虑到证人、鉴定人在法庭上发言的重要程度，不能期待其到庭的；(3) 检察官、辩护人和被告人同意宣读的。参见《世界各国刑事诉讼法》编译委员会译：《世界各国刑事诉讼法（欧洲卷•上）》，中国检察出版社 2016 年版，第 296 页。

① 宋英辉、刘广三、何挺等：《刑事诉讼法修改的历史梳理与阐释》，北京大学出版社 2014 年版，第 260 页。

自由裁量权缺乏相应的制度安排。同时,现行制度安排的背后,实际上是法官所具有的查明事实真相的积极裁判者角色使然。然而,按照现代刑事诉讼的基本原理,法官应当是相对消极、中立的事实裁判者。因此,这种法庭之外形成刑事裁判的司法文化,是庭审虚化问题的核心。

第二,在刑事卷证证据能力的规制上,《刑事诉讼法》中缺乏相应的约束规则。2018 年《刑事诉讼法》第 195 条规定的法庭质证程序,对于未到庭证人的证言笔录、鉴定人的鉴定意见、勘验笔录和其他作为证据的文书等刑事卷证材料,公诉人应当当庭宣读。该条款名为法庭质证程序条款,实际上是刑事卷证具有证据能力的"背书条款"。《刑事诉讼法》并未明确刑事卷证与当庭口证之间的证据能力有无以及孰优孰劣的问题,即并未确立刑事卷证证据能力否定规则。以证言笔录的运用为例,从刑事诉讼一般理论来讲,证人出庭作证能够保障控辩双方的质证权,并且维护程序正义,因此被认为是证人作证的最佳方式。再从比较法上看,大陆法系国家的直接言词原则和英美法系国家的传闻证据排除规则的基本内涵是:认为庭前证言笔录等刑事卷证不具有证据能力,其基本意旨也是将出庭作证确认为证人作证的主要方式。反观我国的法律规范,运用刑事卷证(证言笔录)与使用庭审证言并没有主次之分,证人是以证言笔录的方式书面作证还是以出庭的方式口头作证,并不影响证据能力,只要能够查证属实,法官一般都可以将其采为定案根据,用以认定案件事实。很显然,目前的刑事立法对证言笔录等的证据能力未作规范,更不存在否定刑事卷证证据能力的规定,这不利于解决庭审形式化问题。

第三,证人"有必要出庭作证"的规定与直接言词原则要求不符。2018 年《刑事诉讼法》第 192 条第 1 款对证人"有必要出庭作证"的规定,违反了关于证人角色的证据法基本原理。一方面,"证人是对庭外发生的事件拥有知识,被传唤到法庭,宣誓后在法官、陪审团和诉讼当事人面前披露该知识的人"[1]。换言之,"证人角色的规定性就在于出庭作证"[2]。如果证人不出现在事实认定者面前亲身披露其所知晓的案件事

---

[1] [美]罗纳德·J.艾伦等:《证据法:文本、问题和案例(第三版)》,张保生等译,满运龙校,高等教育出版社 2006 年版,第 102 页。
[2] 张保生:《证据制度的完善是实现审判中心的前提》,载《法律适用》2015 年第 12 期。

实,那么他就不是诉讼法意义上的"证人"。另一方面,如前所述,该条款实质上把证人须出庭以口头方式作证的法定标准,变成了法官自由裁量的弹性标准。因此,有必要按照直接言词原则的要求进行立法完善。

第四,未细化规定专家证人出庭作证制度。在有专门知识的人出庭制度方面,《刑事诉讼法》只是作出了较为原则的规定,即控辩双方"可以申请法庭通知有专门知识的人出庭,就鉴定人作出的鉴定意见提出意见"。专家证人出庭作证,其实就是"鉴定"鉴定意见,法庭可以借助专家证人的智识和经验,对鉴定意见进行有效审查判断。该制度的确立可以弥补现行鉴定制度的一些缺憾,助推构建起一种带有对抗性的鉴定意见审查机制。但由于《刑事诉讼法》只作了原则性规定,并没有具体的制度设计来保障其实施,致使实践中有专门知识的人出庭制度几乎被"闲置"。

(四)现行法律规定部分内容前后相冲突

《刑事诉讼法》中"对未到庭的证人证言笔录及书面鉴定意见,公诉人应当当庭宣读"的规定,与"证人证言及鉴定意见必须在法庭上经过控辩双方询问、质证以后,才能作为定案根据"的规定不能相容。前一规定导致实践中以宣读刑事卷证来代替直接询问和交叉盘问证人、鉴定人成为惯常做法,后一规定实质上被前一规定架空,从而导致被告人在庭审中难以与对其不利的证人、鉴定人等进行当面质证。在很多实行卷证并送主义的欧洲国家不可能存在这一问题。① 欧洲人权法院反复强调辩方交叉质询权的重要性,其原因就在于交叉质询权不仅对辩方至关重要,而且对查明案件真相意义重大。

第二节 对我国刑事卷证运用实践的反思

"斩断庭前书面证据与庭审的直接链接是庭审实质化改革的重要目标。"②不可否认,我国刑事诉讼中卷证中心主义的盛行以及"阅卷""审

---

① 参见[德]约阿希姆·赫尔曼:《刑事司法与人权保障——欧中刑事司法改革比较与借鉴》,颜九红译,载《北京政法职业学院学报》2006年第4期。
② 左卫民:《地方法院庭审实质化改革实证研究》,载《中国社会科学》2018年第6期。

卷""核卷""判卷"的刑事卷证审理"四步法"带来了诸多问题,导致司法实践中法官过度依赖刑事卷证作出裁判,造成规范庭审的程序制度和证据规则的实践效用不彰,产生了刑事庭审虚化等消极现象,助长了在法庭之外形成刑事裁判结论的不良司法文化。

一、一般审判实务中的刑事卷证问题

在我国刑事审判实务中,刑事卷证的实践运用普遍存在以下三个方面的问题:一是刑事审判卷证依赖度高;二是证人出庭作证难度大;三是庭前证言效力强。

(一)刑事审判卷证依赖度高

实践中,在以侦查为中心的刑事诉讼构造之下,人民法院定案的主要依据是审前阶段形成的刑事卷证。法官通过阅读刑事卷证开展庭前准备工作,庭审主要通过公诉人宣读刑事卷证进行举证、质证,法官在裁判文书中普遍援引刑事卷证,将其作为判决的基础。因此,控方依赖刑事卷证进行指控,导致庭审举证虚化;在此基础上,辩方依赖刑事卷证进行辩护,庭审质证虚化由此产生;裁判方依赖刑事卷证作出裁判,庭审认证及刑事裁判虚化也就可想而知。

1. 控方依赖刑事卷证指控

长期以来,我国刑事诉讼中证人出庭率一直很低,一般认为不到5%,此种低出庭率状况在2012年《刑事诉讼法》修订施行之后亦未得到明显改观。2012年《刑事诉讼法》完善了证人出庭作证制度,立法上意图强化刑事庭审对证人证言的实质性审查,但从司法实践情况来看,证人出庭率并无明显变化,加强证人出庭以推进刑事庭审实质化的立法目的显然未能实现[①]。某经济发达省份的Y市中级人民法院课题组以《构建以庭审为中心刑事诉讼制度的实践路径》为题,对该市两级法院2013—2015年刑事审判实践情况进行了调研,结果发现证人出庭作证案件整体占比较低:市、县(区)两级法院共审结刑事案件9740件,证人出庭作证案件19件,其中2013年8件、2014年6件、2015年5件,总的占比为0.2%。同

---

① 参见龙宗智:《庭审实质化的路径和方法》,载《法学研究》2015年第5期。

时,鉴定人出庭作证的案件也很少见。据浙江省司法厅统计,2013年该省办理涉及诉讼的司法鉴定36832件,鉴定人出庭作证只有167次,出庭率仅为0.45%。① 近年来,这一状况并未得到明显改观。有实证研究显示:自2012年《刑事诉讼法》修订实施至2020年12月31日止,中国裁判文书网共发布涉及"鉴定意见"的刑事裁判文书1683327份,其中涉及鉴定人出庭作证的裁判文书有1606份,占比仅为0.095%,②鉴定人出庭作证率依然相当低。

由此可见,控方在刑事庭审中的举证,其形式意义明显大于实质意义,刑事卷证的"举证"更具有实质性。证人不出庭作证导致庭前刑事卷证被公诉机关作为指控犯罪的重要证据,在刑事庭审中通行无阻。我国刑事庭审中绝大部分的证人证言都以庭前刑事卷证的形式在法庭上出示,并进行质证。如笔者第三章中所述"G省B市中级人民法院刑事案件庭审笔录"显示的那样,在被告人洪某某故意杀人、保险诈骗一案的庭审中,控方举证都是以宣读庭前刑事卷证的方式进行,这导致控方指控犯罪高度依赖刑事卷证,侦查、调查结果可以通过庭前刑事卷证的方式顺利进入庭审,并获得当然的证据能力。笔者访谈的一位从事公诉职业近三十年的资深员额检察官坦言,在其职业生涯提起公诉的1000余件刑事案件中,主动申请法庭通知证人出庭作证的案件屈指可数。这样一种侦查与审判紧密连接的方式,使审前程序实际上成为刑事诉讼程序的重心。我国刑事诉讼中这种证人出庭作证率极低的情况,导致法官在刑事庭审中只能接触到公诉人宣读的证人证言笔录、书面鉴定意见等刑事卷证,法官在刑事庭审中无法获得"鲜活之印象"的据以认定案件事实的证据信息,所以其目光不得不转移到刑事卷证之上,通过阅读、审查刑事卷证,来获得定案的依据。③

2. 辩方依赖刑事卷证辩护

第一,质证环节虚化。刑事质证既是控方证明其指控合法、正确和辩

---

① 参见俞世裕等:《鉴定人出庭作证制度实施现状及完善——以浙江省为视角》,载《中国司法鉴定》2014年第5期。

② 参见刘科学:《刑事诉讼中鉴定人出庭制度的运行现状及其改进——以88份裁判文书为研究样本》,载《中国应用法学》2021年第5期。

③ 参见包献荣:《论我国刑事诉讼中直接言词原则的实现》,载《中国政法大学学报》2018年第6期。

方防御不当指控的重要程序环节,也是法官明辨是非曲直、准确采信证据、公正作出判决的重要途径。但在司法实践中,质证的形式主义现象却较为严重。一方面,辩方只对刑事卷证的书面记录发表质证意见,如 G 省 B 市中级人民法院审理的被告人洪某某故意杀人、保险诈骗一案在质证时,被告人及其辩护人发表的质证意见基本上只有一句话——"无异议"。由于证人、鉴定人几乎不出庭作证,辩方难以通过面对面的询问方式发现、揭露刑事卷证的虚假或内容上的矛盾。对于认为虚假的证人证言或被害人陈述,以及有异议的鉴定意见,被告人除了作出否认,辩护人除了质疑,一般难以动摇法官采信该份刑事卷证的倾向。另一方面,辩方的质证能力和条件受限。被告人大多比较缺乏专业知识,加之受到刑事庭审情绪紧张等因素影响,其质证能力往往极为低下。同时,公诉人通常概括宣读刑事卷证,并批量进行举证,较少一证一举一质,如一次性宣读多份证言笔录、辨认笔录、同案犯供述等,被告人一般很难记住宣读的证据内容,也就难以提出有效的质证意见。对于一些专业性较强的证据,如鉴定意见、电子数据等,因不理解其证明的内容,被告人只能回答:"无异议"。况且,司法实践中批量举证,"打包质证"的举证、质证模式可以说是主流模式,由此形成了"以阅卷为中心"、庭审走形式的审判模式[①]。尽管批量举证模式有其现实合理性,在事实证据繁杂、量大的案件中,对于争议不大的事实或者是辅助性事实,可以采取这一举证、质证模式以提升刑事诉讼效率。但实践中这一模式的应用已远超上述范围,有争议证据也被包含在批量证据之中进行举证、质证,导致辩方对争议证据的质证不充分。进言之,这样的质证仅仅具有象征意义,被告人及其辩护人,甚至包括审判人员都难以通过这样的庭审质证方式全面了解证据情况,质证环节明显虚化,往往沦为走过场。

第二,对辩方卷证不重视。司法实践中,刑事卷证主要由侦查机关、调查机关、公诉机关等调查收集而来,一般不使用辩护人调查所获得的刑事卷证。即使辩护律师通过调查取证获得了证人的书面证言等刑事卷证,在具体案件中也几乎不会被接受。法官对此的解释通常是,辩护律师由被告人或者其亲属聘用,取证带有倾向性而缺乏客观公正,而侦查员、

---

① 参见龙宗智:《庭审实质化的路径和方法》,载《法学研究》2015 年第 5 期。

公诉人等则因职业与法官具有高度同质性、责任与法官具有高度一致性而具有较高的可信度。

与此同时,辩方申请调查有利证据的权利保障不足。在审判阶段,辩护律师申请调查有利于被告人的证据材料而被人民法院批准的,实属鲜见。即使人民法院准许,辩护律师收集、调取到相关证据材料的难度也非常大。此外,律师提交的刑事卷证被法院采纳的更是罕见。一位常年从事刑事辩护工作的资深律师曾经向笔者坦言:近十年来其提出的申请人民法院调取有利于被告人的证据材料的请求,80%以上均被驳回;在准许调取的案件中,有80%以上未能成功调取;而在成功调取的案件中,又有80%以上的证据材料未被法庭采纳。上述情况,导致辩护流于形式,辩护效果较差,这些问题使刑事审判活动容易受控诉方单方的影响,最终会阻碍刑事诉讼活动以审判为中心的实现。

第三,对辩方质证意见不重视。在我国刑事审判中,被告人及其辩护人在庭审时很难对审前刑事卷证进行否定。因为一些法官更倾向于认为,被告人在庭审中翻供是为了逃避即将到来的刑事惩罚。这与大陆法系的同行们在庭审时重点查究被告人是否推翻其有罪供述全然不同。被告人在庭审时申请调查取证,法官可以"与本案无关"为由而不予准许,也可以拒绝被告人要求重新鉴定的申请。在浙江张氏叔侄冤案中,张氏叔侄曾要求鉴定并查明被害人指甲缝里检测出的脱氧核糖核酸(Deoxyribonucleic,缩写为DNA)是谁所留,但二审法院认为:"本案中的DNA鉴定结论与本案犯罪事实并无关联。"①2012年,浙江省高级人民法院立案复查后经鉴定,该DNA与其他已决案中罪犯的DNA比对一致。司法实践中,被告人的申请调查取证权并未得到有效保障,这进一步说明了我国法官对刑事卷证的法律效力评价很高,对庭前刑事卷证的重视程度远超过对当庭证言的重视程度。

3. 法官依据刑事卷证裁判

第一,刑事庭审认证虚化。举证、质证、认证是刑事庭审密不可分的"三部曲"。法官当庭进行认证,可以提高裁判透明度,促进司法公正。但司法实践中,当庭认证的作出更多依赖于对刑事卷证的举证、质证,缺乏

---

① 浙江省高级人民法院(2004)浙刑一终字第189号刑事附带民事判决书。

实质性意义。

在我国刑事诉讼中,刑事卷证的运用对裁判的作出发挥了决定性作用。调查问卷显示,80%以上的受访法官表示所有刑事案件均进行了庭前阅卷,且判决的作出主要依赖于对刑事卷证的审阅;近20%的受访法官称被告人认罪的简易程序案件庭前不阅卷,但判决却通过庭后阅卷并结合庭审情况作出。此外,70%以上的受访法官表示用于庭前阅卷的时间占整个案件审理时间的一半以上。不难看出,当前的刑事审判以"卷证审理"为重心而不是以"庭审审理"为重心,法官的工作重心不在刑事庭审上而在"阅卷""审卷"上,从而导致刑事案件通常庭审时间短,庭后阅卷、制作裁判文书时间反而较长。① 这种审理模式进一步加剧了审判与侦查的联结度,削弱了审判对侦查、起诉的制约,同时弱化了刑事庭审的实质化、实效化。

第二,法官依赖刑事卷证作出裁判,致使刑事庭审实质化难以实现。在刑事审判中,法官普遍通过"阅卷"来开展庭前准备活动,对于言词证据,普遍通过宣读刑事卷证来进行法庭调查、开展"审卷"活动,在判决书中普遍援引刑事卷证作为裁判的基础,从而完成"判卷"任务。刑事卷证在庭审中起到重要作用,有书面审理之嫌。刑事卷证在庭审中的大量运用,切断了证人和法官之间的直接感知途径,违背了实质直接言词原则。依照直接言词原则的要求,法官对案件事实的认定,应当以直接接触的证据为依据。但在我国当前的刑事庭审方式中,法官直接接触并作为事实认定依据的是公诉方移送的刑事卷证。此时,法官是以证据的替代物为根据对刑事案件事实作出裁判。②

司法实践中,审前阶段形成的刑事卷证成为承载案件事实证据信息的主要载体,刑事审判的主要活动集中于对刑事卷证的书面审查,忽视了刑事庭审对查明事实、裁决争议、形成心证的功能和价值。法官基于"阅卷""审卷"而形成内心确信和判断的过程,完全取代了刑事庭审,故而刑事庭审必然是走过场。刑事庭审功能基本虚化:证人、鉴定人几乎不出庭

---

① 参见左卫民等:《中国刑事诉讼运行机制实证研究(五):以一审程序为重点》,法律出版社2012年版,第208页。

② 参见徐拿云:《直接言词原则的理论阐释与实现路径》,载《西南民族大学学报(人文社会科学版)》2018年第8期。

作证,辩护作用难以充分发挥,对定案证据的质证和辩论缺乏实质性,几乎不存在当庭认证和当庭宣判,刑事庭审成了法官"阅卷"后的"审卷""核卷"的途径和听取辩护意见的方式。有学者已指出,刑事卷证实际上成为前一程序联结后一程序的纽带,"法庭审判在一定程度上变成对侦查结论的审查和确认过程,而失去了独立自主地审查证据、认定案件事实的能力"[①]。同时,过度依赖刑事卷证,无助于法官能力的提升和责任心的养成,反而会加剧"审而不判,判而不审"的负面局面,进一步加剧刑事裁判的行政化倾向。

此外,法官仅仅审查刑事卷证就作出裁判,会忽视其他在案证据在审查判断中的地位和作用。例如,庭审中的被害人陈述以及证人证言,尤其是被告人的举止表现等细节,通常是庭审亲历者作出判断的重要依据,直接言词原则也部分源于此。再者,证人证言最普遍、最大量地存在于各类案件中,我国刑事诉讼中绝大部分证人证言都以刑事卷证的形式呈现于法庭之上,致使法院的刑事判决建立在这些书面卷证的基础之上,从而导致刑事庭审走过场、形式化。同时,证据信息在传播过程中,还容易被干扰或者遗漏,而且刑事卷证与其使用者,尤其是裁判者之间往往会存在一种创造性关系,裁判者如果没有通过亲身经历来感受案情,其所获得的证据信息不仅不全面,还会因其阅读刑事卷证时发挥的主观创造而有可能进一步偏离案件事实。正是以此为基础,诉讼法理才会一致认为,直接言词原则更有利于事实真相的发现。但遗憾的是,我国《刑事诉讼法》没有真正确立完整意义上的直接言词原则。

一般而言,以审判为中心的逻辑推演和主要实现路径是以"庭审审理"为重心,这是因为刑事审判所固有的中立性、公开性、抗辩性等特征主要是通过刑事庭审来表现的。但倘若主要以庭前"阅卷"、庭审"审卷"和庭后"核卷"等方式实施审判活动,就必然导致刑事庭审虚化,导致"卷证中心主义",最终导致侦审紧密联结,且刑事庭审的运行方式与侦查、起诉活动并无本质区别,难以支撑审判的终局性和裁决性作用。刑事冤错案件的发生也与此密切相关。在刑事审判程序中,"卷证中心主义"是造成

---

① 陈瑞华:《案卷笔录中心主义——对中国刑事审判方式的重新考察》,载《法学研究》2006 年第 4 期。

庭审虚化的首要因素。① 有鉴于此,要实现"以审判为中心",实有必要完善刑事卷证的移送和运用制度,在此基础上将刑事庭审功能从传统的虚化、形式化的桎梏中解放出来,完整实现"诉讼证据质证在法庭、案件事实查明在法庭、诉辩意见发表在法庭、裁判理由形成在法庭"的实质化刑事庭审。

(二)证人出庭作证难度大

在我国司法实践中,证人出庭作证面临多重困境。证人出庭作证,在域外审判中心主义的要求中被认为是发现事实真相和保障被告人对质权的基础,也是直接言词原则的体现。② 但在我国刑事诉讼中证人、鉴定人出庭作证面临诸多困难和阻力。证人不愿出庭、不敢出庭作证者有之;司法机关认为不必出庭、不让出庭者有之;相关制度设计不合理、不周延者有之。

首先,从社会层面来看,证人不愿出庭作证,其作证法律义务难以实现,强制证人出庭作证在实践中更加难以适用。在我国的传统文化中,儒家思想一直主张"父为子隐,子为父隐"。我国的立法深受儒家思想的影响,历代法律都承认亲属相容隐的原则。汉律中"亲亲得首匿";唐以后的法律,容隐的范围进一步扩大,不但直系亲属和配偶包括在内,只要是同居亲属,不论有服无服,都可援用此律;明、清律的范围甚至扩大至妻亲,连岳父母和女婿也一并列入。③ 法律上既容许亲属容隐,禁止亲属相告奸,同时也就不要求亲属在法庭上作证人。唐以后的法律都明文规定于律得相容隐的亲属皆不得令其为证,违者,官吏有罪。④ 与此同时,儒家还倡导"和为贵"的道德实践原则。《论语·学而》记载:"礼之用,和为贵。""和合"文化成为我国优秀传统文化的一大特征,且影响深远。时至今日,受"容隐""厌讼"等社会观念及"和为贵""中庸之道"等传统文化的影响,司法实践中大部分证人不愿意当庭作证,更不愿意出庭接受对

---

① 参见汪海燕:《论刑事庭审实质化》,载《中国社会科学》2015 年第 2 期。
② 参见王敏远:《以审判为中心的诉讼制度改革问题初步研究》,载《法律适用》2015 年第 6 期。
③ 参见瞿同祖:《中国法律与中国社会》,商务印书馆 2010 年版,第 68 页。
④ 同上书,第 69 页。

质,侦查机关询问证人都颇费周折,出庭作证自然更难以实现。① 此外,证人对其出庭作证可能存在的不利后果充满顾虑。一旦强制其出庭,反而可能会造成证人出庭不敢作证、不愿作证的负面效果。

其次,从司法层面来看,证人不出庭作证受内部因素制约。一方面,司法实践中对刑事卷证的认可度较高,弱化了对证人出庭作证的需求。笔者对一线办案法官的访谈证明,在对书面证据没有充分理由怀疑其真实性、可靠性的情况下,法官一般认为证人没有必要出庭,几乎都会肯定书面证言的证据能力。另一方面,证人出庭作证使刑事庭审不可控因素增加,法官对证人出庭作证持谨慎态度。在证人出庭作证的情况下,法官会担心由于证人当庭作证能力欠缺,如心理因素变化而改变庭前证言、拒绝回答、前后反复,甚至矛盾等,致使刑事庭审质证效果不佳,刑事庭审存在一定程度的不可控风险,由此还会导致法官对证人证言的采信产生难题,同时也会在一定程度上影响刑事庭审及审判效率。

最后,从制度层面来看,证人出庭作证的配套保障措施不健全,证人对出庭存有后顾之忧。一是证人身份的保护性措施、证人劳动权利的保障等一系列措施尚未全面建立,导致证人出庭作证面临被报复的风险,有可能要承担物质和利益上的损失,因此心存顾虑就是自然而然的事。二是证人出庭的保护措施适用范围过窄。我国仅在危害国家安全犯罪、恐怖活动犯罪、黑社会性质组织犯罪、毒品犯罪四类刑事案件的证人及其近亲属人身安全面临危险时,司法机关才采取保护措施,但对其他刑事案件证人的保护却较为滞后,客观上进一步影响了其他案件中的证人出庭作证的意愿。

(三)庭前证言效力强

在我国司法实践中,庭前证言效力普遍优于当庭证言效力。在域外法治国家的刑事诉讼中,法官据以裁判的信息主要从刑事法庭获取,裁判结论的形成自然以当庭举证、质证情况为依据。但我国的刑事诉讼受刑事卷证移送和运用制度的影响颇深,刑事审判的信息获取主要来源于侦控机关庭前制作的刑事卷证。

---

① 参见侯建军、刘振会:《刑事证人出庭作证制度完善研究》,载《法律适用》2015年第12期。

从立法规定层面来看,如本章第一节所述,我国《刑事诉讼法》未确立当庭证言效力优先原则,客观上赋予了庭前刑事卷证较高的法律效力,即使证人出庭作证,裁判结果的形成也很少考虑出庭作证的情况,从而导致证人出庭作证必要性骤减。

从司法解释层面来看,无论是2012年《刑诉法解释》、2021年《刑诉法解释》,还是2017年发布的最高人民法院《关于全面推进以审判为中心的刑事诉讼制度改革的实施意见》等有关刑事庭审实质化改革的指导性文件,均明确了刑事卷证与庭审证言不一致时将何者作为判决依据的规则,这实质上进一步强化了刑事卷证的效力。

从司法实践层面来看,长期以来,刑事卷证在司法实践中效力过高,成为影响人证出庭作证的关键因素。在实践中,当庭证言的可采性较低。前述Y市中级人民法院课题组对该市两级法院2013年至2015年刑事审判实践情况进行的调研统计数据显示:在22份出庭作证的证人证言中,最终获得采信的只有5份,占比为22.7%。该1/5强的占比进一步说明庭前刑事卷证的法律效力明显优于当庭证言,法官更愿意以出庭证人的庭前刑事卷证作为定案依据。因此,克服刑事卷证审判的影响,落实审判中心的关键在于,摆脱刑事裁判对于庭前刑事卷证的依赖,以人证出庭的举证、质证方式为法庭认证和裁判的依据。

二、庭审实质化改革中刑事卷证存在的问题

刑事庭审实质化改革试点展现出了较为规范的、相对适度的对抗式庭审格局,所取得的改革成绩可圈可点。各项改革措施在司法实践中的推行,在一定程度上强化了刑事审判,尤其是刑事庭审对证据的审查认定,较好地发挥了刑事审判对侦查、起诉阶段证据收集、固定、审查、运用等方面的引导和制约作用,提高了试点地区刑事案件的整体办案质量。但同时,有实证研究发现,改革试点对刑事庭审实质化有一定促进,但实质化程度并不充分,距"以审判为中心"的诉讼制度改革目标尚远。[①] 据笔者考察,与刑事卷证制度密切相关的"短板"主要体现在刑事卷证制度

---

① 参见左卫民:《地方法院庭审实质化改革实证研究》,载《中国社会科学》2018年第6期。

创新不足、刑事卷证运用制度的证据能力否定功能及影响法官心证功能发挥不够三个方面。

(一)改革试点中刑事卷证制度的创新不足

第一,从地方试点的层面来看,经过实证考察后发现,各地法院的刑事庭审实质化改革举措并没有将刑事卷证运用制度作为改革的突破口,在试点地区的诸多改革文件中,均未提及刑事卷证在案件审理中应该如何运用,刑事审判仍然是以刑事卷证为中心,①"未能实现以庭审为中心"②。即使是一些规范刑事诉讼中人证出庭作证的操作规范,也未就庭审证言与庭前刑事卷证该如何运用进行明确。

第二,从更高层面来看,当前司法改革中有针对性的刑事卷证制度规范供给明显不足。近些年来,随着"以审判为中心"的诉讼制度改革自上而下地推进,国家层面及时出台了诸多规范性文件。中央政法各部门为贯彻落实这一改革要求,先后出台了多项相关改革措施。比如,最高人民法院、最高人民检察院、公安部、国家安全部、司法部于2015年9月联合印发《关于依法保障律师执业权利的规定》,又于2016年7月联合发布《关于推进以审判为中心的刑事诉讼制度改革的意见》(以下简称《以审判为中心的改革意见》)。2018年1月,最高人民法院还专门制定施行了《人民法院办理刑事案件庭前会议规程(试行)》(已失效)、《人民法院办理刑事案件排除非法证据规程(试行)》(已失效)和《人民法院办理刑事案件第一审普通程序法庭调查规程(试行)》,合称"三项规程"。这些改革文件或多或少地涉及了刑事卷证运用制度,也直接或间接地体现出了刑事卷证运用制度的功能要求。

然而,在上述诸多改革文件中,没有一份提及刑事卷证在审判阶段如何运用,这一看似微不足道但实则牵一发而动全身的基础性问题。依笔者之见,这是导致前述问题并进而导致当前刑事庭审实质化改革成效不

---

① 左卫民教授领衔的实证研究课题组调查发现,在庭审实质化改革试点法院——A市中级人民法院审理的刑事案件中,定罪量刑的主要依据仍为刑事卷证,当庭口头证据作用有限;同时,在既有的"案卷主义"刑事审判模式下,庭审以展示、论证、质疑刑事卷证为中心而展开,这一固有审判模式在实质化庭审中虽然有所改变,但程度较为轻微。参见左卫民:《地方法院庭审实质化改革实证研究》,载《中国社会科学》2018年第6期。

② 龙宗智:《刑事庭审人证调查规则的完善》,载《当代法学》2018年第1期。

足的制度"短板"。以最重要的《以审判为中心的改革意见》为例,该文件共计 21 条,大部分内容要么是对现行《刑事诉讼法》已有规定的重述,要么是对现行实践做法的复述,既没有从制度、程序及各机关的职责等宏观层面提出实现"以审判为中心"的刑事诉讼制度改革的系统性方案,也没有从刑事卷证如何运用、庭审证言效力如何规范等微观层面提出明确具体的操作规则。《以审判为中心的改革意见》第 12 条规定,公诉人、当事人或者辩护人、诉讼代理人对证人证言有异议,人民法院认为该证人证言对案件定罪量刑有重大影响的,证人应当出庭作证。该规定取消了 2012 年《刑事诉讼法》第 187 条第 1 款关于证人出庭"三要件"中主观性极强且难以把握的"人民法院认为证人有必要出庭作证"的要求,似乎可以进一步为证人出庭作证制度的落实提供保障,并且在一定程度上消解立法层面有关证人出庭作证制度的"先天缺陷"。同时,该规定也为我国证人出庭作证制度的改进和完善奠定了一定基础。因为根据《联合国公民权利和政治权利国际公约》第 14 条(戊)的规定,在判定对被告人提出的任何刑事指控时,人人完全平等地有资格享受以下的最低程度的保证:讯问或业已讯问对他不利的证人,并使对他有利的证人在与对他不利的证人相同的条件下出庭和受讯问。但本质上,《以审判为中心的改革意见》第 12 条还是将证人出庭作证的最终决定权交给了人民法院,与辩方实际诉求具有较大差距,与上述《联合国公民权利和政治权利国际公约》第 14 条(戊)的规定亦不相符,仍有改进和完善的空间。

(二)改革试点中刑事卷证运用制度的证据能力否定功能发挥不足

庭审虚化是我国刑事诉讼中长期存在而未能有效解决的制度性问题。在刑事庭审实质化改革试点中,同样存在庭审虚化这一问题。以温州市中级人民法院为例,2017 年至 2021 年,全市法院适用普通程序开庭的刑事案件 20489 件,共在 1907 起刑事案件中通知 3732 人出庭,实际有 3528 人在 1807 件案件中出庭作证,其中普通证人 1764 人、侦查人员 649 人、鉴定人 226 人、专家 49 人、被害人 840 人。[①] 不难看出,这一人证出庭比例仍然较低。究其本质而言,上述现象是刑事庭审虚化的主要表现。

---

① 参见《以审判为中心的刑事诉讼制度改革"温州经验"》,载"温州市中级人民法院"微信公众号,最后访问日期:2022 年 4 月 5 日。

导致庭审虚化的原因是多方面的,据龙宗智教授总结,我国刑事庭审虚化的原因有三:一是与刑事庭审本身的特性有关;二是与刑事诉讼程序机制的设置有关;三是与司法体制、机制和理念有关。① 本书认为,从刑事卷证制度运行理性的角度来看,其中最为关键的原因应该是第二个,即与刑事诉讼程序机制的设置密切相关,特别是与刑事卷证在审判阶段的运用制度有关。在刑事审判中,刑事卷证承载了侦查取证获得的基本信息,而刑事卷证的传递和运用对公诉乃至审判通常发挥着决定性影响,尤其是其中的人证作用重大。正是刑事卷证的移送和运用实现了从侦查到审判的紧密联结,而没有对刑事卷证的证据能力进行适度熔断和原则否定,导致法庭审判的直接性及实质性明显不足。

(三)改革试点中刑事卷证运用制度的法官心证影响功能发挥不足

在改革试点实践运行中,控、辩、审三方高度依赖刑事卷证进行刑事诉讼,导致庭审功能虚化。"法官并没有将庭审当作形成裁判的唯一场所,更不是通过庭审来形成对案件事实的内心确信。"②因为在现行的刑事卷证移送制度及其庭审模式下,法官形成内心确信的方式主要不是通过刑事庭审活动,而是通过庭前的"阅卷"或庭后的"核卷"活动。于是,"侦查中的收集和审查证据实际上具有'预审'和'代审'的功能"③。试点法院的实务运行模式加剧了法官不重视通过法庭审理来认定案件事实,查明真相的做法。法官对被告人是否有罪、构成何罪以及罪刑轻重的内心确信并非真正形成于刑事法庭之中。由此本末倒置的现象发生了:决定内心确信的是庭下"阅卷""核卷"活动,刑事庭审反倒成了获得内心确信的辅助方式。这样的运行模式必然导致刑事庭审走过场:庭审对于刑事裁判结论的产生并不具有实质意义,一定程度上可以说是"一种带有象征意味的法律仪式"④。

综上观之,自 2015 年起,全国各地法院相继开展的刑事庭审实质化

---

① 参见龙宗智:《庭审实质化的路径和方法》,载《法学研究》2015 年第 5 期。
② 陈瑞华:《案卷移送制度的演变与反思》,载《政法论坛》2012 年第 5 期。
③ 龙宗智:《论建立以一审庭审为中心的事实认定机制》,载《中国法学》2010 年第 2 期。
④ 陈瑞华:《案卷笔录中心主义——对中国刑事审判方式的重新考察》,载《法学研究》2006 年第 4 期。

改革试点,在刑事案件审判中仍围绕"审卷"进行,与改革前的刑事审判司法实际并无本质差异。刑事庭审活动还是以刑事卷证为主,证人当庭证言的优势法律效力并未得到充分体现,法官仍然依赖刑事卷证作出裁判。因此,此轮改革的不足之处明显,其改革效果也不尽如人意。然而,刑事庭审实质化的推进虽然难度不小,但以促进公正审判为目标的改革必然不可逆转,诉讼程序和证据制度的技术性改良有望逐步带动司法制度的进步,①,而从"卷证审理"走向"庭审审理"是刑事审判方式改革的发展趋势。

第三节 对我国刑事卷证制度运行环境的反思

我国刑事卷证制度目前所处的运行环境,除存在笔者于第三章第三节所述的积极有利的因素之外,还存在一些消极不利的因素,并且这些消极因素在一段时期之内尚难彻底根除。故有必要对其加以检视,为有针对性地提出我国刑事卷证制度的完善建议奠定基础。

一、刑事司法理念滞后

理念是行动的先导。刑事司法理念在很大程度上影响、指导着刑事司法行为。刑事卷证运用制度的效能能否充分发挥出来,往往依赖与之相匹配的司法理念。刑事庭审实质化的实现,需要树立程序正义、人权保障等现代刑事司法理念。目前我国所确立的刑事庭审方式是以控辩对抗为基本特征的,控辩双方举证、质证作为法庭证据调查的基本方法,法官在此基础上居中裁判。如果一方权利受限,则容易导致控辩失衡,法庭审判一边倒,控辩对抗成为形式,如此,以庭审为中心的证据调查和事实认定就难以为继。与此相适应,2012年修正后的《刑事诉讼法》将"尊重和保障人权"写入总则,并通过完善证据制度、辩护制度等具体制度加强了司法人权的实际保障,体现了我国刑事司法惩罚犯罪与保障人权的内在统一。

---

① 参见孙长永:《公正审判权与庭审实质化:中国法的进步与不足》,载陈光中主编:《公正审判与认罪协商》,法律出版社2018年版,第60页。

从适应现代刑事诉讼对人权保障和程序公正的发展趋势来看,摒弃依赖刑事卷证的观念、树立重视"口证"的司法理念较为重要。然而,目前一些司法人员"卷证情结"浓厚,过于依赖运用刑事卷证证明案件事实,在案件审理过程中不重视证人、鉴定人等出庭作证的保障,只重视"审卷"式庭审方式的顺利推进。摒弃依赖刑事卷证的观念,注重提高"口证"证明方式的思维习惯及实践运用,养成科学办案的行为习惯,也可以使司法办案人员更好地适应"'以审判为中心'的诉讼制度改革"的要求。

二、受司法实践惯性的影响

刑事司法权力运行异化、刑事卷证心理依赖惯性以及刑事卷证规制重心前置惯性等现象,是我国司法实践中带有普遍性的刑事诉讼惯习,成为刑事庭审实质化改革效果不彰的原因之一。

(一)刑事司法权力运行异化惯性

我国《宪法》及《刑事诉讼法》均确立了公、检、法三机关分工负责、互相配合、互相制约的基本原则,它是保证准确有效执行法律的必要条件,对我国刑事卷证制度的体系优化亦具有重要作用。但刑事司法权力在司法实践中的运行异化惯性,对刑事卷证制度存在三个方面的消极影响。

第一,权力单向制约惯性对刑事卷证制度运行的影响。公、检、法三机关分工负责、互相配合、互相制约原则,本质上体现了权力与权力之间的监督、制衡,是科学的,其目的是使无罪的人不受刑事追究,有罪的人受到公正处罚。分工负责、互相配合是满足惩罚犯罪的需要,互相制约是保障人权、保证司法公正的需要。因此,该原则在理论上能够满足惩罚犯罪和保障人权的刑事诉讼目的的实现。《全面依法治国决定》提出"推进'以审判为中心'的诉讼制度改革",要求对案件事实的认定及证据的审查判断以审判为中心。究其本质而言,它包含两个方面:一方面,侦查、起诉要面向审判,并服从审判的要求,审判构成整个诉讼流程的中心和重心;另一方面,注重刑事审判权对侦查权的有效制约。这也是刑事诉讼活动中贯彻执行分工负责、互相配合、互相制约原则的必然要求。但遗憾的是,司法实践中并没有正确、完整理解并贯彻执行这一原则,并且逐步形成了一种单向制约的实践惯性,即审前诉讼活动制约乃至决定审判活动,而审判活动过度迁就、承续审前活动。

由是,刑事审判权对侦控机关的权力制约力明显不足。司法实践中,侦查机关在刑事诉讼活动中表现出强势地位,侦查终结结果决定审判最终结果的现象是一个不争的事实,也是许多专家学者和司法实务工作人员的普遍感觉。近年来,被发现并依法纠正的冤错案件,绝大多数都反映出审判对于侦查行为及侦查结果的一味迁就,刑事审判缺乏应有的独立品格和终局权威。从理论层面而言,公诉机关可以引导、监督侦查活动,故而侦查结果不应当对审判产生决定性影响。然而,检察机关在审查起诉时往往疏于严格把关,依据侦查终结认定的事实及侦查阶段收集的证据径行起诉至人民法院。人民法院受理案件以后,退侦补查成为常态,但实难否定起诉认定的事实及采信的证据。一些公开报道的统计数据显示,部分地方一次退查案件比例约为 25%,二次退查比例约为 35%。① 这说明侦查、审查起诉未能按照刑事审判中定罪量刑的标准和要求进行诉讼活动。

诚然,我国刑事卷证移送和运用制度对刑事审判发挥着重要影响,但我国向刑事卷证不并送制度靠拢的立法努力已然碰壁。既然刑事诉讼依赖于三机关之间的程序接力,那就需要一定的媒介承转,而刑事卷证刚好能够发挥"接力棒"的作用。故刑事卷证在我国司法实践中似乎就具有不可或缺性,因为以权力为主导的诉讼模式大都不能排除来自刑事卷证的影响。

第二,刑事司法权力一体化对刑事卷证制度运行的影响。尽管我国《宪法》及《刑事诉讼法》均确立了分工负责、互相配合、互相制约的基本原则,但三机关在司法实践中形成了一种"流水线型"的协作关系。笔者经访谈了解到,在谈及人民法院与公安机关、监察机关及检察机关的关系时,法官一再强调"协调""沟通"的重要性,并且无罪判决以及检察机关撤回公诉案件通常都是内部"协调""沟通"乃至"妥协"的结果。在一体化的刑事诉讼目标下,三机关实质上是一种协同作业的关系。因为三机

---

① 参见祝珍明、刘慧:《审查起诉环节退回补充侦查亟待重视》,载《检察日报》2015 年 9 月 6 日,第 03 版。

关都要运用证据规则审查判断证据,对案件事实进行实体审查并作出判断,尤其在作出撤销案件、不起诉或判决无罪这些终止诉讼的处理决定时,所以更需强化协同审查。这与域外大多数国家的刑事诉讼——只有审判阶段由法官运用证据规则裁判案件事实是完全不同的。此外,三机关都有客观公正的取证义务。这说明在我国刑事诉讼中,作证不仅存在于审判阶段,也存在于侦查、起诉阶段;证人、鉴定人等不仅要对法官作证,而且要对检察官、警察作证。但这也与域外大多数国家的做法有别。

第三,刑事司法权力行政化对刑事卷证制度运行的影响。根据我国《宪法》第 127 条及第 132 条的规定,上下级人民法院之间属于一种"监督"关系,而各级人民检察院之间则属于"领导"关系。然而,司法实践中的监督关系容易异化为事实上的领导关系。强调上级人民法院对下级人民法院予以层层监督、审查,与我国政法传统具有内在逻辑联系,因为只有这样才能将各级人民法院整合进自上而下的权力体系中来。上级人民法院通过救济审程序及日趋精细化的审判管理,对下级人民法院的刑事裁判进行全面审查;下级人民法院的刑事裁判,包括事实认定、法律适用和诉讼程序等方面的瑕疵都可能受到上级人民法院仔细的复审和纠正。在此情况下,刑事卷证在整个刑事诉讼程序中必然要发挥主导性作用。正如达玛什卡教授所言,"案件的卷宗是整个程序的神经中枢,整合着各个层次的决策"①。

由此,与西方法治国家将刑事诉讼定位为一场由国家给法律上被推定为无辜的公民定罪的"障碍赛"不同,我国刑事司法更多表现为一场由三机关前后相续、通力协作的"接力赛"。② 故刑事卷证不并送制度就不符合我国刑事司法的定位。相反,为顺利完成国家权力主导下对被追诉人论罪科刑的共同任务,共享刑事诉讼各阶段的刑事卷证,成为了侦查、起诉和审判程序彼此配合的内在要求。这种在分工负责的基础上互相配合、相互融通处理案件的方式,容易导致在多数情况下"配合有余"而"制约不足",正当法律程序可能被虚置,进而导致刑事庭审形式化。

---

① [美]米尔伊安·R. 达玛什卡:《司法和国家权力的多种面孔:比较视野中的法律程序(修订版)》,郑戈译,中国政法大学出版社 2015 年版,第 75 页。
② 参见张青:《政法传统、制度逻辑与公诉方式之变革》,载《华东政法大学学报》2015 年第 4 期。

（二）刑事卷证心理依赖惯性

刑事庭审实质化改革的目的,应该是阻断刑事卷证对审判活动的过度影响,从而保障刑事庭审应有的独立地位和事实认定功能。然而,我国刑事卷证制度的盛行,除立法上的制度认同以外,还存在法官依赖刑事卷证作出裁判的实践惯习。理据在于:

第一,我国刑事司法属于科层制司法组织形式。科层制司法典型的特征之一就是对刑事卷证的依赖,"科层结构中的官员喜欢以书面文档为根据来作出决策"[1]。在我国法院系统当前的监督管理体制下,每一个法官都被纳入一种科层化的体系,普通员额法官、法官助理要接受庭长的领导,副庭长、庭长要接受副院长、院长的领导。员额法官及法官助理等人员的这种管理体制,同时显示出一种行政等级的位阶和司法责任的分布。同院、庭长领导制度相应,还有审判委员会制度、专业法官会议制度等一系列内部审查、监督机制。通过层层把关,原子化的员额法官被成功地嵌入司法权力体系。由于处于权力体系上端者通常并未亲历审判,因此刑事卷证即成为上级司法官员审核下级官员唯一可靠的信息来源。

第二,我国刑事诉讼中证据判断及事实认定的印证证明模式。该模式天然亲近于刑事卷证审理模式,而非"庭审审理"模式。通过刑事卷证认定案件事实,已成为一种稳定的事实认定模式,从而导致"法官缺乏在法庭上直接处理新证据的技术"[2]。

第三,法官对刑事卷证高度认同,并形成了对刑事卷证审理的路径依赖。在司法实践中,主审法官在寻求院、庭长,审判委员会指导前,往往需要仔细研读刑事卷证,制作阅卷笔录及审理报告后层层呈报。必要时,院、庭长亦会要求主审法官提交刑事卷证以供决策之需。这样一种长期以来形成的司法人员刑事卷证依赖心理,已成为刑事司法活动的心理依赖惯性,也是难以治愈的顽症之一。

---

[1] [美]米尔伊安·R.达玛什卡:《司法和国家权力的多种面孔:比较视野中的法律程序(修订版)》,郑戈译,中国政法大学出版社2015年版,第65页。

[2] [美]米尔建·R.达马斯卡:《漂移的证据法》,李学军等译,中国政法大学出版社2003年版,第101页。

(三)刑事卷证规制重心前置惯性

受侦诉审一体化办案机制的影响,审前阶段取证制度一直在刑事证据制度体系中占据主要地位。一方面,我国《刑事诉讼法》不仅在"证据"一章中规定了一定数量的取证规则,还通过"侦查"一章进行了完备的法律规制。由于刑事取证工作主要由侦查人员完成,因此对侦查人员的各种取证行为来说,"侦查"一章的内容基本上也可以归为取证规则。另一方面,司法解释及地方规范性文件层面规定的审前取证规范亦很多。例如,2021年《刑诉法解释》"证据"一章共78条,其中一半以上是专门规范侦查取证行为的。又如,最高人民法院、最高人民检察院、公安部联合制定的《关于办理刑事案件收集提取和审查判断电子数据若干问题规定》共30条,其中有11条属于电子取证规则。再如,G省高级人民法院、G省人民检察院、G省公安厅联合印发实施的《刑事案件基本证据要求》,基本是以诸如故意杀人和伤害案件,抢劫、抢夺和盗窃案件,毒品案件等个别化罪名进行规定的取证规则,如物证、书证该如何提取,证人、被害人该如何询问,勘验、检查笔录及辨认笔录该如何制作等。可见,立法及司法均展现出我国刑事诉讼中对刑事卷证庭前规制的重视,却忽视了刑事卷证运用阶段的证据能力否定制度等事后惩戒制度模式的构建。

诚然,人民法院试图通过刑事庭审实质化改革,彻底改变刑事案件审判过度依赖刑事卷证以及刑事卷证运用事后惩戒乏力等现象,真正实现以审判为中心,以审判中定罪量刑的证据要求、证明标准规范、引导侦查和审查起诉活动,立足点正确,但实效不彰。从制度系统功能及制度技术理性的角度来看,原因主要是在刑事卷证制度模式上没有构建起完善的司法制约机制,以致形成了侦查阶段规制取证人员的证据制度与审判阶段约束法官的证据制度在立法上并立并行的异化局面。因此,欲体系优化我国刑事卷证制度,以助推实现刑事庭审实质化,除需要更新理念之外,还需要力克上述司法实践惯性的不当影响。

三、法律解释方法运用不足

就当前我国刑事卷证制度的理论研究而言,存在着法律解释方法运用不足且明显滞后以及理论研究成果转化以指导司法实践的贡献有限等问题。其中,法律解释方法运用滞后是较为重要的一个问题。

第一,刑事卷证制度的理论研究方法的运用视角有限。近年来,法教义学研究方法、比较研究方法等在刑事诉讼理论研究领域仍然占据着主流地位,①刑事诉讼法学注重理念、模式、主义等价值层面的研究,缺乏对实践问题的理论供给②。在刑事卷证制度研究领域亦概莫能外,当前鲜有将法解释学融入其研究之中的理论成果。故而,通过法律解释的"技术",将复杂、抽象的刑事卷证制度功能适用到具体的运用实践之中,也许不失为一种限制权力、保障权利的微观进路。

第二,运用法律解释方法对刑事卷证制度进行研究的成果较少,且深度、力度不够。针对本轮司法改革启动以来最高司法机关出台的大量规范性文件,理论界关注并基于诉讼规律而对其进行检讨研究的力度不足,对实务界认识分歧较大的改革内容,缺乏深入的理论回应。同时,持续关注改革进程的研究成果明显减少,例如,许多学者在改革初期进行学理解读后,就很少再关注改革推进情况并跟踪研究。从中国知网收录的核心期刊③的发文数量上看,2016年、2017年关于"以审判为中心""庭审实质化"为主题的研究成果较为丰硕,且达到一定峰值。但自2018年起,以"审判为中心"为主题的核心期刊研究论文数量开始锐减。截至2025年6月30日,中国知网的数据显示,以"审判为中心"为主题的核心期刊研究论文呈递减趋势:2017年有99篇,2018年有54篇,2019年有31篇,时至2023年则仅有11篇。来自中国知网的数据同样显示,以"庭审实质化"为主题的核心期刊研究论文变化趋势亦是如此:2017年有39篇,2018年就只有29篇,2019年有26篇,至2023年则仅有17篇。理论研究的热情减退,实难为司法改革的深入实践展开提供有力的理论支撑。更为重要的是,据笔者逐一研读发现,现有成果在涉及刑事卷证制度时,运用法律解释方法解读刑事卷证制度的研究成果甚为鲜见。

---

① 参见左卫民、何胤霖:《1979—2019:当代中国刑事诉讼研究话语体系的兴起与转型》,载《法学评论》2020年第4期。

② 参见董坤:《刑事诉讼法解释学:范式转型与体系建构》,载《比较法研究》2021年第4期。

③ 笔者此处所述核心期刊包括四类:SCI期刊、北大核心期刊、CSSCI期刊和CSCD期刊。

第三,刑事卷证制度的理论研究成果用以指导司法实践的贡献有限。如笔者研究综述部分所揭示的那样,刑事卷证在审判阶段的运用研究离不开审判中心主义、刑事庭审实质化等方面研究的支撑。其中,"以审判为中心""庭审实质化"的主题研究虽然在2014年及以后一段时间曾一度呈现繁荣景象,但到目前为止,理论界尚未形成共识,学者们对推进刑事庭审实质化的改革路径纷纷给出不同方案,可谓见仁见智。同时,实务部门对有关改革举措存在认识上的分歧,一些改革措施带有明显的"部门特色"和"本位特征",现有理论研究成果对改革实践的指导作用显得比较有限。

第五章
我国刑事卷证制度的完善

国家立法机关的有关人士已指出,刑事卷证制度是我国"以审判为中心"的诉讼制度改革的关键环节,也是实现刑事庭审实质化的重要因素。[①] 长期以来,我国刑事卷证制度因立法设计粗疏而受到质疑,在司法实践中,法官庭审"审卷"而非"审人"等现象依然存在,刑事庭审形式化严重,刑事卷证因法官将其作为裁判的依据而饱受诟病。这与刑事庭审实质化的改革目标不符,也与推进"以审判为中心"的诉讼制度改革要求相悖。在前几章分析探讨的基础之上,本章将提出我国刑事卷证制度体系优化的完善思路,以期更好地发挥刑事卷证制度助推刑事庭审实质化的支撑保障作用。

第一节 我国刑事卷证制度的立法完善

刑事卷证制度在我国具有充足的制度完善和构建空间,关键在于准确把握制度设置的理念、原则和规则,科学、合理地移送、运用刑事卷证。本节将重点探讨我国刑事卷证制度立法完善的总体思路以及具体路径。

一、刑事卷证制度的立法完善思路

在诉讼传统上,我国的刑事诉讼属于职权主义诉讼模式,具有国家权力主导的制度背景和追求实质真实的司法传统。[②] 无论是数千年的封建时代,还是清末沈家本修律,抑或源自苏联的社会主义法系,"社会利益优先""国家权力主导",尤其是"追求实质真实"均是刑事诉讼最核心的目

---

① 参见王雷:《中国刑事卷宗制度:原理与实践》,载《中国社会科学报》2022年1月5日,第A04版。
② 参见施鹏鹏:《为职权主义辩护》,载《中国法学》2014年第2期。

标。因此,以当事人处分原则为基础的纠纷解决模式,基本上不会成为我国刑事诉讼的首要价值目标,纯粹的当事人主义诉讼模式在我国既不必要,也缺乏实现的可能性。① 故我国刑事卷证的立法思路应在职权主义诉讼模式框架下酝酿。当然,这并不排斥吸收当事人主义诉讼模式的优点。但笔者所称的在职权主义诉讼模式框架下思考刑事卷证的立法思路,也不是简单地将其德国化或者法国化,抑或其他国化,而仅是多提供一种解决问题的思路。总体上,我国刑事卷证制度的立法完善思路,需要置于推进国家治理体系和治理能力现代化的总体目标中予以考量。

（一）程序法思路

我国刑事程序制度和证据制度自 1979 年《刑事诉讼法》制定施行以来,虽然经过了 3 次修改完善,但整体架构基本上没有变化。证据制度被安排在第一编总则之中,与辩护制度、刑事强制措施制度合称"刑事诉讼三大制度",证据制度及其相关运用制度均被统一规定于《刑事诉讼法》之中。考察《民事诉讼法》《行政诉讼法》,其关于证据制度的规定也基本如此,均将证据制度规定在总则中。在我国刑事司法领域,最高司法机关也未出台单独的证据规则方面的司法解释,只有为数不多的司法解释性文件,比如,最高人民法院、最高人民检察院、公安部、国家安全部、司法部联合制定的《关于办理死刑案件审查判断证据若干问题的规定》和《关于办理刑事案件排除非法证据若干问题的规定》,以及《办理刑事案件排除非法证据规程》等。

从法制传统来看,实质上,放眼晚近以来我国的刑事诉讼制度及证据制度的变革,可以发现,自清末变法以来,将刑事证据制度放入刑事诉讼法中予以规制,一直是我国鲜明的刑事法制传统。在中国法制史上,1906年《大清刑事民事诉讼法(草案)》是晚清王朝"改变旧律、修订新法入手第一着"②,其虽自始被定位为一部"临时、过渡之法",但它却是我国刑事

---

① 参见史立梅:《庭审实质化背景下证人庭前证言的运用及其限制》,载《环球法律评论》2017 年第 6 期。

② 陈刚、邓继好主编:《中国民事诉讼法制百年进程》(民国初期·第一卷),中国法制出版社 2009 年版,第 128 页。

诉讼法制现代化的"第一枪"①。1906年《大清刑事民事诉讼法(草案)》中规定了刑事诉讼和民事诉讼通用的证人作证等证据制度。此后,1911年《刑事诉讼律(草案)》进一步明确规定了搜索、扣押物证规则,证人作证制度以及鉴定制度等相关证据制度,并对起诉卷证并送制度②、刑事卷证运用制度③等也作出了规定。作为中国近代刑事诉讼制度的奠基之作,1911年《刑事诉讼律(草案)》对之后的刑事诉讼法制产生了深远影响。新中国成立前的刑事诉讼法草案历稿以及新中国成立后的《刑事诉讼法》,甚至包括我国台湾地区的"刑事诉讼法"在内,均是将刑事证据制度规定于刑事诉讼法之中,形成了立法上的刑事证据与刑事程序并立并行的局面,并影响至今。

从理论研究来看,我国刑事诉讼法学研究的主流观点认为,刑事证据立法需要结合《刑事诉讼法》的修改、完善,通过修正《刑事诉讼法》,以充实完善刑事证据制度。进言之,学者们主张仍应沿袭大陆法系的立法模式,在不打破我国大陆法系制定法体例的前提下对刑事证据制度进行修改、补充。

(二)证据法思路

在20世纪末期,我国刑事诉讼法学界即开始讨论刑事证据立法问题,形成了证据法统一说和证据法分立说两种主要的理论观点。证据法

---

① 吴宏耀、种松志主编:《中国刑事诉讼法典百年》(上册),中国政法大学出版社2012年版,第7页。

② 参见1911年《刑事诉讼律(草案)》第310条第1款规定:提起公诉,应举示被告人姓名、犯罪事实及罪名,并送交可为证据之文件及物。参见吴宏耀、种松志主编:《中国刑事诉讼法典百年》(上册),中国政法大学出版社2012年版,第173页。

③ 参见1911年《刑事诉讼律(草案)》第323条规定:起诉前,由检察官、司法警察官或依法律特有审判、检察权限者所作检证、搜索、扣押、保管等笔录及对于被告人、共同被告人、证人、鉴定人之讯问笔录并补充之文件、图画,有左列条款情形者,得为证据。其依条约而为诉讼上共助之外国官吏或官厅所笔者,亦同:第一,以笔录及补充之文件、图画为证据,当事人声明无异议者。第二,因处所或物之所在辽远或已消灭或其他事由,不能再行调查或难于调查者。第三,因共同被告人、证人、鉴定人亡故或疾病或在辽远或所在不明或其他事由,不能再行讯问或难于讯问者。第四,被告人、证人于起诉后之陈述较起诉前之陈述有重要变更,认为无理由者。第五,被告人、证人公判中拒绝陈述者。第324条规定:初级审判厅管辖案件,若该审判厅认为毋庸再行调查,虽无前条情形,仍得以前条所揭起诉前之笔录及补充之文件、图画为证据。参见吴宏耀、种松志主编:《中国刑事诉讼法典百年》(上册),中国政法大学出版社2012年版,第177页。

统一说认为,我国应采英美等国的立法模式,制定统一的证据法。有学者认为,从司法实践的需要来看,由最高人民法院以司法解释的形式制定一部适用于三大诉讼的证据规定,实现"三证合一",有利于建立完善的证据法律体系,"推进'以审判为中心'的诉讼制度改革"。① 证据法分立说主张在制定证据法时应充分考虑刑事、民事和行政各种诉讼性质的根本区别,三大诉讼的证据立法应当分别进行,应摒弃证据统一立法模式。②

学界有关刑事证据立法模式这一方面的热烈讨论,一直延续至 21 世纪初,相关研究也进一步细化、深化。除主张"统一——分立"两种立法模式以外,还出现了主张第三种立法模式的观点,即单行证据法模式。持该观点的学者指出,针对司法实践中急需解决的问题,如证人出庭作证问题、非法证据排除问题、传闻证据问题等可以从立法上分别作出规定。③

毋庸置疑,证据制度是刑事证据法的重要内容,对这些制度进行细致研究并提出立法完善思路,很有必要。然而,本书认为,采用证据法立法思路,在其中完善我国刑事卷证制度及其相关规则,属于当前刑事卷证制度立法的次优选择方案。

(三)单行法思路

如前所述,在 21 世纪初即有学者主张对实践中亟须解决的某些刑事证据制度问题进行单独规制的立法思路。纵观世界法律发展历史,主要法治国家的法律制度都是从粗略应对走向精细化发展,从无所不包的"大一统"发展到分门别类的"小快灵",由最初的刑民不分到后来的刑民分立,由原来的实体、程序一体到现在的实体、程序分离,由传统的程序法与证据法结合发展到现代的证据法独立发展,直至各证据法内的重要制度又进一步地渐次分家。同样,各国的司法制度也是向精密化方向发展的,即使对法制工程,也是十分重视它的技术合理性的,因而其立法日益精确严密。④

---

① 参见张保生:《证据制度的完善是实现审判中心的前提》,载《法律适用》2015 年第 12 期。

② 参见李忠诚:《中国法学会刑事诉讼法学研究会 1999 年年会综述》,载《中国法学》2000 年第 1 期。

③ 参见石泉:《刑事证据立法及检警关系研讨——2002 年全国诉讼法学年会主要观点综述》,载《政治与法律》2003 年第 1 期。

④ 参见周湘雄:《论我国证据法的发展方向》,载《社会科学研究》2006 年第 1 期。

本书认为,刑事卷证制度采用单行立法模式,不仅符合法律发展的一般规律,而且符合司法制度的发展要求。但该思路应作为远景发展目标考虑,属于当前我国刑事卷证制度立法的次优选择方案。

(四)本书的主张

放眼域外,在与刑事卷证制度密切相关的刑事证据立法体例上,很多国家主要采取三种模式:一是单行立法模式。该模式主要存在于英美法系国家,如英国、美国。二是结合模式①,即在刑事诉讼法中以专门的编、章,甚至节的形式作出规定。该模式主要存在于采行混合主义诉讼模式的国家,如意大利、日本。三是混合模式,即在刑事诉讼法的相关各章中分别规定。该模式主要存在于传统的采行职权主义诉讼模式的国家,如德国、法国。我国现行刑事证据立法模式较为接近刑事诉讼法与刑事证据法结合的模式。这样的立法安排,既便于司法实践中的具体操作,也有助于证据理论与刑事诉讼相关理论同步共生、协同发展。至今,我国尚未出现将刑事证据法从刑事诉讼法中分离出来,实行双轨制发展的迹象。然而,当前没有刑事证据—刑事程序双轨制发展迹象不代表今后不会有或者不能有。相反,"证据规则是经过漫长的诉讼实践和历史进程沉淀下来的证据制度的精华"②,作为远景发展目标,应随着实践创新、制度发展进一步研究我国是否需要制定有关单行刑事证据法。如此考量的理由在于,"真正富有生命力的制度的演进过程,往往表现为日积月累的'建构',而不是天翻地覆的'重构'"③。

党的十九届四中全会通过的《中共中央关于坚持和完善中国特色社会主义制度、推进国家治理体系和治理能力现代化若干重大问题的决定》提出了坚持和完善中国特色社会主义制度、推进国家治理体系和治理能力现代化的总体目标,其中明确:到2035年,各方面制度更加完善,基本实现国家治理体系和治理能力现代化;到新中国成立一百年时,全面实现国家治理体系和治理能力现代化,使中国特色社会主义制度更加巩固、优

---

① 参见蒋开富:《论我国证据法的立法模式》,载《社会科学家》2005年第3期。
② 张栋:《中国刑事证据制度体系的优化》,载《中国社会科学》2015年第7期。
③ 同上注。

越性充分展现。① 党的二十大部署的"中国式现代化"发展宏伟蓝图,与全面实现国家治理体系和治理能力现代化的总目标相融相通。"中国式现代化"的实现,必然包含中国式刑事司法现代化的实现。中国式刑事司法现代化是"中国式现代化"的重要组成部分,同时也是国家治理体系和治理能力现代化的有力保证。其中,刑事卷证制度的有效运行则是中国式刑事司法现代化的必然要求,也是助力刑事诉讼体系和诉讼能力现代化的关键举措。据此,完善我国刑事卷证制度的立法设计,应从中期目标和远景目标两个角度,与"中国式现代化"的战略部署以及坚持和完善中国特色社会主义制度、推进国家治理体系和治理能力现代化的中、远期目标结合起来统筹考虑,采取"两步式"的立法思路较为妥当。

第一,维持并完善、充实相结合模式。此为我国刑事卷证制度的立法设计的中期目标。在当前和今后一个时期,应在现有刑事诉讼体例、框架基本不变的前提下,在我国《刑事诉讼法》修改时对刑事卷证制度进行完善。进言之,当前,我国刑事卷证制度的立法思路宜维持现行《刑事诉讼法》的基本结构,将刑事卷证制度及其相关规则体系分别写入《刑事诉讼法》相关部分,以调整、充实刑事证据制度,助推刑事庭审实质化,最终实现"'以审判为中心'的诉讼制度改革"落地见效的司法改革目标。具体而言,我国刑事卷证制度在立法上可以采取"总+分"的模式,即将规制刑事卷证制度的法律原则写入《刑事诉讼法》总则,在《刑事诉讼法》分则中区分被告人的罪后表现、适用的审理程序以及案件类型等不同情形,分别予以配套规定差异化的刑事卷证制度。

我国刑事卷证制度的立法模式,选择在现行《刑事诉讼法》框架下予以完善,立法成本最小,协调性较强,稳定性也较好,是当前最佳的选择方案。理由如下:其一,从立法成本上来看,在《刑事诉讼法》中规定完善刑事卷证制度的内容,通过补充、修改《刑事诉讼法》的相关内容即可实现。这种情形下的补充、修改属于对《刑事诉讼法》的部分修改,可以由全国人大常委会以修正案的方式实施,无须由一年一度的全国人民代表大会进

---

① 参见本书编写组编著:《〈中共中央关于坚持和完善中国特色社会主义制度、推进国家治理体系和治理能力现代化若干重大问题的决定〉辅导读本》,人民出版社2019年版,第5—6页。

行修改,立法成本最小。其二,从协调性方面来看,刑事卷证制度与刑事诉讼程序具有天然的亲和性,将刑事卷证制度与相关程序规则统筹规定、协同修订,有利于实践中的高效执行,协调性较强。其三,从稳定性的维度来看,刑事卷证制度与刑事诉讼程序的有机结合,能够更好保持《刑事诉讼法》的稳定性,这种方式便于保持刑事诉讼法与证据法的同步稳定,也便于在司法改革过程中进行修改、完善。

第二,迈向单行立法模式。此为我国刑事卷证制度立法设计的远期目标。刑事卷证制度的精密化,直接影响着刑事证据法的精细化,证据规则将越发具体、细致、全面。目前,我国刑事卷证制度的主要缺陷是立法较为简单、粗疏。随着刑事卷证制度的发展迈向精细化,刑事卷证制度立法模式也将随之跟进发展。以证人出庭制度为例,域外许多国家在规定证人作证义务时也建立起了一系列证人保护机制,如德国1998年制定了《德国证人保护法》,美国于1982年和1984年分别制定了《美国被害人和证人保护法》和《美国证人安全改革法》。我国现行《刑事诉讼法》规定了证人出庭作证、强制证人出庭等制度,同时规定了证人保护、证人出庭经济补偿等制度,这说明立法机关已经意识到了证人权利义务之间的平衡关系,相关制度的精细化发展值得期待。

随着我国刑事诉讼中证人出庭相关制度、规则的充实、完善以及立法的精细化发展需要,我国未来可以考虑先单独制定实施《证人保护法》,在其中对证言笔录等刑事卷证的运用进行明确规范,待积累一定实践经验以后,或者进行授权试点工作取得"可复制、可推广"的经验以后,或许可以制定《刑事司法保障法》,将包括证人笔录运用、书面鉴定意见运用等在内的刑事卷证制度进行一体规制,以助力有中国特色的刑事诉讼体系和诉讼能力现代化的充分发展。

二、刑事卷证制作制度的立法完善

《全面依法治国决定》提出:推进"以审判为中心"的诉讼制度改革,确保侦查、审查起诉的案件事实证据经得起法律的检验。刑事卷证制作制度的完善,首先要牢固树立"以审判为中心"的诉讼理念,持续适应该诉讼理念新常态,建立健全侦查工作机制。原先侦查阶段的刑事卷证是法庭定罪量刑的权威依据,法官依赖刑事卷证判案。在"以审判为中心"

的刑事诉讼制度中,庭审成为重心,刑事卷证作用地位大幅下降。一些刑事卷证中欠缺关键要素,证据的证明力大为降低;一些刑事卷证记载的内容不能作为定案的根据。因此,要具体细化并完善侦查行为规范,探索建立适度沉默权规则以及刑事卷证制作时律师在场制度,建立健全同步录音录像制度等,进一步促使侦查活动的结果都经得起审判的检验。

（一）探索建立适度沉默权规则

考察域外主要法治国家的司法实践,沉默权规则是不得强迫自证其罪原则的内在要求。在条件成熟时,我国可以以现行《刑事诉讼法》第55条规定为基础,探索设立沉默权规则,以防止侦查人员强迫犯罪嫌疑人认罪。在研究设立该规则时,可以借鉴英国等国家的经验,对沉默权规则设定例外情形。比如,对有组织犯罪、职务犯罪等特殊类型案件可以不适用沉默权规则,犯罪嫌疑人在特定情形下保持沉默可作出对其不利的推论。

（二）探索建立刑事卷证制作律师在场制度

随着我国司法改革的推进,在一定范围内推进讯问、辨认、现场勘验时律师在场制度,符合刑事法治发展的必然趋势。①

第一,明确适度的讯问时律师在场权。为了落实"不得强迫任何人证实自己有罪"原则的要求,以及保障供述自愿性、防范冤错案件的客观需要,借鉴域外经验,可以适当明确犯罪嫌疑人被讯问时的律师在场权。犯罪嫌疑人被讯问时律师在场,有利于保障口供的自愿性、合法性,促使犯罪嫌疑人在律师的帮助下选择理性认罪,也可以使刑讯逼供问题得到进一步解决。同时,可以设置必要的例外情形,此处的例外情形设置可与沉默权规则的例外情形基本保持一致。

第二,明确适度的辨认时律师在场权。犯罪嫌疑人辨认现场、物品时,律师也可以在场,以防止诱供、指供。犯罪嫌疑人被讯问以及辨认时,允许律师在场的意义,对于犯罪嫌疑人而言,主要是保障其获得专业方面的支持;而对于侦查机关来说,主要是保障所获取的证据具有证据能力,以使相关证据具有可采性。

---

① 有的地方,有可能判处3年以上有期徒刑的案件,在讯问犯罪嫌疑人时律师都可以在场。参见任重远:《非法证据排除新司法解释:要有突破,追求重大突破》,载《南方周末》http://www.infzm.com/content/106242,最后访问日期:2024年12月12日。

诚然,当前设立在犯罪嫌疑人被讯问时、辨认时辩护律师的在场制度,步幅迈得稍显超前,故而可以先行考虑建立在讯问时、辨认时值班律师在场制度,由值班律师监督讯问、辨认等侦查活动的合法性,督促侦查行为规范运行。

(三)建立健全同步录音录像制度

第一,建立对关键证人询问过程录音录像制度。目前,英国已要求对脆弱证人和重大案件中关键证人的询问过程进行录音录像。[①] 我国可探索建立对关键证人询问同步录音录像制度,以提高刑事卷证利用的质效,提高刑事司法效率。如此,能够进一步客观地展现侦查机关询问证人的过程,有效避免侦查人员进行诱导性询问或者采取不当方法进行询问,消除辩方对庭前关键证言的疑虑。

第二,建立所有刑事案件关键证据收集录音录像制度。讯问犯罪嫌疑人时进行全程录音录像,能够将侦查讯问过程直观地展现在审判人员面前,有助于法庭查验具体侦查行为,就犯罪嫌疑人作出供述时的情况有比较客观的认知。通过录音录像对现场情况的客观记录,在现场勘验以及提取物证、书证时,以录音录像方式将相关情况保存下来,有利于法庭审查涉案现场、待证事实的具体情况,促使关键证据由"可读"向"可视"转化,帮助法庭对刑事卷证真实性作出准确的审查判断。有鉴于此,本书认为,立法上应推进全部刑事案件讯问过程录音录像制度,以及重大案件现场勘验、辨认、指认等过程录音录像制度。

(四)完善侦查阶段辩护权的法律保障

刑事诉讼中犯罪嫌疑人的人权保障,关键在于辩护制度的完善及落实。随着司法改革的深入推进,辩护律师阅卷难等问题在制度层面得到了解决。为进一步完善侦查阶段的辩护权保障,有必要明确辩护律师的诉讼权利,依法保障辩护律师的申请权、会见权等。在侦查阶段,律师提交反映意见或证据材料的,侦查机关除应当依法及时办理外,还应当制作笔录等刑事卷证附卷,并随案移送,接受有权机关的审查与核实。

---

① See Andrew Ashworth, Mike Redmayne, The Criminal Process, 4th Edition, Oxford University Press, 2010, p.109.

三、刑事卷证移送制度的立法完善

关于刑事卷证移送制度的立法完善方案,学界探讨颇多,但从立法上来看,仍有进一步完善的制度空间和现实需要。本部分将首先检视现有刑事卷证移送制度的完善方案,并明确笔者的观点,在此基础上提出我国刑事卷证移送制度立法完善的具体路径。

(一)刑事卷证移送制度的完善方案述评

关于我国刑事卷证移送制度的完善方案,学界主要存在应采行卷证不并送制度模式与维持采行卷证并送制度模式两种观点。

1. 采行卷证不并送制度模式的完善方案

不少学者指出,在我国的刑事审判制度中,影响庭审实质化的核心因素是刑事卷证。① 我国欲实现刑事庭审实质化,就要彻底消除法官的庭前预断,最佳方式就是模仿英美法系国家实行卷证不并送制度模式,对刑事卷证信息与刑事裁判信息之间进行必要切割,以阻断侦审联结。刑事卷证是庭前信息向庭审程序输送的主要载体,故而为切实防范庭前信息向刑事庭审阶段渗透,保证法官心证"纯洁",我国公诉案件卷证移送制度应采行卷证不并送制度模式。② 此外,检察机关在开庭审理结束后,也不能再向法院移送任何刑事卷证。③ 唯有如此,才能消除刑事卷证对刑事庭审及刑事裁判的不当影响,"进而扭转当下庭审实质化改革'空转'现象"④。

梳理采行卷证不并送制度模式的改革方案后不难发现,似乎只有采行卷证不并送制度模式,才能实现刑事庭审实质化,刑事审判才能实现对证据及事实的"实质检验"。持相同观点的学者也认为,采行刑事卷证并送制度模式,实难防止庭审法官形成预断,故应仿效日本确立卷证不并送

---

① 参见汪海燕:《论刑事庭审实质化》,载《中国社会科学》2015年第2期;龙宗智:《庭审实质化的路径和方法》,载《法学研究》2015年第5期;熊秋红:《刑事庭审实质化与审判方式改革》,载《比较法研究》2016年第5期;李文军:《庭审实质化改革的成效与路径研究——基于实证考察的分析》,载《比较法研究》2019年第5期。

② 参见汪海燕、于增尊:《预断防范:刑事庭审实质化诉讼层面之思考》,载《中共中央党校学报》2016年第1期。

③ 参见陈瑞华:《刑事审判原理论》(第三版),法律出版社2020年版,第285页。

④ 周长军:《以审判为中心:一场未完成的改革》,载《法学》2024年第2期。

制度,并构建与之配套的控辩协商式的庭前准备程序。① 还有学者认为,在普通程序中,刑事卷证对庭审实质化改革的瓦解作用犹如"阿喀琉斯之踵",故应采行卷证不并送制度模式,并通过配套制度改革,切断庭前程序架空庭审程序的中介以及刑事卷证与复审程序的关系。② 然而,殊不知,"过于超前的'引进'和'改革'会令证据制度体系运转不良"③,也会损及刑事卷证制度的功能。

持采行卷证并送制度模式的完善方案的部分观点则显得较为温和。有学者指出,目前我国要在短期内消灭刑事卷证制度,采行卷证不并送制度模式将对我国刑事审判方式产生剧烈震荡,并不现实,我国刑事诉讼中以"卷证"为中心及书面审理不会是短期的"不废不立"关系,而只能是长期的"此消彼长"过程。④ 与此同时,从我国《刑事诉讼法》历次修改在刑事卷证并送制度和刑事卷证不并送制度之间的徘徊中可以看出,刑事卷证并送制度考虑的不仅是会否造成法官预断的问题,还具有其他方面的价值。从各国实践来看,不管采用哪一种刑事卷证移送方式,实际上都难以完全禁止法官在庭前接触案件信息或者在庭后依赖刑事卷证审判,故刑事卷证移送制度并非影响刑事庭审实质化的关键因素。所以,要想实现刑事庭审实质化,更加有效的方式应当是加强法官认证说理,法官采用或者不采用某项证据都需详细论证,说明事实认定的依据。⑤

总体上,上述持温和型卷证并送制度的完善方案认同我国现行刑事卷证移送制度,同时认为其对当前刑事庭审实质化改革具有阻碍性,存在完善的空间,并提出诸多完善建议。就此而论,其与维持采行卷证并送制度模式的改革方案在本质上具有共通性。

2. 维持采行卷证并送制度模式的完善方案

与持采行卷证不并送制度模式的完善方案的情况相反,当前越来越

---

① 参见卞建林、孙锐:《诉审关系论辩——兼论对诉审关系异化的程序性抑制》,载《环球法律评论》2006年第5期。
② 参见褚福民:《案卷笔录与庭审实质化改革》,载《法学论坛》2020年第4期。
③ 张栋:《中国刑事证据制度体系的优化》,载《中国社会科学》2015年第7期。
④ 参见陈实:《刑事庭审实质化的维度与机制探讨》,载《中国法学》2018年第1期。
⑤ 参见郭天武、陈雪珍:《刑事庭审实质化及其实现路径》,载《社会科学研究》2017年第1期。

多的学者主张维持采行卷证并送制度模式。他们认为,刑事庭审实质化与否,与是否采行卷证不并送制度模式并无必然联系。如果不考虑我国刑事诉讼制度实际而贸然采行卷证不并送制度模式,不仅对促进刑事庭审实质化无益,反而会产生庭前准备不充分、庭审效率低下等害处。① 有学者在分析了卷证不并送制度模式的建立需要多种制度配套,并揭示了日本引入卷证不并送制度所带来的一系列问题的基础上,认为我国如果采行卷证不并送制度模式,将会面临诉因制度、证据开示制度如何建立以及法官在其中的角色担当等问题,且这些问题的解决并非一蹴而就,采行卷证并送制度模式可以提高诉讼效率,有利于节省司法资源,故而我国暂不宜采行刑事卷证不并送制度模式。②

有学者将刑事卷证制度置于我国"以审判为中心"的诉讼制度改革的背景下进行研究,得出了契合我国司法实际的结论:庭前阅卷有助于法官为庭审做好准备,有助于法官更好地审查判断庭审中控辩双方举示的证据。③ 该观点实质上也是赞同维持采行刑事卷证并送制度模式的,具有现实合理性,值得借鉴。同样,在我国台湾地区,也有不少学者支持刑事卷证并送制度,林钰雄教授是其中的代表之一。他认为,从法官为追究发现真实并且撰写判决理由的角度而言,法官必须于庭前掌握案情相关信息;针对复杂的案件,法官若无刑事卷证可资参考,恐怕无法理清案情。④

(二)本书的主张

实质上,维持采行卷证并送制度模式的完善方案认为,在保持卷证移送制度现状的基础上,可以通过强化刑事庭审实质化的完善思路来消解刑事卷证带来的负面影响。本书赞同该完善方案,理由如下:

---

① 参见程雷:《审判公开背景下刑事庭审实质化的进路》,载《法律适用》2014 年第 12 期;宣刚:《从"形式印证"到"实质检验"——庭审实质化改革中事实认定模式的转变》,载《宁夏社会科学》2019 年第 4 期。
② 参见熊秋红:《刑事庭审实质化与审判方式改革》,载《比较法研究》2016 年第 5 期。
③ 参见张吉喜:《论以审判为中心的诉讼制度》,载《法律科学(西北政法大学学报)》2015 年第 3 期。
④ 参见林钰雄:《刑事诉讼法》(下册 各论编),中国人民大学出版社 2005 年版,第 92—93 页。

第一,庭前阅卷即导致法官预断的观点难以成立。持采行卷证不并送制度模式的完善方案的学者大多认为,刑事卷证不并送能够消除法官庭前预断。实质上,要实现较为彻底的阻隔法官接触刑事卷证,仅靠实行卷证不并送制度模式是达不到此目的的,还必须实行"二元审判组织形式",即英美法系国家采行的陪审团审判模式。如果只采行卷证不并送制度模式而不采行"二元审判组织形式",法官仍然可以接触刑事卷证,那么其防止法官预断的目的就不能达到。① 日本即是适例,相关内容已在前述章节论述,此处不再赘述。

第二,卷证不并送制度在我国刑事诉讼中不具备必要的运行条件。考察我国刑事诉讼历史传统及刑事司法实践不难发现,我国刑事法官在庭审中并不是完全消极的裁判者,他们有权左右刑事庭审进程,在庭审程序中的主导地位仍很突出。这些因素在相当长一段时期内不会有根本性变化,从而很可能导致卷证不并送制度在我国司法制度土壤中没有根基,如果将其强制嵌入我国刑事诉讼制度,恐会水土不服,并产生"南橘北枳"的负面效果。

第三,采行卷证并送制度模式并不违背推进"以审判为中心"的诉讼制度改革的要求。有观点认为,废除或者更加严格地限制刑事卷证在庭审中的使用,未必获得改革方案设计者的认同;刑事庭审实质化改革并没有为废除或者更加严格地限制刑事卷证在庭审中的使用提供制度保障。② 但该观点值得商榷。《全面依法治国决定》作出的"推进'以审判为中心'的诉讼制度改革"部署,不是对我国刑事卷证移送和运用制度的否定,而是为刑事卷证移送和运用制度的完善奠定了基础。纵观我国刑事诉讼的"审卷"传统,从制度理性及现实主义立场来看,当前我国刑事诉讼中的卷证问题,实际上不是刑事卷证移送制度是否需要废除以及刑事卷证能否运用的问题,而是庭审中如何运用刑事卷证、如何规制刑事卷证等问题。我国刑事诉讼中的刑事卷证,是"不能忽略的运用卷证所体现的刑事审判的技术特质"③。

---

① 参见章礼明:《日本起诉书一本主义的利与弊》,载《环球法律评论》2009 年第 4 期。
② 参见褚福民:《案卷笔录与庭审实质化改革》,载《法学论坛》2020 年第 4 期。
③ 牟军:《刑事卷证与技术审判》,载《北方法学》2016 年第 4 期。

（三）刑事卷证移送制度立法完善的具体路径

对于刑事庭审实质化的实现而言，刑事卷证是否并送并不是关键问题。在刑事诉讼中采行卷证并送制度模式，更契合我国以追求实体真实发现为目标的诉讼模式和诉讼价值理念。关键问题是应当如何科学合理规制刑事卷证移送后在审判阶段的具体运用。职是之故，在维持现行卷证并送制度的基础上，建构并完善刑事卷证移送制度，不仅是有效助推刑事庭审实质化的首要选项，而且也完全契合当前推进"以审判为中心"的诉讼制度改革的重大决策部署要求。同时，这一完善方案也可以取得"事半功倍"的效果，因为其改革成本较低、风险较小，而其收益较大、效果较好。本书认为，对刑事卷证移送制度的完善，可从以下方面着手进行：

第一，建立刑事卷证差异化移送制度模式。总体上，可以在我国《刑事诉讼法》中规定，检察机关应当根据被告人是否认罪认罚、罪行是否严重、拟适用的程序是否繁简等因素，综合考量决定刑事卷证的移送方式。一方面，对于被告人认罪认罚、罪行较轻，检察机关建议适用简易程序或者速裁程序审理的案件，刑事卷证可以进行线上移送，也可以进行线下移送。在这些案件中，证人、鉴定人以及侦查人员等出庭的必要性不强，可能性也很小，检察机关于此类案件中移送的刑事卷证对庭审实质化的影响不大，故而可以由检察机关自行决定刑事卷证的具体移送方式。另一方面，对于被告人没有认罪认罚、罪行严重，依法应当适用普通程序审理的案件，刑事卷证应当进行线上移送。如果控辩双方达成共识，可以进行线下移送的则不在此限。这样规定的好处有三：一是线上移送便于辩护人及时、快捷查阅刑事卷证，保障辩护权高效落实；二是线上移送有利于刑事卷证进入审理法院后，依照审判人员阅卷范围的限制要求进行技术控制；三是线上移送有利于增强证人、鉴定人及侦查人员出庭作证的效果，为案件审理中刑事庭审实质化的实现奠定基础。

第二，建立独立的辩护卷证制度。控辩双方"平等武装"是实现刑事庭审实质化的基本条件，保障被告人的辩护权，就应当保障辩护律师的法定权利。在刑事审判中，未向辩护方披露的刑事卷证不具有程序正当性，容易发生证据突袭，应确保辩护律师在庭前全面知悉刑事卷证的内容，使其能够尽早发现案件疑点，进而提出有力的辩护意见，在刑事审判中对法官可能产生的有罪预断进行纠正。为此,对于辩护律师在审前阶段提出的辩护意见、辩护材料以及调取的有关犯罪嫌疑人无罪或者罪轻的刑事卷证材料等,应当记载并装订入独立的辩护卷证,公诉机关提起公诉时应一并提交审理法院。将辩方刑事卷证单独立卷,以辩护卷证的形式纳入刑事卷证,其作用有四:一是可以打破刑事卷证生成的单方性和封闭性,使刑事卷证呈现全面性、立体性,从而进一步保障法官接触刑事卷证时保持中立地位;二是让法官一并阅览控辩双方的刑事卷证,了解控辩双方的意见,可以尽量避免法官庭前预断的形成;三是由审判人员从辩护卷证中了解到诸如不在犯罪现场、有合理怀疑存在第三人参与作案的可能等证据材料,并经审查核实的,在一定程度上可以消解审判人员对控方卷证的充分信赖,有利于促使司法人员认真对待辩护卷证;四是有利于促进法官平等对待控辩双方刑事卷证的行为习惯养成。

除此之外,还需要完善刑事卷证移送的相关协同措施。但鉴于该协同措施与下文即将探讨的刑事卷证运用的协同措施在某种程度上具有相似,甚至交叉重叠之处,故不在此单独进行阐述,留待下文再行论证。

四、刑事卷证运用制度的立法完善

关于刑事卷证运用制度的立法完善方案,学界专门进行的探讨并不多,大多是从推进刑事庭审实质化的视角探讨人证出庭作证制度、侦审联结阻断制度、书面证言限制制度等问题,也取得了丰硕的研究成果。但从立法上看,我国刑事卷证运用制度需要进行适度的制度建构及调整。本部分将首先检视目前刑事卷证运用制度的诸多完善方案,接着探讨刑事卷证运用制度立法完善的路径选择,并明确笔者的观点,在此基础上提出我国刑事卷证运用制度立法完善的具体路径。

(一)刑事卷证运用制度的完善方案述评

在当前刑事庭审实质化改革的完善方案中,与刑事卷证运用制度密切相关的完善方案大致可以分为两种类型:一种是外驱性制度保障模式,另一种是内驱性制度推进模式。前者着眼于外部视角的制度建构,而非直接规制刑事卷证本身;后者通过直接规制刑事卷证本身来确保其科学运用,推进内驱性制度完善。两种模式均旨在推进刑事庭审实质化的实现。

1. 关于外驱性制度保障模式

外驱性制度保障模式的观点,还可以细分为口证庭审方式保障型、关键人证出庭保障型、侦审联结适度阻断型和强化配套制度完善型四类。总的来看,外驱性制度保障模式强调人证出庭作证制度及相关配套制度的完善,适度阻断侦审联结,注重以口证形式推进刑事庭审。

第一,口证庭审方式保障型。学界提出的解决刑事庭审实质化的改革方案,很多是通过完善口证的庭审方式以及推进相关审判制度的改革来抑制或限制刑事卷证的运用。① 如有学者认为,现代意义上的刑事卷证移送制度应建立在保证庭审实质化的基础之上,为此在程序设计上应重视保障证人、鉴定人出庭作证制度的推行。② 有学者同样主张,应当在有效的庭审调查基础上坚持提升当庭认证的能力和比例,以降低法官对刑事卷证和庭后书面审理的依赖;同时,对刑事卷证的制作、形成及查阅等制度予以规范和改革,消除侦查、控诉机关对刑事卷证制作和信息的垄断,以及其对裁判心证的不当影响。③

第二,关键人证出庭保障型。有学者认为,实现刑事庭审实质化,矫正普通程序法庭审理过于依赖刑事卷证的陋习,必须努力解决证人出庭难这一问题,其具体思路是明确法院以较优方式调查证言的责任、设定以书面证言代替出庭作证的例外情形和以剩余证据分析法确定一审法院未尽责任的法律效果。④ 有学者亦提出,实现刑事庭审实质化,关键在于"树立以当庭证据定案的制度,消除庭前案卷证据的功效""推动证人出庭作证尤其是控辩双方有争议的关键证人出庭作证"⑤。关于"关键证人"的数量控制,有观点指出:由于我国幅员辽阔,受制于司法资源限制等因素,设置过高的出庭要求是不现实的,故而只能要求"有争议案件的重要证人"或者"关键证人"出庭作证,将出庭证人数量限制在证人总量的

---

① 参见牟军:《刑事卷证:一种文字的叙事体及其价值》,载《西南民族大学学报(人文社会科学版)》2015年第9期。
② 参见郭华:《我国案卷移送制度功能的重新审视》,载《政法论坛》2013年第3期。
③ 参见陈实:《刑事庭审实质化的维度与机制探讨》,载《中国法学》2018年第1期。
④ 参见李昌盛:《证人出庭难的应对方案》,载《当代法学》2021年第3期。
⑤ 左卫民:《地方法院庭审实质化改革实证研究》,载《中国社会科学》2018年第6期。

10%至15%也许是比较务实的要求。①

第三,侦审联结适度阻断型。有学者指出,刑事庭审实质化改革需要保证庭审对证据的有效审查,为此,需要限制刑事卷证对法官心证形成的作用,适度阻断由刑事卷证形成的侦审联结,适当处理庭前书面证言与法庭证言的关系,由法庭直接审查原始人证,辨析书面供述的来源。② 因为由于"侦审阻断"未落实,刑事裁判心证的内部约束机制难以有效建立;要真正实现侦审阻断,就必须关注刑事卷证制度和庭后书面审理。③

第四,强化配套制度完善型。有学者提出了完善庭前会议制度、注重刑事卷证审查过程的参与性与公开性等配套方案。其中,庭审方式的变革是刑事卷证移送机制效力的最后保障;要赋予庭前会议制度的卷证审查功能,构建三角构造的支撑性制度。④ 此外,有学者从法官员额制改革、法官分类管理制等方面,阐述完善司法机构内部组织体制的举措,为刑事卷证的有效运行提供保障;同时,从刑事卷证的实体和程序两个维度发力,"借鉴欧陆国家对卷证材料采取的庭前程序性控制手段"⑤,以确保刑事卷证的实际运用限定在可控、合理的范围之内。

2. 关于内驱性制度推进模式

内驱性制度推进模式的观点,重视从刑事卷证运用制度的自身功能出发,强调刑事卷证运用制度自身建设,从而以内驱性动力推进刑事庭审实质化。内驱性制度推进模式,包括否定书面证言证据能力型和刑事卷证分阶段限制适用型两类。

第一,关于否定书面证言证据能力型。有学者认为,要提高证人出庭率,理论上最直接的方法就是在我国《刑事诉讼法》中规定,除特殊情况外,否定所有书面证言的效力,这样证人就必须出庭作证。但有学者同时认为现阶段我国还不具备实施该制度的条件,如果贸然规定则可能会适得其反。原因是当前法院没有意愿和魄力来否定书面证言的效力,现阶

---

① 参见龙宗智:《论书面证言及其运用》,载《中国法学》2008年第4期。
② 参见龙宗智:《庭审实质化的路径和方法》,载《法学研究》2015年第5期。
③ 参见陈实:《刑事庭审实质化的维度与机制探讨》,载《中国法学》2018年第1期。
④ 参见周新:《刑事案卷移送的过滤机制与路径反思——深化改革背景下案件公正审理的思考》,载《学术研究》2018年第2期。
⑤ 牟军:《刑事卷证与技术审判》,载《北方法学》2016年第4期。

段大量使用书面证言也有着诉讼经济方面的考量。①

第二,关于刑事卷证分阶段限制适用型。有观点认为,消除刑事卷证对刑事庭审实质化的负面影响,应当采取分阶段措施,使庭审真正成为刑事诉讼的中心。首先,有必要对庭前程序进行改造,通过分设预审法官与庭审法官来防止法官预断。前者可以阅卷,但后者不能阅卷。其次,除例外情况以外,庭审中的举证、质证及辩护均由控辩双方以言词方式进行,法官亲身感受整个刑事庭审,并以此为基础作出裁判。最后,应废除院、庭长审批案件,审判委员会决定案件,请示上级法院裁判意见等庭外裁判的不当做法。②

（二）现有完善方案的不足

对为实现刑事庭审实质化而提出的上述刑事卷证运用制度的完善方案,客观地看,不同学者从不同视角所作的论证各具理由,自成其理。但这些方案均存在一定不足之处。

1. 外驱性制度保障模式完善方案的不足

第一,外驱性制度保障模式不是以直接规制刑事卷证本身来保证卷证运用的合理性与有效性,以促进刑事庭审实质化和程序正义的制度安排,可能最终的结果仍然是将调和的杠杆倒向刑事司法单极化的改革,因而难以真正解决司法实践与司法改革面临的冲突问题。以强化配套制度完善型的观点为例,本书认为,就刑事卷证在审判阶段如何运用而言,配套制度是必要的,但不是主要的。实质上,无论是强化配套制度完善型的方案,抑或侦审联结适度阻断型的方案,它们都不是从内驱性角度直接规制刑事卷证本身,而是从外驱性视角来确保刑事卷证运用的合理性及有效性,存在明显不足。

第二,无论是口证庭审方式保障型,还是关键人证出庭保障型,也都存在不足之处。诚然,刑事庭审实质化改革的关注点主要就是"庭审审理"问题,对刑事庭审的重视在我国历次《刑事诉讼法》修正完善中均已

---

① 参见刘玫:《论直接言词原则与我国刑事诉讼——兼论审判中心主义的实现路径》,载《法学杂志》2017 年第 4 期。

② 参见李毅:《刑事卷证对庭审实质化的消解与应对》,载《甘肃政法学院学报》2016 年第 5 期。

被反复提及,并出现了一定立法回应。2012年《刑事诉讼法》的修改,采纳了当时学界关于强化证人出庭作证以保障刑事庭审对抗性、实现刑事庭审实质化的观点,将提高证人出庭率视为亟待解决的核心议题之一,规定了证人经济补偿制度、证人强制出庭制度等措施。但在司法实践中,法官依然固守"审卷"的传统模式,基本还是依照刑事卷证进行审理并将其作为定案根据。

这说明了2012年《刑事诉讼法》的修改未能达到预期目标。2012年《刑事诉讼法》第187条第1款的规定,实际上不可能使司法实践中证人出庭率低的长期困境有所改观;同时,第190条的规定使法庭审理中证人不出庭是常态,而证人出庭成为例外。① 某地人民法院的统计数据显示,在该院2013年已审结的411件刑事案件中,有证人证言的案件287件,审判阶段证人出庭的案件仅仅有3件,证人出庭率只占全部刑事案件的0.7%。② 近来有实证研究显示,即使将样本限缩在被告人不认罪、适用普通程序的第一审刑事案件之中,全国范围内每10000件存在证人证言的案件,也仅有26件案件有证人实际出庭。③ 因此,若单纯强化当庭证言在认定事实方面的作用,而实践中人证出庭的刑事案件仍"屈指可数",改革将陷入循环往复的困境。故而,单纯强调口证庭审方式保障型、关键人证出庭保障型、侦审联结适度阻断型和强化配套制度完善型等方式以保障刑事庭审实质化的完善方案,仍有进一步改进的必要。

2. 内驱性制度推进模式完善方案的不足

第一,否定书面证言证据能力型的完善方案具有一定的合理性。但其缺陷有三:其一,适用对象有限。将适用对象限定于书面证言证据能力的否定或限制,其范围显得较为狭窄。其二,未予区分类型。如果不加区分一律否定书面证言的证据能力,也不利于刑事案件真相的查明及公正

---

① 参见陈光中、步洋洋:《审判中心与相关诉讼制度改革初探》,载《政法论坛》2015年第2期。

② 参见田源、杨继伟:《新刑诉法实施后证人出庭率低的原因分析》,载中国法院网 https://www.chinacourt.org/article/detail/2014/04/id/1285118.shtml,最后访问日期:2024年10月17日。

③ 参见周文章、聂友伦:《刑事诉讼证人出庭——基于80351份判决书的分析》,载《清华法学》2021年第5期。

裁判的作出。其三,论证理据已发生变化。随着 2018 年《刑事诉讼法》将新型刑事案件分流机制——认罪认罚从宽制度正式入法,我国旨在提高诉讼效率、实现繁简分流的刑事诉讼体系已经逐渐形成,现阶段已基本具备了分类别、分情形适度限定庭前刑事卷证证据能力的前提条件。

第二,刑事卷证分阶段限制适用型的完善方案,也有一定的合理性。但遗憾有二:其一,该方案在论述刑事卷证对庭审实质化的消解时指出,法庭庭前阅卷容易形成预断,让刑事庭审流于形式,故改革措施就必须是废除刑事卷证移送制度。由此观之,该方案似乎存在前后矛盾之嫌。其二,一些解决措施主要以域外法治国家的经验为摹本,与我国刑事诉讼实际结合不够,似有脱离实际之嫌。比如,预审法官与庭审法官分设制度,就是临摹德国的范例,但在我国目前案多人少、人案矛盾突出的司法实情之下,再设置预审法官,会使司法资源不足问题更为严重。

3. 两种完善方案共同的不足之处

以上两种完善方案,均未深度触及刑事庭审实质化的关键症结。

第一,两种完善方案的研究主线仍然是以"审卷"为主。外驱性制度保障模式和内驱性制度推进模式,都是以"审卷"的重述为主线来助推实现刑事庭审实质化的完善方案,具有可资借鉴之处。但均未系统性触及刑事庭审实质化的核心要求,未完全实现从"审卷"到"审人"的理论主线转向,故而在一定程度上均存在指导实践不力等问题。理由是:刑事庭审实质化的核心要求是通过庭审"审人"发现疑点、查明真相,从而公正作出裁判。要达到这一目标,关键在于实现从"审卷"到"审人"的转变。否则,刑事庭审实质化就会沦为空谈。

第二,两种完善方案对司法实践的观照不足。刑事庭审实质化的实现,体现了司法规律的要求。然而,当前我国刑事庭审形式化问题普遍存在,法官对证据的审查和案件事实的认定主要通过庭前的"阅卷"或庭后的"核卷"来完成,庭审在刑事诉讼中未能发挥实质性作用。何家弘教授领衔的"刑事庭审实证研究"课题组发现庭审虚化在刑事诉讼中具有普遍性,主要表现为:举证虚化、质证虚化、认证虚化和裁判虚化。[①] 对于庭审流于形式的问题,许多学者都把证人不出庭作证作为主要原因。其论证

---

① 参见何家弘:《刑事庭审虚化的实证研究》,载《法学家》2011 年第 6 期。

要旨似乎是只要证人出庭作证,刑事庭审就可以实质化了。实际上,证人出庭作证只是第一步,要实现刑事庭审实质化,关键在于证人出庭作证后如何对刑事卷证进行有效限制,从而使证人出庭作证更具实际法律意义。

值得注意的是,有学者认为在我国刑事庭审实质化改革中法官应该表现得更加消极,不应发挥积极主动的作用。① 殊不知,在我国刑事诉讼中,当辩方举证能力不足、需要法官履行证据照料义务时,法官过于消极会导致片面接触控方的刑事卷证,这不仅不利于发现事实真相,甚至有失公正。因此,不应一味要求法官保持消极被动角色,法官似应更为积极主动履行证据照料义务,以弥补辩方证据能力的不足,但同时要注重保障控辩双方的质证权,防止法官私下形成裁判心证。

(三)刑事卷证运用制度立法完善的路径选择

在大陆法系国家,庭前刑事卷证的证据能力问题主要由直接言词原则及其例外来调整;在英美法系国家,庭前刑事卷证的证据能力则主要由传闻证据排除规则及其例外加以调控。我国刑事立法上并未确立直接言词原则或传闻证据排除规则,由此导致刑事卷证证据能力规则的缺失。所以,从立法上确立直接言词原则或者规定传闻证据排除规则,是建立刑事卷证运用制度的前提和基础,也是实现刑事庭审实质化的必然要求。但是,究竟选择哪一个作为我国刑事卷证运用制度的基础这一问题,目前学界尚未达成共识,存在三种不同的观点:主张传闻证据规则排除论、主张直接言词原则论以及主张直接言词原则和传闻证据排除规则结合论。

1. 主张传闻证据规则排除论

有学者认为,我国《刑事诉讼法》对传闻证据采取了十分宽松的采纳制度,《刑事诉讼法》对于控方提供的证据可信性要求主要是通过对取证主体与程序的要求间接实施的,取证主体要求与程序要求是我国刑事诉讼在传闻证据排除规则总体缺失的情况下,为保证人证可靠性所作出的底线性要求。② 还有论者认为,我国宜选择传闻证据排除规则,因为传闻证据排除

---

① 参见秦策、许克军:《庭审中心主义的理念阐释与实现路径》,载《江苏行政学院学报》2015年第4期。

② 参见龙宗智:《取证主体合法性若干问题研究》,载《法学研究》2007年第3期。

规则能有效解决我国刑事卷证被法官大量用作定案根据这一实际问题。① 此外,有观点则进一步指出,我国至今未确立传闻证据排除规则以阻却刑事卷证在庭上的证据能力,导致刑事卷证均可以进入刑事庭审。②

深入考察上述观点可知,其本质上是主张将传闻证据排除规则引入我国《刑事诉讼法》,从而限制控方刑事卷证的证据能力,以实现刑事庭审实质化。

2. 主张直接言词原则论

与主张传闻证据规则排除论不同,另有学者认为,直接言词原则更适合我国刑事诉讼,③并阐述了理由:直接言词原则更契合我国刑事诉讼模式和诉讼价值理念,且直接言词原则对于成文法系国家更具有借鉴可行性。此外,直接言词原则使刑事庭审不能依赖侦查和审查起诉阶段形成的刑事卷证,否定了刑事卷证对审判的预决效力,使审判阶段成为刑事诉讼中认定案件事实的中心。④ 因此,在当前我国司法环境与刑事诉讼模式下,"以审判为中心的改革宜采直接言词原则"⑤。

与此同时,有学者进一步从制度路径和立法技术的维度分析了传闻证据排除规则和直接言词原则。从制度路径上看,传闻证据排除规则以规范证据能力为核心,而直接言词原则以规范法官审理行为为核心,在规范刑事卷证的处理方面形成了各自的完整体系。从立法技术上看,传闻证据排除规则最初只是一项简单的在诉讼中排除庭外陈述以避免不可靠的传闻干扰的规则,但随着传闻证据排除规则的法典化和简化,其在英国、美国、澳大利亚等英美法系国家发生了明显分化,各自的差异性较为突出。我国刑事诉讼有关事实认定的主轴依然表现为对法官审理行为的规范,而非对证据能力的规范,故而从制度路径上看,引进直接言词原则

---

① 参见宋维彬:《传闻法则与直接言词原则之比较研究》,载《东方法学》2016年第5期。
② 参见牟军:《刑事卷证与技术审判》,载《北方法学》2016年第4期。
③ 参见史立梅:《庭审实质化背景下证人庭前证言的运用及其限制》,载《环球法律评论》2017年第6期。
④ 参见张吉喜:《论以审判为中心的诉讼制度》,载《法律科学(西北政法大学学报)》2015年第3期。
⑤ 陈卫东:《直接言词原则:以审判为中心的逻辑展开与实现路径》,载《法学论坛》2022年第6期。

更加恰当。同时,从立法技术上看,我国如果引进传闻证据排除规则,那么从基本原则到具体规则均存在取舍上的困难。①

3. 主张直接言词原则和传闻证据排除规则结合论

有论者提出,在我国将来制定的证据法中,可以在原则中规定直接言词原则,将其作为诉讼的基本准则,在具体操作层面将传闻证据排除规则加以规定。② 持该观点的学者并不多见。

4. 本书观点

本书赞同在我国《刑事诉讼法》中将直接言词原则法律化的观点。除上述主张直接言词原则的观点所阐述的理由之外,还包括以下三点理由:

第一,直接言词原则与传闻证据排除规则的功能并无实质性差异。"当事人主义诉讼模式和职权主义诉讼模式反映出两种不同的,但同时又都是有效的发现事实真相的方法"③。直接言词原则和传闻证据排除规则均是解决庭前刑事卷证运用的有效方案,在确保证人出庭和保障被告人的对质权方面具有同等价值,在确保刑事庭审在查明事实、认定证据、保护诉权、公正裁判方面并无优劣之分。实际上,无论是采行当事人主义诉讼模式的英美法系国家还是采行职权主义诉讼模式的大陆法系国家,都不要求所有证人必须亲自出庭以言词方式作证。职是之故,也并不一概排除庭前刑事卷证在庭审中的运用。相反,庭前刑事卷证的采纳问题或者证据能力问题正是两大法系证据制度的一项重要内容,在贯彻直接言词审理、要求证人出庭方面,两大法系都持肯定态度。就此而论,直接言词原则与传闻证据排除规则并非异质的原理。

第二,直接言词原则更加契合我国推进"以审判为中心"的诉讼制度改革要求。各国在推动刑事庭审实质化的细节和方式上,自然有其不同的考量,但在欲达成的目标上并无不同,即保障人权与程序公正。我国推进"以审判为中心"的诉讼制度改革,意味着诉讼过程必须能够真正解决刑事诉讼

---

① 参见熊秋红:《刑事庭审实质化与审判方式改革》,载《比较法研究》2016年第5期。
② 参见鲁杰:《直接言词原则与传闻证据规则比较研究》,载《社会科学辑刊》2007年第5期。
③ Karolina Kremens, Wojciech Jasinski, Editorial of Dossier "Admissibility of Evidence in Criminal Process: Between the Establishment of the Truth, Human Rights and the Efficiency of Proceedings", 7 Revista Brasileira de Direito Processual Penal, 21 (2021).

惩治犯罪和保障人权的"悖反"问题,刑事卷证制度理应服务于这一目的,并在保障人权的前提下,以有利于事实真相发现为基本立足点。司法的根本特性是判断权,刑事司法判断的前提是亲历性,即亲身经历程序、直接审查证据。① 法庭审判阶段严格实行直接言词原则,对于刑事卷证的证据能力的判断,一般以不具有证据能力为原则,具备证据能力为例外。

第三,直接言词原则已为我国最高司法机关所认可。一方面,2013年10月,最高人民法院在第六次全国刑事审判工作会议上提出:审判案件以庭审为中心,事实证据调查在法庭,定罪量刑辩论在法庭,裁判结果形成于法庭,全面落实直接言词原则,严格非法证据排除制度。另一方面,《人民法院第四个五年改革纲要(2014—2018)》确定的刑事司法改革内容之一是:全面贯彻证据裁判原则,强化庭审中心意识,落实直接言词原则,严格落实证人出庭、鉴定人出庭制度,严格实行非法证据排除规则。

但值得注意的是,如果对庭前刑事卷证的采纳标准规定得过高,那么,所带来的后果在很大程度上将会导致"双输"局面:在推高司法成本的同时,降低了刑事诉讼效率。以整个刑事审判制度为视域,直接言词原则的适用因其法定例外而具有相对性,在一定意义上,各国法律文本中的制度设计亦可被称为相对的直接言词原则。② 故而,在设置标准时需要考虑惩治犯罪与保障人权并重、刑事司法公正与司法效力并重、现有制度改革空间与改革易被接受性并重等方面的问题。对此,从理论研究方面观察,有学者早已关注到该问题,并指出,建立"以审判为中心"的诉讼制度需要进行的改革,贯彻直接言词原则,完善证人、鉴定人出庭作证制度,应该限定在一定的运用范围之内,具体是:在被告人可能判处无期徒刑、死刑的案件中,对案件定罪量刑有重大影响的证人应当出庭作证,无论是否有异议;在被告人不认罪的适用普通程序审理的案件中,弱化法院认为有必要出庭这一条件;证人没有正当理由,拒绝出庭或者出庭后拒绝作证的,其书面证言不能作为定案的根据。③ 从案件类型维度观察,基于刑事

---

① 参见龙宗智:《庭审实质化的路径和方法》,载《法学研究》2015年第5期。
② 参见初殿清:《直接言词原则的双重价值维度及其在我国的适用》,载《法学杂志》2014年第10期。
③ 参见张吉喜:《论以审判为中心的诉讼制度》,载《法律科学(西北政法大学学报)》2015年第3期。

审判的基本规律和我国刑事司法的实践状况,司法机关应至少从被告人不认罪案件和重罪案件两种类型,对刑事卷证证据能力否定模式予以适当框定。从审理程序维度观察,适用普通程序开庭审理的案件一般应当采行刑事卷证证据能力否定模式。总体而言,"使用普通程序实质化审理的案件适用比例应控制在刑事案件总量的 5%—10%"①。这一适用比例的考量,与将刑事诉讼中关键证人出庭作证数量"限制在证人总量的 10% 至 15%"②的务实思路不谋而合。

一言以蔽之,立足于我国司法实际,全面落实直接言词原则存在困难,因此只能逐步推进,在当下宜贯彻相对的直接言词原则,即适度否定刑事卷证的证据能力,允许在特定情形下采用经过当庭举证、质证的刑事卷证。现阶段,将直接言词原则的价值要求运用于所有的刑事案件是无法完成的,也是没有必要的,须有所取舍:对于那些争议不大、事实清楚、罪行较轻的刑事案件就没有必要以完备的直接言词程序进行审理。

(四)刑事卷证运用制度立法完善的具体路径

刑事卷证运用制度理应是一套具有功能性、结构性的制度系统,而不仅仅是诸多规则的简单组合。我国刑事卷证运用制度模式的选择,主要应考虑两个方面的因素:世界主要法治国家的刑事诉讼制度发展的总体趋势以及我国刑事诉讼制度发展的现实需要。这样方能兼顾对司法规律的遵循和对司法实情的尊重。一般而言,只有通过采取兼听和辩论的方法以及公开的方式、严格的程序与合理的技术,才能体现刑事庭审的价值。据此,本书认为,我国刑事卷证运用制度助推刑事庭审实质化的立法完善具体路径,可从宏观和微观两个层面予以展开。在微观层面,还要进一步细化为三种不同的制度模式。

第一,从宏观层面而言,我国刑事庭审实质化的完善路径在于将直接言词原则法律化并适当限制其适用范围。首先,将直接言词原则法律化。在《刑事诉讼法》总则中写入直接言词原则,原则上否定刑事卷证的证据能力,使绝大部分人证都能在法庭上以口头形式出示。唯有如此,才能促进刑事庭审不断摆脱形式化,走向实质化,并使"四个在法庭"成为现实。

---

① 陈实:《刑事庭审实质化的维度与机制探讨》,载《中国法学》2018 年第 1 期。
② 龙宗智:《论书面证言及其运用》,载《中国法学》2008 年第 4 期。

其次,直接言词原则适用范围限度化。在《刑事诉讼法》相关条款中明确直接言词原则的例外,对不同罪行、不同罪后表现以及适用不同审理程序的刑事案件,分别规定相应的刑事卷证运用规则。前文已论及,并非所有的刑事案件均有必要实行直接言词审理。这就需要加强刑事案件的繁简分流,对无争议案件进行简略审理,保证有争议案件的刑事庭审实质化。对此,有观点已论证指出,在案多人少、司法资源相对有限的当下,刑事诉讼立法上有必要进一步完善认罪与不认罪分离的诉讼模式,以体现刑事程序繁简分流、轻重分离、快慢分道。① 该观点具有一定合理性和现实必要性。按照"轻重有别""快慢分道""繁简分流"的原则,对于被告人认罪认罚的案件,可以最大限度地简化审理程序,及时高效审理,故应将直接言词原则的适用范围限定于第一审程序审理的案件中。但在特殊情况下,一些刑事卷证仍可以在法庭上宣读,经查证属实后可作为法官认定案件事实的依据。比如,控辩双方达成合意的刑事卷证,可以在法庭上宣读,并被采纳为定案根据。

第二,从微观角度而论,应将刑事卷证在审判阶段的运用实行分类规范。通过前文对域外国家立法及司法实践的比较考察发现,刑事卷证运用制度的影响因素有三:一是被告人是否认罪;二是被告人罪行是否严重;三是适用何种诉讼程序进行审理。但实质上被告人是否认罪及其所犯罪行的严重程度这两个因素,会影响适用何种诉讼程序审理案件这一因素。考察2018年《刑事诉讼法》关于简易程序制度、速裁程序制度的规定亦可知,被告人是否认罪或认罪认罚以及被告人所犯罪行是否较轻或轻微,是适用简易程序或速裁程序审理的前提条件。进言之,刑事卷证运用制度的三个影响因素之间的关系甚为密切,且在一定程度上可以说存在某种交叉重叠。故在制定我国刑事卷证运用制度的具体规则时,可重点考量被告人是否认罪以及适用何种诉讼程序审理这两个影响因素,因为在此基础上的规则设计,自然能够更好兼顾到三个影响因素。

沿此路径,将被告人是否认罪与适用程序是否繁简拆分后进行排列组合,可以有四种不同情形:一是被告人不认罪+普通程序;二是被告人不

---

① 参见喻海松:《法典化时代刑事诉讼法再修改的基本向度》,载《法学论坛》2024年第2期。

认罪+简易程序;三是被告人认罪+普通程序;四是被告人认罪+简易程序。这四种情形之中,第二种情形在各国的立法和司法实践中一般是不存在的。假如实践中运用第二种情形处理刑事案件,那么刑事诉讼的基本价值和程序理性以及司法的公正性均会深受质疑。所以,在设计刑事卷证运用制度时,可以将第二种情形予以忽略。针对其余的三种情形中的刑事卷证运用,则应当对其进行差异化的设置。具体方案如下:

首先,对被告人不认罪且适用普通程序审理的刑事案件,刑事卷证运用制度采行证据能力否定模式。具体言之,被告人不认罪,适用普通程序审理的刑事案件,全案刑事卷证不具有证据能力,但危害国家安全犯罪案件、职务犯罪案件、有组织犯罪案件除外。如此设计的考虑主要在于:其一,与人民陪审大合议庭审理的刑事案件范围保持协同。依照2018年4月施行的《人民陪审员法》第16条的规定,可能判处10年以上有期徒刑、无期徒刑、死刑以及社会影响重大的第一审刑事案件,由人民陪审员和法官组成7人合议庭进行审理。该条文规定的人民陪审大合议庭刑事案件所体现出来的特点有二:一是被告人罪行严重;二是此类案件适用普通程序审理。这些案件中,如果被告人不认罪,则理应成为刑事庭审实质化审理的关键对象案件。依法充分保障这些案件中的被告人的质证权、辩护权等诉讼权利,否定庭前刑事卷证的证据能力,在此基础上审慎认定事实、查明真相,符合刑事诉讼基本法理的要求,也符合刑事司法公正的本质要求。其二,与专门犯罪领域的单行法律保持衔接。我国已逐步颁布实施针对专门犯罪领域打击治理的单行法律,如《反分裂国家法》《监察法》《反有组织犯罪法》等,将来还有可能制定出台诸如《网络犯罪防治法》等新型专门领域法律。这些单行法律属于中国特色社会主义法治体系的重要组成部分,刑事卷证制度的立法设计需要与其保持有机衔接。此外,这些单行法律规制的是特殊犯罪领域,保护的法益本身就具有一定的特殊性。因此,相关刑事卷证制度的立法设计就需要区别对待。

此外,在该模式中,还要考虑两种例外情形,在刑事卷证运用制度中分别适用法律保留原则和法官保留原则。第一种情形是:对于控辩双方之间达成合意的某一证据材料或者控辩双方无异议的刑事卷证,是否具有证据能力,实行法律保留原则,由刑事诉讼立法明确规范之。第二种情形是:虽然被告人不认罪,但案情简单、事实清楚、证据充分,刑事卷证是否具有证据能力,实行法官保留原则,由法官依法裁定。

其次,对被告人认罪且适用简易程序或者速裁程序审理的刑事案件,刑事卷证运用制度采行证据能力肯定模式。在被告人认罪,且适用简易程序、速裁程序审理的刑事案件中,全案刑事卷证具有证据能力,这属于建立在被告人弃权基础上的制度安排。实质上,简易程序的正当性就在于它主要是建立在辩方的弃权基础之上。① 其实,在我国刑事简易程序中允许使用刑事卷证,已有一定规范依据。尽管1996年《刑事诉讼法》规定了"复印件移送制度",但是施行不久便在司法实践中产生了不少问题。1998年1月,最高人民法院、最高人民检察院、公安部、国家安全部、司法部、全国人大常委会法制工作委员会《关于刑事诉讼法实施中若干问题的规定》,其中对人民检察院提起公诉时移送的"主要证据"等进行了明确,同时,规定了适用简易程序审理的公诉案件,应当向人民法院移送全部案卷和证据材料,即在简易程序中实际上采行的是"卷证并送制度"。在适用简易程序审理的案件中,庭前刑事卷证具有证据能力,经法庭查证属实的,法官可以直接作为裁判的依据。这是笔者掌握的我国最早的规定简易程序中刑事卷证具有证据能力的规范性法律文件。1998年,最高人民法院《关于执行〈中华人民共和国刑事诉讼法〉若干问题的解释》(已失效)第217条沿用该规定,明确要求适用刑事简易程序审理的公诉案件,人民检察院应当随案移送全案刑事卷证。

最后,对被告人认罪但适用普通程序审理的刑事案件,刑事卷证运用制度采行附条件肯定证据能力模式。如此设计,主要考量是:其一,在前述刑事卷证否定证据能力模式的基础上确立某种必要而合理的例外,容许一些刑事卷证具有证据能力,从而实现原则性与灵活性的统一。这也符合一般的立法惯例。其二,欲实质性地改变我国刑事审判长期流于形式、证人出庭作证率低的问题,应贯彻落实真正的直接言词原则,合理限制刑事卷证进入法庭审判的范围,进而促进刑事庭审实质化的实现。但是,在制度设立之初,应尽量合理控制其适用范围,以确保制度扎根,待实践检验相对成熟以后再渐进式扩大其适用范围。同样,在该模式中,要考

---

① 参见孙远:《全案移送背景下控方卷宗笔录在审判阶段的使用》,载《法学研究》2016年第6期。

虑一种例外情形,即在被告人认罪但适用普通程序审理的刑事案件中,控辩双方无异议的刑事卷证或者法官有疑义且对定罪量刑有重大影响的刑事卷证,是否具有证据能力,实行法官保留原则。纵观域外法治国家的刑事诉讼,不论是适用普通程序还是简易程序,也不论是开庭审理还是书面审理,审判程序都没有空转,这充分体现了法官保留原则的基本要求。否则,就变成了"检察官司法"[1]。因此,从防范刑事冤错案件发生的角度来讲,适用该模式审理的案件,也要重视防止审判因对控辩双方达成合意的刑事卷证进行形式确认而沦为"橡皮图章",成为"背书式裁判"。

上述刑事卷证在审判阶段的具体运用路径,意味着当前我国刑事诉讼中传统的"四步法"审理方式的解构,实现以直接式的证据调查方式替代刑事卷证的宣读和审理,从而形成法院自己的裁判依据——法庭卷证。从形式上看,法庭卷证表现为经过法庭查证属实的言词证据和实物证据以及包括笔录和录音录像在内的庭审记录。这种法庭卷证不仅是一审法院裁判的基础,也是二审法院审理、复核以及最高司法机关复核重大、疑难、复杂案件的重要依据。

第二节 我国刑事卷证制度协同措施的完善

任何诉讼制度或证据规则都不是独立运行的,通常需要相关制度的配合协同运行,刑事卷证制度亦然。因为"证据制度从来就不是某一单独原则、规则独立发挥作用,程序法是一张'网',几乎所有的程序规则均对具体案件的处理发生作用,需要同时考量"[2]。关于刑事卷证制度的协同措施,自然离不开科学司法新理念的指导,也离不开程序制度和证据制度而独立运行,毕竟刑事卷证制度与相关协同措施彼此构成对方良性运行的制度基础和前提。

一、树立刑事司法新理念

刑事卷证制度改革并非仅仅关系一项制度的完善,而需要对刑事诉

---

[1] 熊秋红:《刑事庭审实质化与审判方式改革》,载《比较法研究》2016年第5期。
[2] 张栋:《中国刑事证据制度体系的优化》,载《中国社会科学》2015年第7期。

讼制度整体架构进行调适，更深层次还包括理念的更新问题。① 从某种意义上说，任何一项新制度的推行，除要有完备的配套措施以外，更加重要的是更新理念。因此，注重塑新刑事司法理念，应作为我国刑事卷证制度司法适用的重要协同措施之一，在教育培训中不断予以强化。

（一）树立科学司法理念

要在刑事诉讼理念上进行转变，从"以侦查为中心"的思维方式向"以审判为中心"的思维方式进行转变，树立科学司法观念，提升刑事司法能力水平。

首先，司法人员要转变庭前证言效力优先的传统观念。法官要树立直接言词原则理念，树立通过直接审理才能更准确地发现事实真相的观念，切实转变对刑事卷证的依赖。司法实践中，要适当处理刑事卷证与庭审证言的关系，进一步树立庭审证言证明力从优理念，鉴于刑事卷证产生的背景不清和程序不透明，其证明力应予适当限制。只有在对刑事卷证确信无疑的情况下，才能采信刑事卷证而否定庭审证言（证据）。

其次，司法人员要强化客观证据理念，逐步摆脱通过被告人的供述、证人证言等主观证据定案的依赖性。法官要加强对主观证据，尤其是庭前刑事卷证的真实性、可靠性的审查，提高庭前证言采信的准确度。要注重新型刑事裁判论证方式，裁判文书不仅要分析、论证文书、证言等证据，还要详细阐述、论证庭审举证、质证情况，分析、论证包括当事人和证人可供进行真实性判断的非言词性法庭表情等情态证据，强化法官心证形成过程的分析、论证。近年来，最高人民法院推行了裁判文书说理改革，旨在提高释法说理水平和裁判文书质量。随着刑事卷证适用制度的调整，法官自由心证的空间将会愈来愈大，裁判文书公开、说理的改革更应得到强化。因为刑事裁判文书的说理可以制约裁判者恣意心证，事实说理发挥着排除恣意、将事实认定的正确性，或者说可接受性控制在一定范围内的功能。② 同时，在刑事卷证证据能力附条件肯定模式下，赋予法

---

① 参见卞建林等：《改革开放 40 年法律制度变迁·刑事诉讼法卷》，厦门大学出版社 2019 年版，第 264 页。

② 参见杨波：《审判中心下印证证明模式之反思》，载《法律科学（西北政法大学学报）》2017 年第 3 期。

官自由裁量权的同时,也可以通过强化刑事判决书说理,对法官滥用自由裁量权施以必要的限制。

最后,还要提升司法人员直接审查判断证据的能力。司法能力的提升可以助推司法理念的强化。法官要不断提升通过刑事庭审直接审查认定证据的能力,通过证人出庭作证的外表、姿态、表情及证言的印证情况等夯实自己的心证基础,逐步摆脱对刑事卷证的过度依赖。同时,公诉人要加强对证人询问能力的培养、强化交互诘问技能的养成,提高证人出庭作证的效果。

(二)树立讼争文化理念

在刑事司法实践中,要树立刑事诉讼争辩文化新理念,强化社会引导功能。

首先,要通过普法活动和法治宣传进一步转变厌讼、耻讼的社会观念,引导社会公众崇尚通过法治途径化解矛盾纠纷,形成敬畏法治的良好社会风气。

其次,要通过鉴定人出庭、有专门知识的人出庭、侦查人员出庭等引导证人积极出庭作证,并实质性地参与刑事庭审活动。从法理上分析,勘验、检查、辨认等侦查活动形成的书面记录,在本质上仍然属于传闻证据,不具有天然的证据能力。为有效审查这些证据,必要时,法庭仍需对其制作人、提取人等进行质证,促使侦查人员、其他取证相关人员以及目击犯罪的警察出庭作证是其必不可少的实现路径。同时,通过证人出庭作证保障及保护措施的全面落实,解除证人出庭作证的后顾之忧。对作证能力不强、心理素质较弱的证人,要在庭前进行适当的辅导和帮助,提升其作证能力。总之,要尽最大努力在最大限度上推动人证出庭作证,保障刑事卷证运用制度的落实,从而实现刑事庭审实质化。

最后,要强化"兼听则明"的诉讼理念。刑事审判程序的特点,关键在于"兼听则明"。否则,就没有必要设置控、辩双方平等参与庭审对抗以及法官中立裁判的刑事庭审模式。这一特点要求重视被告人庭审中的包括翻供的供述和辩解及其律师的辩护意见,如此才既有利于充分保障被告方的辩护权,也有利于裁判者"兼听则明"。否则,其结果可能就是"偏信则暗",甚至造成刑事冤错案件。

（三）树立有限追责理念

以审判为中心，要求法官根据庭审信息作出裁判。从刑事庭审实质化的角度来说，刑事裁判结果就应当直接源于庭审活动而不是刑事卷证审理，因而应当由直接审理案件的审判人员作出决定，可谓"由审理者裁判"。"由审理者裁判"，就应当坚持贯彻直接言词原则，由直接接触案件信息、审理案件的合议庭或独任法官作出裁判，决定裁判结果。在推动刑事庭审实质化背景下，如何建立符合司法规律和司法运行现实状况的司法责任制成为新的课题。

"司法责任制，是庭审实质化改革必不可少的前提条件和配套措施。"①本书认为该观点务实且合理，符合我国司法现实。实行"由审理者裁判"，确立"裁判者负责"的司法责任制很有必要，因为司法责任制是以审判为中心的重要保障机制。刑事庭审实质化的前提是审理和裁判相统一，刑事案件由主审法官或合议庭审理、裁判，并对裁判结果负责。虽然司法责任制以促进司法审判的公平、正义为目标，要求司法活动必须依法开展，遵循基本司法活动规律，但是不能仅仅因为发生错判结果就片面要求承担审判责任。

有观点认为，首先，司法责任制应是一种职务激励机制，激励司法人员积极履行自己的职责和义务，对事实和证据负责，对案件负责。积极履职是司法责任制内涵中的关键点，只有明确了这一层含义，才能在法官认定事实、作出裁判的过程中发挥其积极性和主动性，裁判者才会谨慎行使权力。其次，司法责任制是指没有履行好职责后应承担的不利后果。相对于前一点来讲，这是一种消极的责任，也就是对司法人员进行责任追究。同时，基于司法活动的特殊性和特有规律，对于消极责任的界定要有明确的标准，必须限缩其范围，从而避免司法责任制的落实被追责和惩戒的内容所掩盖，避免法官被束缚手脚，心有余悸，不敢从心而断，最终确保裁判者裁决的自由，敢于裁判，敢于担当。② 应当说，该论述对司法责任制的解析是全面的、透彻的，也是符合司法规律和司法实际的，实践中可予贯彻执行。

---

① 龙宗智：《庭审实质化的路径和方法》，载《法学研究》2015年第5期。
② 参见杨波：《审判中心下印证证明模式之反思》，载《法律科学（西北政法大学学报）》2017年第3期。

综上所述,在明确司法权运行机制、理清法官、检察官职责的前提下,应当建立适度的刑事错案追责问责机制。其一,应当明确刑事错案追究的范围,除故意或重大过失并造成严重后果的以外,不得追究刑事错案的审判责任。其二,应当明确刑事错案的认定流程和追责问责机制,司法人员过错认定标准和处罚方式等,使错案追究有据可依,保障司法人员依法履职。其三,还应当确立科学合理的考评标准,对于依法履职但存在法律认识分歧或证明标准心证判断不同的案件,一般不宜认定为错案,以切实保障刑事法官的司法担当、司法作为。

二、完善程序制度的协同措施

刑事卷证制度良性运行的程序制度协作配合措施建设,在我国刑事诉讼立法上应主要考虑三个方面:一是完善附条件不起诉制度;二是完善庭前会议制度;三是完善辩护制度。

(一)完善附条件不起诉制度

我国《刑事诉讼法》在未成年人刑事案件处理中赋予了人民检察院附条件不起诉的权力。这一制度设计,可以将一部分案件筛选并排除出审理程序,使人民法院可以集中更多审判资源审理重大、疑难、复杂刑事案件,具有合理性、经济性。但司法实践表明,我国附条件不起诉制度适用比例很低,适用尚不充分,且适用范围过窄,使该制度的功能发挥不充分。为了更好地发挥该制度的作用,适应当前司法现实需要,扩大附条件不起诉制度的适用范围具有可行性。因为从立法目的来看,该制度旨在针对未成年人被告人往往主观恶性小,改造难度也比较低,给予其改过自新的机会,能够更好地回归社会。对于轻微犯罪的被告人而言,其人身危险性及主观恶性均较小,通常不具有严重的反社会人格,对此类犯罪一般判处的是轻微刑罚。

根据司法实践经验,附条件不起诉案件的适用范围可以扩大至未成年人、在校学生、老年人、聋哑人、严重疾病患者以及怀孕、哺乳期妇女等特殊群体所涉嫌的法定刑为3年以下有期徒刑的轻微刑事案件。增加不起诉案件量,可以将司法资源更多地配置在提起公诉并以普通程序审理的案件中,为刑事卷证否定证据能力模式的司法适用提供充足的司法资源,从而确保刑事庭审实质化的顺利推进。

(二)完善庭前会议制度

目前,我国庭前会议制度还存在诸多问题,在将来的改革中,为强化"庭审审理"效果,应当进一步予以完善。

首先,应当赋予庭前会议制度证据审查功能。利用庭前会议克服对刑事卷证的依赖,明确其效力,赋予证据审查功能,防止证据突袭,从而实现刑事庭审针对案件争议问题的实质审理作用。同时,充分发挥庭前会议制度的证据审查功能,可以削弱庭前"阅卷"的必要性,有效限制侦审之间的不当联结。

其次,实行庭前会议与法庭审判主体分离。在我国,只有从立法层面解决刑事卷证的证据能力问题,才能从真正意义上摆脱侦查中心主义的影响,促进刑事庭审实质化。对此,实务部门有观点认为,可以通过借鉴域外预审法官制度以排除法官的不当预断。[1] 但本书认为,我国当前司法资源紧张,实施预审法官制度并不可行,因此预断排除不能过度。欲建立合理的庭前程序机制,改变法官对刑事卷证的依赖,尽可能限缩庭前预断的不利后果,结合当前司法改革成果,可以从两个方面的程序上的分离来予以保障:一是空间上的分离,让庭前会议承担起证据能力审查功能。质言之,在刑事案件审判中,与证据能力有关的问题得于庭前会议中先行解决。二是主体上的分离。将证据能力问题交由法官助理进行审查,与对证据证明力和案件事实进行的调查主体相区分。具体而言,由法官助理负责审阅核实刑事卷证、确定开庭日期、拟定庭审提纲、主持庭前会议等工作,法官在庭审前一般不得接触刑事卷证,因为法官判定被告人罪责的证据只能依据法庭上直接调查的证据作出,而不能依据侦查和审查起诉阶段形成的刑事卷证作出。[2] 这种庭前会议主体二分式设计,可以防止法官事先评价证据以及过度介入证据争议点,也可以阻遏部分程序运行中引发的法官预断问题。将庭前会议的主持人与庭审法官分离也是排除审

---

[1] 参见沈明磊、黄琰:《审判中心背景下证人出庭的实践困境与制度设计》,载李建明、沈明磊主编:《以审判为中心诉讼制度改革的区域实践与理论思考》,法律出版社 2020 年版,第 307 页。

[2] 参见张吉喜:《论以审判为中心的诉讼制度》,载《法律科学(西北政法大学学报)》2015 年第 3 期。

前预断,约束法官心证的最佳选择。对此,也不必过分担忧这会削弱审判力量或增加人力负担,因为庭前会议主持人与庭审法官分离并非意味着必须另外增设专门的预审法官。在现有司法人员类别中,可考虑由法官助理召集主持庭前会议,将法官助理这一角色的职能作用充分发挥出来,以提高整体司法质效。如此一来,也可以实现与庭审审判人员相分离,达到有效防止审前预断的目的。

最后,强化庭前会议制度功能的多元化建设,使其发挥庭审前程序的案件分流功能。司法机关通过庭前会议中的审查制度,可以进一步实现刑事案件的繁简再分流。例如,审查起诉时非认罪认罚但在庭前会议中又自愿认罪认罚的案件,可将其分流至刑事卷证证据能力肯定模式之中,以简化程序进行审理,从而提高司法效率。

(三)完善辩护制度

就保障刑事卷证制度良性运行的角度而言,我国辩护制度可以从两个方面予以完善。

首先,应强化律师的辩护功能。对此,将来的改革措施可以从以下方面着力:一是,保障辩护律师充分地阅卷。因为没有充分地阅卷,就很难作出有效的辩护。二是,充分地告知。例如,出庭证人及鉴定人名单的告知。三是,充分地参与。如前所述,既要让辩护律师充分地参与讯问犯罪嫌疑人、被告人的过程,也要让其充分地参与辨认、检查、扣押等过程,因为在有律师参与见证的情况下,被告人对控方取得的证据不容易产生异议,也没有理由否认。四是,让律师参与鉴定过程。比如,让律师参与对鉴定机构、鉴定人的选择过程,这更能体现出控辩双方的平等性。

其次,应建立无效辩护制度。刑事辩护全覆盖,[①]并不意味着被告人一定能够得到有效的辩护。我国的律师制度正在发展之中,由于法律素养、执业水平、工作责任心等参差不齐,一些刑事案件中的辩护人不能很好地行使辩护职责,致使被告人的辩护权受到严重影响,进而可能承受明显不利的判决结果。这种情形在指定辩护方面更为普遍。因此,有必要借鉴域外经验构建无效辩护制度,为提升我国刑事辩护质量提供可行路径。具体而

---

① 参见2022年最高人民法院、最高人民检察院、公安部、司法部《关于进一步深化刑事案件律师辩护全覆盖试点工作的意见》。

言,通过二审法院的审查,如果认为一审判决中辩护人未能尽职,没有起到应有的辩护作用,损害了被告人的辩护权利,致使被告人承受了实体上不利的诉讼后果,二审法院可以在判决书中予以阐明,并且改判;情形严重的,还可依据《刑事诉讼法》"其他违反法律规定的诉讼程序,可能影响公正审判"这一规定,发回一审法院重新审判。这样的处理方式,表面上看似否定的是一审判决,但实际上是对辩护人无效辩护行为的否定。同时,这一处理方式是对律师已经完成的辩护行为的否定性评价,并未干涉辩护律师正在进行的辩护行为,因此,并不违背独立辩护原则的要求。

三、构建证据制度的协同措施

欲充分发挥刑事卷证运用制度助推刑事庭审实质化的作用,还需要刑事证据制度体系的协同设计,形成制度合力。在立法上应重点考虑两个方面的问题:一是刑事卷证法律效力制度的建构;二是审判人员的"阅卷""核卷"适用范围的限制。

(一)构建刑事卷证法律效力制度

在立法上,应明确合理地限缩刑事卷证的法律效力。我国《刑事诉讼法》中未确立当庭证言效力优先原则,客观上赋予了刑事卷证较高的法律效力。在法治发达国家的证据规则中,未到庭证人证言仅仅在比较特殊的例外情形下才可以作为定案的证据使用。但我国却相反,立法上赋予了刑事卷证与当庭证言几乎同等的法律效力。2018 年《刑事诉讼法》第195 条的规定,实际上是完全认可了刑事卷证可以作为定案证据使用,而不是作为证人不能出庭作证的例外选择。在司法实践方面,最高人民法院的相关司法解释更进一步明确了印证规则对于庭前刑事卷证与当庭证言证据效力的判断标准。但实践中,在印证规则体系下,证人出庭作证的意义不大,证人所做的刑事卷证一般都有其他证据印证,否则,司法机关也不会将其作为证据材料纳入诉讼程序,而当庭证言由于辩方取证能力的限制,反而印证程度不如庭前刑事卷证。因此,庭前刑事卷证的法律效力在司法实践中一般较高。

对此,有观点认为,推动证人出庭作证的关键是限制书面证言的效力。故而应当通过修法明确:经人民法院通知而没有出庭作证的书面证言原则上不能作为定案依据。在法律修改不到位的情况下,为实现刑事庭审实质化,促使证人出庭作证,实践中可先试行该规定。诚然,从理论上讲,在我国刑事诉讼中,对应当出庭作证却没有出庭的证人,《刑事诉讼法》中应确立对该庭前证言笔录的证据能力否定制度,同时,在现有基础上加大惩处力度,情节特别严重的,可以在刑法中予以规制。但如果"一刀切"式地逆转,让庭前刑事卷证的法律效力明确为一概低于当庭证言的效力,可能反而会阻碍证人出庭作证等制度的推行,法官可能会由于担心证人出庭难以有效表达,其证言无法被采用,进而不让证人出庭作证。

因此,我国刑事诉讼立法有必要妥善处理庭前刑事卷证与庭审证言效力之间的关系,稳妥限缩庭前刑事卷证的法律效力。证人当庭作证的,一般应当以其当庭证言作为定案根据,不采纳其庭前刑事卷证,但在例外情况下,可以不采纳证人的当庭证言。例如,有充分证据证明证人当庭证言虚假,或者有充分理由怀疑证人故意篡改证言,或者证人当庭证言明显违反其本意的,否则,均应以其当庭证言为定案根据。对于经通知出庭或者强制出庭,证人拒不作证的,其庭前刑事卷证不得作为定案的根据。以庭前刑事卷证作为证据使用的,必须经过严格的举证、质证程序后,才能作为定案根据,庭前证言若收集程序不规范或者具有瑕疵且无法作出合理解释的,不得作为定案根据。

(二)构建审判人员"阅卷""核卷"适用范围限制制度

与刑事卷证制度相关的体系规范问题,落脚点之一便是强化刑事卷证司法运用中的制度建设,以最大限度地限制"阅卷"环节法官预断的不利后果,并以此尽力熔断庭后"核卷"裁判的"办公室作业文化的再生"。

第一,限缩庭前"阅卷"的主体范围。除承担主持庭审的主审法官以外,合议庭其他成员一般不得接触刑事卷证信息。例如,《德国刑事诉讼法》规定,陪审员原则上不得接触刑事卷证,审判长和制作裁判文书的法官不得阅览刑事卷证,从而确保审判主体对于案件的认知来源于刑事庭审活动,而不是庭前刑事卷证。我国可借鉴该规定的实质内核,尽量限制庭前"阅卷"的主体范围。一般来讲,实践中应当采行人民陪审员不得阅览庭前刑事卷证,合议庭其他法官除自己担任审判长审理的案件以外,不参与其他案件的庭前"阅卷"活动,以此保障审判人员的心证尽量形成于法庭之上,而不是形成于"阅卷"或者"核卷"活动。

第二,限缩庭后"核卷"的适用范围。法官庭审之后对刑事卷证进行核查,可能会使主审法官发现在案证据的矛盾之处,从而作出有利于被告人的裁判。但是本书认为,实践中对此的期望不应太高。一方面,法官庭后"核卷""判卷"实际上又将侦查与审判联结了起来,在这种强化心证的"法庭审理的延续"过程中,法官极有可能无意识地回到刑事卷证的"庭前信息汪洋"之中,实则有悖直接言词原则。另一方面,刑事卷证是由专业的侦查人员制作,并经更加专业的公诉人审查过滤,留下重大证据瑕疵让法官在庭后"核卷"时去发现几乎不太可能,[1]因此法官似乎也没有必要进行庭后"核卷"和"判卷"活动。故而,应当限缩庭后"核卷"的适用范围,除特别需要且在保障控辩双方在场权等权利的情形下,一般不得进行庭后"核卷"。

第三节 我国刑事卷证司法运用的完善

刑事诉讼领域应当确立的一个最基本理念是:国家权力介入刑事诉讼确为必要,但介入的权力本身又必须受到限制。[2] 我国的刑事卷证运用制度,与我国刑事司法的运行环境、制度结构密切相关。对待刑事卷证宜采取科学合理的实用主义态度,一方面不能全盘否定刑事卷证对于刑事审判的意义,另一方面也需要合理规制刑事卷证在庭审中的运用。就本质上而言,刑事卷证的合理规制主要是在庭审阶段,这样既可以充分发挥刑事卷证的证据功能,也可以尽量避免刑事庭审虚化,改变长期以来的"审卷"刑事司法传统。故而,作为指导刑事卷证制度良性运行的法理性原则,直接言词原则在司法实践中的科学理解与适用,意义重大。本书认为,对于直接言词原则及其例外,在司法运用中,应采取不同的法律解释方式:对直接言词原则条款予以扩张解释,而对直接言词原则例外条款进行限制解释,以进一步调适我国长期以来存在的辩护权羸弱,而侦查权、

---

[1] 参见林劲松:《我国侦查案卷制度反思》,载《中国刑事法杂志》2009年第4期。
[2] 参见左卫民、周长军:《刑事诉讼的理念》(最新版),北京大学出版社2014年版,第20页。

公诉权健硕的明显失衡的刑事诉讼权能结构。

一、扩张解释直接言词原则条款

扩张解释又称扩大解释,是指法律条文所使用的文字失于狭隘,不足以表明法律条文的真实含义,于是扩张其含义,使其符合法律条文的真实含义的解释方法。扩张解释的特点是,对法律用语作出比其通常含义更宽的解释,其本质上是"取周延意义广泛部分为解释"①。扩张解释在刑事法中的运用甚广,2021 年《刑诉法解释》第 360 条对不适用简易程序的情形作出的解释,就是扩张解释的例子。该条规定了不适用简易程序的 7 种情形,其中"辩护人作无罪辩护的"以及"被告人认罪但经审查认为可能不构成犯罪的"两种情形就是对《刑事诉讼法》第 215 条关于不适用简易程序规定的扩张解释。这有益于当事人诉讼权利的保障,值得肯定。

但有的扩张解释所起的作用可能恰好相反,值得警惕。我国 2018 年《刑事诉讼法》第 54 条第 2 款规定了行政机关在行政执法和查办案件过程中收集的物证、书证、视听资料、电子数据等证据材料,在刑事诉讼中可以作为证据使用。对该款条文中的"等"的解释,存在三种观点:一是狭义说,即对"等"只能作等内解释,只包括物证、书证、视听资料、电子数据这四类实物证据;二是广义说,即对"等"可以作适度限制的等外解释,除法条明确列举的四类实物证据以外,还可以包括笔录、鉴定意见等非广义的言词证据在内;三是泛广义说,认为对"等"可以作无限制的等外解释,可以包括证人证言、被害人陈述等狭义的言词证据在内。2012 年《人民检察院刑事诉讼规则(试行)》即采用了泛广义说②,但现已失效。2019 年

---

① 杨仁寿:《法学方法论》(第二版),中国政法大学出版社 2013 年版,第 153 页。

② 2012 年《人民检察院刑事诉讼规则(试行)》第 64 条规定:行政机关在行政执法和查办案件过程中收集的物证、书证、视听资料、电子数据等证据材料,应当以该机关的名义移送,经人民检察院审查符合法定要求的,可以作为证据使用。行政机关在行政执法和查办案件过程中收集的鉴定意见、勘验、检查笔录,经人民检察院审查符合法定要求的,可以作为证据使用。人民检察院办理直接受理立案侦查的案件,对于有关机关在行政执法和查办案件过程中收集的涉案人员供述或者相关人员的证言、陈述,应当重新收集;确有证据证实涉案人员或者相关人员因路途遥远、死亡、失踪或者丧失作证能力,无法重新收集,但供述、证言或者陈述的来源、收集程序合法,并有其他证据相印证,经人民检察院审查符合法定要求的,可以作为证据使用。根据法律、法规赋予的职责查处行政违法、违纪案件的组织属于本条规定的行政机关。

《刑事诉讼规则》则采取了广义说,认为行政机关在行政执法和查办案件过程中收集的物证、书证、视听资料、电子数据等证据材料以及鉴定意见、勘验、检查笔录,经人民检察院审查符合法定要求的,可以作为证据使用。无论是采广义说还是泛广义说,都属于扩张解释,均将"等"的含义作了扩大理解。对此,域外也有类似适例。1988年《意大利刑事诉讼法典》规定,"不可重复诉讼行为的笔录"可以纳入庭审卷证。从立法目的上看,"不可重复诉讼行为"应该是指较为特殊的例外情况,即"客观上不可能也不允许重复这一行为"①。但实践中,意大利的判例却支持这样的扩张解释,将警察的现场勘验笔录、侦查报告等也纳入庭审卷证。然而,这一扩张解释得出的结论与1988年《意大利刑事诉讼法典》设立"双重卷证"的立法目的却是背道而驰的。

为依法充分保障当事人的诉讼权利,本书认为,针对我国《刑事诉讼法》中的直接言词原则条款,在司法实践中应当采取扩张解释。只要对直接言词原则条款的解释,文义仍然在法条含义可能的范围之内,亦即扩张解释得出的文义必须在法条含义"预测可能性"的射程之内,就不违背立法目的。依照直接言词原则的要求,证据必须经过直接审理的程序,才能作为刑事裁判的基础,当然,特殊情形除外。由是,对直接言词原则条款进行扩张解释,主要集中于"始终在场",庭审举证、质证及"定案的根据"三个方面。

第一,关于"始终在场"的解释。根据直接言词原则的要求,事实裁判者必须尽可能获得对于检察机关所指控的刑事案件事实的直接而"鲜活"的印象。为了达至此目的,一方面,法官在整个审理程序之中必须始终在场,不得缺席,也不得中断;同样,独任法官、合议庭成员均不得缺席审理程序,他们都必须以"亲临"的方式直接审查判断证据。这只是"物质"的在场——法官身体之在场,此外,还应包括"思维"的在场——法官精神之在场。另一方面,就其他诉讼主体的在场而言,由于直接言词原则要求法官尽可能获得对于待证事实的直接印象,所以被告人理所应当"始终在场"。同理,应扩张解释至证人、鉴定人等诉讼参与人也应当在场,以保障

---

① 施鹏鹏:《意大利刑事诉讼与证据制度专论》(第一卷),中国政法大学出版社2020年版,第154页。

刑事诉讼查明真相目的的实现。因为直接审理"要求各诉讼主体都必须在开庭时亲自到场,在精神和体力上具有能力参与诉讼的情况下参与诉讼"①。

第二,关于庭审举证、质证的解释。刑事审判是在公开的庭审中,在法官面前进行犯罪事实重构的活动。基于直接言词原则的要求,应该尽量运用最为接近事实的证据方法对待证事实进行证明,如"第一手"证据资料等。当证明犯罪事实以被告人的供述或者证人证言作为证据方法时,一般应当在法庭上履行讯问被告人、询问证人的程序,不得以庭前刑事卷证代替之。即使举示庭前刑事卷证,也不得将其所记载的内容作为裁判的基础。这种直接举证、质证、认证的方式,可以充分保障被告人的质证权,防止举证、质证、认证虚化,防止刑事庭审空洞化。但是,我国《刑事诉讼法》中,并无禁止举示庭前刑事卷证的直接规定。故而实践中,应扩张解释直接言词原则条款并得出上述结论,因为上述禁止正是直接言词原则的核心内涵。

第三,关于"定案的根据"的解释。基于直接言词原则的内涵及扩张解释的适用原理,不难得出这样的结论:只有出自法庭审理程序的证据,法官才能依照自由心证将其评价为裁判的基础。简言之,法官引为刑事裁判基础的证据,必须是出自直接审理程序的证据。否则,将构成程序违法,二审法院可据此将案件发回重审。我国的刑事证据能力一般被界定为"作为定案根据的资格",即"作为认定事实依据的资格"。这一证据能力的作用机制是在法官最终认定事实时,将无证据能力的证据排除在定案证据体系之外。倘若依据扩张解释方法对我国《刑事诉讼法》规定的"证据必须经过查证属实,才能作为定案的根据"进行解释,得出的结论将在具体案件中限制某一证据进入法庭调查的资格,对其不得进行证据调查,自然也就不得作为定案的根据。

二、限制解释直接言词原则的例外条款

在法条的含义过于宽泛时,限制其文义,缩小法条外延的解释,是

---

① 张吉喜:《论以审判为中心的诉讼制度》,载《法律科学(西北政法大学学报)》2015年第3期。

一种常用的解释方法。限制解释又称缩小解释,是指法律条文所使用的文字失于宽泛,不足以表明法律条文的真实含义,于是限制其含义,使其符合法律条文的真正含义的解释方法。限制解释的特点是,对法律用语作出比其通常含义更窄的解释,其本质上是"取其意义核心部分为解释"①。但是法官非可任意为之,而是必须考虑立法目的,据此可以说,限制解释的着眼点在于限制司法权力。1996 年《刑事诉讼法》第 150 条中规定的"主要证据",实践中将其解释为"有罪的主要证据",这就是一种限制解释。

严格解释主张法解释的功能仅限于探求立法者明示或者可推知的含义,限制解释最能体现严格解释的要求。在我国刑事诉讼中,限制解释的运用也很常见。如 2021 年《刑诉法解释》第 347 条中关于"认罪""认罚"的解释,就是一种限制解释。该条款将"认罪"解释为"犯罪嫌疑人、被告人自愿如实供述自己的罪行,对指控的犯罪事实没有异议",将"认罚"解释为"犯罪嫌疑人、被告人真诚悔罪,愿意接受处罚",即取《刑事诉讼法》第 15 条的"意义核心部分为解释"。

为有效限制国家机关的权力运行,达到惩治犯罪与保障人权的有机统一,对于《刑事诉讼法》中的直接言词原则例外条款,在司法实践中应当采取严格解释的态度,实行限制解释。然而,我国目前刑事诉讼立法可谓疏漏较多,并没有明确何种情况下可以使用庭前刑事卷证来代替当庭讯问、询问。实质上,从《德国刑事诉讼法》的相关规定中,我们可以总结出这样的结论:直接言词原则的例外,是沟通一般证据法则与庭前刑事卷证制度的桥梁。沿此路径,结合我国《刑事诉讼法》的规定,下面将重点讨论"证人出庭作证必要性"以及"刑事卷证当庭宣读"的解释。

第一,关于"证人出庭作证必要性"的解释。2018 年《刑事诉讼法》第 192 条第 1 款关于证人出庭作证必要性的规定,贯彻了法官保留原则,规定了证人是否应当出庭,由人民法院根据当事人所提异议的情况以及对案件定罪量刑的影响、社会公众的关注程度等,综合全案情况予以考虑,作出决定。当前较为流行的观点认为,立法上将证人出庭必要性与前两个条件——证人证言异议性和证人证言重要性——同时规定,实践中

---

① 杨仁寿:《法学方法论》(第二版),中国政法大学出版社 2013 年版,第 153 页。

就需要同时满足三个条件,证人才必须出庭作证。① 然而,按照限制解释的要求,符合前两个条件的,证人就应当出庭作证,人民法院没有理由不让证人出庭作证。实质上,这样的限制解释结果,在 2012 年《刑事诉讼法》修改过程中已有人论及,认为符合前两个条件,证人就应当出庭,没有必要加上"人民法院认为证人有必要出庭"这一条件。同时,《以审判中心的改革意见》第 12 条、最高人民法院 2017 年发布的《关于全面推进以审判为中心的刑事诉讼制度改革的实施意见》第 14 条以及《人民法院办理刑事案件第一审普通程序法庭调查规程(试行)》第 13 条,②均采用了这一解释方法。文件起草者指出:人民法院可以审查证人出庭的必要性,但这种审查应侧重于形式审查,只要控辩双方对关键证人的证言提出异议,原则上就应当通知证人出庭。③

通过限制解释得出的结论具有合理性。一方面,证人出庭作证是贯彻直接言词原则的必然要求,证人出庭作证,对于查明案情,核实其他证据,具有重要意义。另一方面,让控辩双方拥有对有异议的证人证言进行审查判断的平等机会,保障被告方质证权利的行使,是刑事司法公正的必然路径。有学者从保障被告人与不利证人对质权的角度,对证人出庭作证必要性的法官裁量权展开了讨论,认为在未危及被告人质证权这一基本权利的前提下,法庭对出庭必要性方有裁量之余地。④ 此外,证人出庭作证还可以确保庭审集中进行,并提高刑事诉讼质效。从司法实践来看,在刑事案件的审判中,证人证言对于法官定案发挥着重要作用,很多案件事实的认定甚至主要依靠证人证言。笔者以中国裁判文书网上随机呈现的 S 直辖市 2021 年审结的一审刑事案件的前 600 件裁判文书为样

---

① 参见喻海松:《刑事诉讼法修改与司法适用疑难解析》,北京大学出版社 2021 年版,第 202 页。
② 最高人民法院关于《人民法院办理刑事案件第一审普通程序法庭调查规程(试行)》第 13 条第 1 款规定:控辩双方对证人证言、被害人陈述有异议,申请证人、被害人出庭,人民法院经审查认为证人证言、被害人陈述对案件定罪量刑有重大影响的,应当通知证人、被害人出庭。
③ 参见戴长林、刘静坤:《人民法院办理刑事案件第一审普通程序法庭调查规程(试行)理解与适用》,载《人民法院报》2018 年 1 月 17 日,第 06 版。
④ 参见孙远:《全案移送背景下控方卷宗笔录在审判阶段的使用》,载《法学研究》2016 年第 6 期。

本进行人工统计,发现有 496 份裁判文书运用了证人证言,比例高达 82.67%。据此可见,在有争议的案件中,如果证人不出庭作证,可能会导致一些关键性证人证言无法作为定案根据,既影响了诉讼效率,也影响对案件的处理结果。因此,通过限制解释方法,对证人出庭必要性进行解释具有理论正当性和现实必要性。

第二,关于"刑事卷证当庭宣读"的解释。我国 2018 年《刑事诉讼法》第 195 条是关于法庭质证程序的规定,其中明确:未到庭的证人的证言笔录、鉴定人的鉴定意见、勘验笔录和其他作为证据的文书,应当当庭宣读。对该条款的解释,按照限制解释的要求,应当将"未到庭"解释为"因客观原因而未到庭"。申言之,对该条款应采取限制解释方式予以解释,并得出合乎刑事诉讼目的的结论,即只有证人、鉴定人等身患严重疾病住院治疗或行走不便、死亡或者下落不明,以及有其他客观不能到庭的正当理由致使其不能出庭作证的,公诉人、辩护人才可以将证言笔录、鉴定意见等刑事卷证当庭宣读。倘若不采取限制解释方式,即使采取平义解释,也有可能架空《刑事诉讼法》第 192 条规定的证人、鉴定人出庭作证的贯彻落实,从而回归到证人、鉴定人普遍不出庭的传统老路上去,最终导致刑事庭审实质化、"庭审审理"的落空,也会导致直接言词原则的要求被掏空。

总而言之,在刑事卷证法律规范存在缺陷的情况下,"努力建构一种体系化的、以依据有效的且符合价值秩序的规范系统,去有效调控刑事司法公权力为取向的中国式刑事审判构造"①,在司法实践层面,就需要贯彻规范主义精神,科学解释、合理适用刑事卷证法律规范,而不是对立法进行"嘲笑"。因此,采取扩张解释、限制解释等方法分别对直接言词原则条款及其例外进行科学解释,有利于保障刑事卷证运用制度的良性运行,从而助推刑事庭审实质化的实现。

---

① 参见胡铭:《对抗式诉讼与刑事庭审实质化》,载《法学》2016 年第 8 期。

结　语

刑事卷证制度是我国刑事庭审实质化的"支点",是走向刑事诉讼体系和能力现代化的技术上的突破口。在推进刑事庭审实质化改革进程中,刑事卷证制度的改革完善具有基础性意义,但我国刑事卷证制度改革却出现了螺旋式、摇摆式的局面。诚然,刑事卷证制度只是一个具体的诉讼制度,然而其变化却"牵一发而动全身"。它的体系优化涉及的不仅仅是其本身,还涉及其他诉讼制度的运行,涉及相应配套制度的保障,不可能"独善其身"。域外刑事卷证制度改革举步维艰的案例警示:脱离了职权主义诉讼模式传统的刑事卷证制度改革,很容易沦为"无源之水,无本之木"。①

刑事卷证制度的体系优化是我国司法改革的一个缩影,它反映出我国刑事诉讼立法与司法实践、国际经验与基本国情互动的过程。要走出刑事卷证制度的建构困境,首先要准确认知我国刑事卷证制度的运行理性。在此基础上,刑事卷证制度从立法和司法的双重维度均得到了体系优化,刑事庭审实质化就落地见效了,刑事诉讼体系和能力现代化也就有了涵养根基的"制度沃土"。

---

① 参见施鹏鹏:《意大利刑事诉讼与证据制度专论》(第一卷),中国政法大学出版社2020年版,第149页。

参考文献

一、中文参考文献

(一) 著作类

1. 卞建林等:《改革开放40年法律制度变迁·刑事诉讼法卷》,厦门大学出版社2019年版。
2. 陈瑞华:《程序正义理论》(第二版),商务印书馆2022年版。
3. 陈瑞华:《刑事审判原理论》(第三版),法律出版社2020年版。
4. 陈光中主编:《公正审判与认罪协商》,法律出版社2018年版。
5. 陈光中:《中国古代司法制度》,北京大学出版社2017年版。
6. 陈光中主编:《证据法学》(第四版),法律出版社2019年版。
7. 陈卫东主编:《刑事证据问题研究》,中国人民大学出版社2016年版。
8. 邓子滨:《刑事诉讼原理》,北京大学出版社2019年版。
9. 何挺等编译:《外国刑事司法实证研究》,北京大学出版社2014年版。
10. 韩延龙、常兆儒编:《中国新民主主义革命时期根据地法制文献选编》(第三卷),中国社会科学出版社1981年版。
11. 季卫东:《法治秩序的建构》(增补版),商务印书馆2019年版。
12. 冀祥德:《控辩平等论》(第二版),法律出版社2018年版。
13. 李长城:《中国刑事卷宗制度研究》,法律出版社2016年版。
14. 李蓉等:《中国社会变迁与刑事诉讼制度现代化》,法律出版社2018年版。
15. 李艳霞:《我国刑事庭审实质化改革问题研究》,中国政法大学出版社2022年版。
16. 林钰雄:《刑事程序与国际人权(二)》,元照出版公司2012年版。
17. 那思陆:《中国审判制度史》,上海三联书店2009年版。

18.施鹏鹏:《意大利刑事诉讼与证据制度专论》(第一卷),中国政法大学出版社 2020 年版。

19.宋英辉等:《刑事诉讼原理》(第三版),北京大学出版社 2014 年版。

20.宋英辉、刘广三、何挺等:《刑事诉讼法修改的历史梳理与阐释》,北京大学出版社 2014 年版。

21.宋冰编:《读本:美国与德国的司法制度及司法程序》,中国政法大学出版社 1999 年版。

22.孙长永:《探索正当程序——比较刑事诉讼法专论》,中国法制出版社 2005 年版。

23.史炜:《借助元数据的刑事卷证电子化管理》,中国政法大学出版社 2020 年版。

24.王爱立主编:《〈中华人民共和国刑事诉讼法〉修改与适用》,中国民主法制出版社 2019 年版。

25.王兆鹏:《刑事诉讼讲义》,元照出版公司 2010 年版。

26.吴宏耀、种松志主编:《中国刑事诉讼法典百年》(上、中、下册),中国政法大学出版社 2012 年版。

27.吴洪淇:《证据法的理论面孔》,法律出版社 2018 年版。

28.喻海松:《刑事诉讼法修改与司法适用疑难解析》,北京大学出版社 2021 年版。

29.闫召华:《口供中心主义研究》,法律出版社 2013 年版。

30.杨永华、方克勤:《陕甘宁边区法制史稿(诉讼狱政篇)》,法律出版社 1987 年版。

31.左卫民、周长军:《刑事诉讼的理念》(最新版),北京大学出版社 2014 年版。

32.张丽卿:《刑事诉讼制度与刑事证据》,中国检察出版社 2016 年版。

33.张吉喜:《刑事诉讼中的公正审判权——以〈公民权利和政治权利国际公约〉为基础》,中国人民公安大学出版社 2010 年版。

34.张建伟:《证据法要义》(第二版),北京大学出版社 2014 年版。

35.中国政法大学法律古籍整理研究所编:《清代民国司法档案与北京地区法制》,中国政法大学出版社 2014 年版。

（二）译著类

1.［比］R.C. 范·卡内冈：《英国普通法的诞生》，李红海译，商务印书馆2017年版。

2.［德］维尔纳·薄逸克、［德］萨比娜·斯沃博达：《德国刑事诉讼法教科书（第15版）》，程捷译，北京大学出版社2024年版。

3.［德］托马斯·魏根特：《德国刑事程序法原理》，江溯等译，中国法制出版社2021年版。

4.［法］阿德玛·艾斯梅因：《欧陆刑事诉讼史》，郭烁等译，法律出版社2023年版。

5.［法］贝尔纳·布洛克：《法国刑事诉讼法（原书第21版）》，罗结珍译，中国政法大学出版社2009年版。

6.［美］劳伦斯·弗里德曼：《二十世纪美国法律史》，周大伟等译，北京大学出版社2016年版。

7.［美］安东尼·达夫等编：《审判的试炼Ⅱ：裁判与到场说明的权责》，颜华歆等译，财团法人民间司法改革基金会2015年版。

8.［美］戴维·J.博登海默：《公正的审判：美国历史上刑事被告的权利》，杨明成、赖静译，商务印书馆2009年版。

9.［美］弗洛伊德·菲尼、［德］约阿希姆·赫尔曼、岳礼玲：《一个案例两种制度——美德刑事司法比较》，郭志媛译（英文部分），中国法制出版社2006年版。

10.［美］罗纳德·J.艾伦：《艾伦教授论证据法（上）》，张保生、王进喜、汪诸豪等译，中国人民大学出版社2014年版。

11.［美］米尔伊安·R.达玛什卡：《司法和国家权力的多种面孔：比较视野中的法律程序（修订版）》，郑戈译，中国政法大学出版社2015年版。

12.［美］米尔建·R.达马斯卡：《漂移的证据法》，李学军等译，中国政法大学出版社2003年版。

13.［美］史蒂芬·沙曼：《比较刑事诉讼案例教科书》，施鹏鹏译，中国政法大学出版社2018年版。

14.［美］斯蒂芬诺斯·毕贝斯：《庭审之外的辩诉交易》，杨先德、廖钰译,中国法制出版社 2018 年版。

15.[美]亚历克斯·斯坦:《证据法的根基》,樊传明、郑飞等译,中国人民大学出版社 2018 年版。

16.[美]詹姆斯·Q.惠特曼:《合理怀疑的起源:刑事审理的神学根基(修订版)》,佀化强、李伟译,吴宏耀校,中国政法大学出版社 2016 年版。

17.[美]兰博约:《对抗式刑事审判的起源》,王志强译,复旦大学出版社 2010 年版。

18.[美]爱伦·豪切斯泰勒·斯黛丽、[美]南希·弗兰克:《美国刑事法院诉讼程序》,陈卫东、徐美君译,何家弘校,中国人民大学出版社 2002 年版。

19.[日]田口守一:《刑事诉讼法(第七版)》,张凌、于秀峰译,法律出版社 2019 年版。

20.[日]松尾浩也:《日本刑事诉讼法(上、下卷,新版)》,丁相顺、张凌译,金光旭校,中国人民大学出版社 2005 年版。

21.[瑞士]萨拉·J.萨默斯:《公正审判:欧洲刑事诉讼传统与欧洲人权法院》,朱奎彬、谢进杰译,中国政法大学出版社 2012 年版。

22.[新加坡]何福来:《证据法哲学——在探究真相的过程中实现正义》,樊传明、曹佳、张保生等译,中国人民大学出版社 2021 年版。

23.[英]威廉·特文宁:《证据理论:边沁与威格摩尔》,吴洪淇、杜国栋译,中国人民大学出版社 2015 年版。

24.[英]丹宁:《法律的正当程序(第三版)》,李克强、杨百揆、刘庸安译,法律出版社 2015 年版。

25.[英]约翰·斯普莱克:《英国刑事诉讼程序》,徐美君、杨立涛译,中国人民大学出版社 2006 年版。

(三)论文类

1.艾明:《我国刑事证据能力要件体系重构研究》,载《现代法学》2020 年第 3 期。

2.卞建林:《刑事诉讼模式的演化与流变——以海峡两岸刑事司法改革为线索》,载《政法论坛》2019 年第 1 期。

3.卞建林、谢澍:《以审判为中心:域外经验与本土建构》,载《思想战线》2016年第4期。

4. 步洋洋:《刑事庭审虚化的若干成因分析》,载《暨南学报(哲学社会科学版)》2016年第6期。

5. 陈光中、李作:《轻微犯罪无罪化处理问题探讨》,载《法律适用》2024年第1期。

6. 陈光中、李章仙:《论庭审模式与查明案件事实真相》,载《法学杂志》2017年第6期。

7. 陈光中、步洋洋:《审判中心与相关诉讼制度改革初探》,载《政法论坛》2015年第2期。

8. 陈卫东:《从关键证人回归必要证人:关键证人出庭作证逻辑反思》,载《法学研究》2023年第6期。

9. 陈卫东:《中国刑事程序法治文明的新发展》,载《中国社会科学》2022年第12期。

10. 陈卫东:《直接言词原则:以审判为中心的逻辑展开与实现路径》,载《法学论坛》2022年第6期。

11. 陈卫东:《以审判为中心:解读、实现与展望》,载《当代法学》2016年第4期。

12. 陈卫东:《以审判为中心:当代中国刑事司法改革的基点》,载《法学家》2016年第4期。

13. 陈卫东:《反思与建构:刑事证据的中国问题研究》,载《法学家》2015年第1期。

14. 陈卫东、郝银钟:《我国公诉方式的结构性缺陷及其矫正》,载《法学研究》2000年第4期。

15. 陈瑞华:《新间接审理主义——"庭审中心主义改革"的主要障碍》,载《中外法学》2016年第4期。

16. 陈瑞华:《案卷笔录中心主义——对中国刑事审判方式的重新考察》,载《法学研究》2006年第4期。

17. 陈瑞华:《以限制证据证明力为核心的新法定证据主义》,载《法学研究》2012年第6期。

18. 陈瑞华:《案卷移送制度的演变与反思》,载《政法论坛》2012年第5期。

19.陈实:《刑事庭审实质化的维度与机制探讨》,载《中国法学》2018年第1期。

20.褚福民:《案卷笔录与庭审实质化改革》,载《法学论坛》2020年第4期。

21.蔡杰、刘晶:《刑事卷宗移送制度的轮回性改革之反思》,载《法学评论》2014年第1期。

22.董坤:《刑事诉讼法解释学:范式转型与体系建构》,载《比较法研究》2021年第4期。

23.丁海斌、李灵珊:《"卷宗"一词源流考》,载《档案管理》2020年第4期。

24.杜磊:《审判中心视野下证人出庭作证必要性问题研究》,载《中国刑事法杂志》2020年第2期。

25.樊崇义:《庭审实质化与证据制度的完善》,载《证据科学》2016年第3期。

26.樊崇义:《刑事证据规则立法建议报告》,载《中外法学》2016年第2期。

27.顾永忠:《一场未完成的讨论:关于"以审判为中心"的几个问题》,载《法治研究》2020年第1期。

28.顾永忠:《试论庭审中心主义》,载《法律适用》2014年第12期。

29.黄朝义:《起诉卷证并送与法庭权责不明下实施交互诘问之省思》,载《月旦法学杂志》第66期。

30.黄翰义:《论日本法上卷证不并送制度之配套措施》,载《军法专刊》2010年第2期。

31.黄河:《裁判者的认知与刑事卷宗的利用——直接审理原则的展开》,载《当代法学》2019年第5期。

32.侯欣一:《陕甘宁边区司法制度、理念及技术的形成与确立》,载《法学家》2005年第4期。

33.何家弘:《刑事庭审虚化的实证研究》,载《法学家》2011年第6期。

34.胡云腾:《习近平法治思想的刑事法治理论及其指导下的新实践》,载《法制与社会发展》2022年第5期。

35.胡莲芳:《卷宗移送主义:对理想的妥协还是对现实的尊重——

2012 年刑事诉讼法确立卷宗移送的正当性》,载《西北大学学报(哲学社会科学版)》2013 年第 3 期。

36.胡铭:《对抗式诉讼与刑事庭审实质化》,载《法学》2016 年第 8 期。

37.胡铭:《鉴定人出庭与专家辅助人角色定位之实证研究》,载《法学研究》2014 年第 4 期。

38.柯耀程:《起诉卷证并不并送的迷思》,载《军法专刊》2017 年第 4 期。

39.李昌盛:《证人出庭难的应对方案》,载《当代法学》2021 年第 3 期。

40.李长城:《大陆法系刑事卷宗制度对我国的启示》,载《中国刑事法杂志》2010 年第 10 期。

41.李冉毅:《台湾地区对质诘问权与传闻例外的关系考察》,载《台湾研究集刊》2017 年第 2 期。

42.李毅:《我国刑事卷证之局限性及其改进》,载《广西社会科学》2016 年第 1 期。

43.李毅:《我国刑事卷证移送制度审视》,载《理论导刊》2015 年第 4 期。

44.李毅:《刑事卷证对庭审实质化的消解与应对》,载《甘肃政法学院学报》2016 年第 5 期。

45.李毅:《比较视野下的刑事审判与卷证考察》,载《长白学刊》2018 年第 2 期。

46.李奋飞、匡旭东:《证人出庭作证"必要性条款"解释适用研究》,载《法学杂志》2023 年第 5 期。

47.李奋飞:《论刑事庭审实质化的制约要素》,载《法学论坛》2020 年第 4 期。

48.李奋飞:《从"顺承模式"到"层控模式"——"以审判为中心"的诉讼制度改革评析》,载《中外法学》2016 年第 3 期。

49 李奋飞:《从"复印件主义"走向"起诉状一本主义"——对我国刑事公诉方式改革的一种思考》,载《国家检察官学院学报》2003 年第 2 期。

50.李文军:《庭审实质化改革的成效与路径研究——基于实证考察的分析》,载《比较法研究》2019 年第 5 期。

51.李拥军、董辰:《刑事庭审实质化视角下的法官预断排除研究》,载

《河北法学》2022年第9期。

52.梁迎修、王雷:《迈向对抗式刑事卷宗——基于推进庭审实质化的分析》,载《北京师范大学学报(社会科学版)》2023年第2期。

53.刘玫:《论直接言词原则与我国刑事诉讼——兼论审判中心主义的实现路径》,载《法学杂志》2017年第4期。

54.刘科学:《刑事诉讼中鉴定人出庭制度的运行现状及其改进——以88份裁判文书为研究样本》,载《中国应用法学》2021年第5期。

55.刘磊:《"起诉书一本主义"之省思》,载《环球法律评论》2007年第2期。

56.刘计划:《刑事诉讼法总则检讨——基于以审判为中心的分析》,载《政法论坛》2016年第6期。

57.刘静坤:《以审判为中心的诉讼制度改革之立法思考》,载《中国刑事法杂志》2019年第1期。

58.刘静坤:《论司法证明实质化——以侦查人员出庭作证为切入点》,载《法律适用》2017年第3期。

59.林裕顺:《"起诉一本状主义"再考》,载《月旦法学杂志》第177期。

60.林劲松:《我国侦查案卷制度反思》,载《中国刑事法杂志》2009年第4期。

61.兰跃军:《以审判为中心优化案卷笔录的运行环境》,载张中主编:《刑事诉讼法哲理思考——樊崇义教授八十华诞庆贺文集》,中国人民公安大学出版社2020年版。

62.兰跃军:《刑事证据规则体系的建构》,载《中国刑事法杂志》2015年第6期。

63.龙宗智:《庭审实质化的路径和方法》,载《法学研究》2015年第5期。

64.龙宗智:《印证与自由心证——我国刑事诉讼证明模式》,载《法学研究》2004年第2期。

65.龙宗智:《论书面证言及其运用》,载《中国法学》2008年第4期。

66.龙宗智:《论建立以一审庭审为中心的事实认定机制》,载《中国法学》2010年第2期。

67.龙宗智:《"以审判为中心"的改革及其限度》,载《中外法学》2015

年第 4 期。

68.马静华:《庭审实质化:一种证据调查方式的逻辑转变——以成都地区改革试点为样本的经验总结》,载《中国刑事法杂志》2017 年第 5 期。

69.门金玲:《控方卷宗笔录运行之审思——兼及比较法视野的考察》,载《政法论坛》2010 年第 3 期。

70.闵春雷:《以审判为中心:内涵解读及实现路径》,载《法律科学(西北政法大学学报)》2015 年第 3 期。

71.牟军:《刑事卷证:以文字为起点的证据分析》,载《法学论坛》2016 年第 6 期。

72.牟军:《刑事卷证:一种文字的叙事体及其价值》,载《西南民族大学学报(人文社会科学版)》2015 年第 9 期。

73.牟军:《刑事卷证与技术审判》,载《北方法学》2016 年第 4 期。

74.郭松:《审判中心主义的域外图景与我国的现实选择》,载《江海学刊》2018 年第 1 期。

75.秦宗文:《"侦查重心主义"研究——对以"审判为中心"诉讼制度改革的反思与拓展》,载《四川大学学报(哲学社会科学版)》2017 年第 3 期。

76.阮堂辉:《我国刑事证据规则体系的宏观检视及改革建言》,载《法商研究》2022 年第 6 期。

77.侣化强、余韵杰:《审判中心主义与卷宗制度的前世今生》,载《法学家》2020 年第 6 期。

78.施鹏鹏:《刑事证明责任理论体系之检讨与重塑》,载《中国法律评论》2022 年第 6 期。

79.施鹏鹏:《"新职权主义"与中国刑事诉讼改革的基本路径》,载《比较法研究》2020 年第 2 期。

80.施鹏鹏:《意大利"双重卷宗"制度及其检讨》,载《清华法学》2019 年第 4 期。

81.史立梅:《论刑事诉讼的多元治理范式》,载《政治与法律》2022 年第 12 期。

82.史立梅:《庭审实质化背景下证人庭前证言的运用及其限制》,载《环球法律评论》2017 年第 6 期。

83. 史立梅:《我国刑事证人出庭作证制度的改革及其评价》,载《山东社会科学》2013年第4期。

84. 史立梅:《美国对质权条款与传闻证据规则关系之考察》,载《环球法律评论》2010年第6期。

85. 孙长永、王彪:《论刑事庭审实质化的理念、制度和技术》,载《现代法学》2017年第2期。

86. 孙长永:《日本起诉状一本主义研究》,载《中国法学》1994年第1期。

87. 孙锐:《刑事证据制度转型:由证据概念、证据属性到证据资格》,载《东北师大学报(哲学社会科学版)》2021年第2期。

88. 孙远:《全案移送背景下控方卷宗笔录在审判阶段的使用》,载《法学研究》2016年第6期。

89. 孙远:《卷宗移送制度改革之反思》,载《政法论坛》2009年第1期。

90. 苏友辰:《卷证不并送下刑事诉讼审理及上诉》,载《检察新论》第15期。

91. 单子洪:《案卷笔录中心主义"治愈"论——以刑事证据规则的完善和正确适用为切入》,载《犯罪研究》2015年第5期。

92. 唐治祥:《英国刑事卷证移送机制与启示》,载《湘潭大学学报(哲学社会科学版)》2013年第3期。

93. 万毅:《论庭前证据调查准备》,载《东方法学》2021年第1期。

94. 万毅、赵亮:《论以审判为中心的诉讼制度改革——以C市法院"庭审实质化改革"为样本》,载《江苏行政学院学报》2015年第6期。

95. 万毅:《刑事诉讼法解释论》,载《中国法学》2007年第2期。

96. 王敏远:《论我国刑事证据法的转变》,载《法学家》2012年第3期。

97. 汪海燕:《论刑事庭审实质化》,载《中国社会科学》2015年第2期。

98. 汪海燕、于增尊:《预断防范:刑事庭审实质化诉讼层面之思考》,载《中共中央党校学报》2016年第1期。

99. 魏晓娜:《以审判为中心改革的技术主义进路:镜鉴与期待》,载《法商研究》2022年第4期。

100. 魏晓娜:《以审判为中心的诉讼制度改革:实效、瓶颈与出路》,载《政法论坛》2020年第2期。

101.魏晓娜:《以审判为中心的刑事诉讼制度改革》,载《法学研究》2015年第4期。

102.吴卫军:《刑事庭审实质化改革:解析与检视》,载《江海学刊》2017年第6期。

103.吴洪淇:《证据法体系化的法理阐释》,载《法学研究》2019年第5期。

104.吴洪淇:《刑事诉讼中的专家辅助人:制度变革与优化路径》,载《中国刑事法杂志》2018年第5期。

105.吴洪淇:《刑事证据审查的基本制度结构》,载《中国法学》2017年第6期。

106.卫跃宁、宋振策:《论庭审实质化》,载《国家检察官学院学报》2015年第6期。

107.向燕:《论刑事综合型证明模式及其对印证模式的超越》,载《法学研究》2021年第1期。

108.谢澍:《"认知交互"与"偏见阻断"——刑事庭审实质化的理性认知进路》,载《当代法学》2023年第1期。

109.熊秋红:《刑事庭审实质化与审判方式改革》,载《比较法研究》2016年第5期。

110.熊秋红:《公检法的权力配置应继续改革》,载《环球法律评论》2013年第2期。

111.宣刚:《从"形式印证"到"实质检验"——庭审实质化改革中事实认定模式的转变》,载《宁夏社会科学》2019年第4期。

112.叶青:《轻罪刑事政策背景下速裁程序构建之思考》,载《江淮论坛》2020年第6期。

113.叶青:《以审判为中心的诉讼制度改革之若干思考》,载《法学》2015年第7期。

114.闫召华:《论不可靠刑事证据的排除》,载《当代法学》2020年第3期。

115.杨波:《刑事诉讼事实形成机理探究》,载《中国法学》2022年第2期。

116.杨波:《审判中心主义视域下刑事冤错案防范机制研究》,载《当代法学》2017 年第 5 期。

117. 杨波:《审判中心下印证证明模式之反思》,载《法律科学(西北政法大学学报)》2017 年第 3 期。

118. 元轶:《庭审实质化压力下的制度异化及裁判者认知偏差》,载《政法论坛》2019 年第 4 期。

119. 喻海松:《法典化时代刑事诉讼法再修改的基本向度》,载《法学论坛》2024 年第 2 期。

120. 张吉喜:《论以审判为中心的诉讼制度》,载《法律科学(西北政法大学学报)》2015 年第 3 期。

121. 张吉喜:《公正审判权:超越当事人主义和职权主义的程序准则》,载《学习论坛》2015 年第 6 期。

122. 张栋:《中国刑事证据制度体系的优化》,载《中国社会科学》2015 年第 7 期。

123. 张斌、罗维鹏:《庭审实质化的技术路径反思与政治路径证成》,载《法制与社会发展》2017 年第 3 期。

124. 张泽涛:《我国现行〈刑事诉讼法〉第 150 条亟需完善》,载《法商研究》2001 年第 1 期。

125. 张泽涛:《"以审判为中心"的内涵及其制度完善》,载《法学》2016 年第 11 期。

126. 张建伟:《审判中心主义的实质内涵与实现途径》,载《中外法学》2015 年第 4 期。

127. 张青:《政法传统、制度逻辑与公诉方式之变革》,载《华东政法大学学报》2015 年第 4 期。

128. 章礼明:《日本起诉书一本主义的利与弊》,载《环球法律评论》2009 年第 4 期。

129. 左卫民:《神话与现实:美国轻罪案件诉讼程序勘迷》,载《中国刑事法杂志》2021 年第 3 期。

130. 左卫民:《未完成的变革 刑事庭前会议实证研究》,载《中外法学》2015 年第 2 期。

131. 左卫民:《中国刑事案卷制度研究——以证据案卷为重心》,载《法学研究》2007 年第 6 期。

132.纵博:《刑事证据规则的解释原理与路径》,载《法学》2022 年第 3 期。

133.纵博:《我国刑事证据能力之理论归纳及思考》,载《法学家》2015 年第 3 期。

134.周新:《刑事案卷移送的过滤机制与路径反思——深化改革背景下案件公正审理的思考》,载《学术研究》2018 年第 2 期。

135.周文章、聂友伦:《刑事诉讼证人出庭——基于 80,351 份判决书的分析》,载《清华法学》2021 年第 5 期。

136.周长军:《以审判为中心:一场未完成的改革》,载《法学》2024 年第 2 期。

137.唐治祥:《刑事卷证移送制度研究——以公诉案件一审普通程序为视角》,西南政法大学 2011 年博士学位论文。

(四)其他类

1.陈卫东:《中国刑事司法治理的传统架构与现代化进路》,载《中国社会科学报》2022 年 8 月 30 日,第 A07 版。

2. 王雷:《中国刑事卷宗制度:原理与实践》,载《中国社会科学报》2022 年 1 月 5 日,第 A04 版。

3.《世界各国刑事诉讼法》编辑委员会:《世界各国刑事诉讼法(欧洲卷)》,中国检察出版社 2016 年版。

4.《世界各国刑事诉讼法》编辑委员会:《世界各国刑事诉讼法(亚洲卷)》,中国检察出版社 2016 年版。

5.《世界各国刑事诉讼法》编辑委员会:《世界各国刑事诉讼法(美洲卷)》,中国检察出版社 2016 年版。

二、外文参考文献

(一)著作类

1. Andrew Ashworth, Mike Redmayne, The Criminal Process, 4th Edition, Oxford University Press, 2010.

2. Mireille Delmas-Marty and J. R. Spencer, European Criminal Procedures, Cambridge University Press, 2005.

（二）论文类

1. Anogika Souresh, The Adversarial VS Inquisitorial Dichotomy in International Criminal Law: A Redundant Conversation, 5 International Comparative Jurisprudence, 2019.

2. Bron McKillop, Police Court Justice in France: Investigations and Hearings in Ten Cases in the Tribunal de Police, 24 Sydney L. Rev., 2002.

3. Bron McKillop, Readings and Hearings in French Criminal Justice: Five Cases in the Tribunal Correctionnel, 46 Am. J. Comp. L., 1998.

4. Bron McKillop, Anatomy of a French Murder Case, 45 Am. J. Comp. L., 1997.

5. Ennio Amodio, The Accusatorial System Lost and Regained: Reforming Criminal Procedure in Italey, 52 The American Journal of Comparative Law , 2004.

6. Ingram Weber, The New Japanese Jury System: Empowering the Public, Perserving Continental Justice, 4 East Asia Law Review, 2009.

7. John H. Langbein, Historical Foundations of the Law of Evidence: A View from the Ryder Sources, 96 Colum. L. Rew., 1996.

8. Karolina Kremens, Wojciech Jasiński, Editorial of Dossier "Admissibility of Evidence in Criminal Process: Between the Establishment of the Truth, Human Rights and the Efficiency of Proceedings", 7 Revista Brasileira de Direito Processual Penal, 2021.

9. Marvin E. Frankel, The Search for Truth: An Umpireal View, 123 U. Pa. L. Rev., 1975.

10. Stephen C. Thaman, Europe's New Jury Systems: The Cases of Spain and Russia, 62 Law & Contemp. prob., 1999.

后　记

本书是在我的博士学位论文——《刑事卷证制度研究——以审判阶段为中心》的基础上修改而成的。2019年9月，我有幸考入母校西南政法大学回炉再造，师从张吉喜教授攻读法学博士学位。以刑事卷证制度作为博士学位论文选题，是吉喜教授结合我的实务经验和研究基础提出的中肯建议。2023年6月，博士学位论文正式答辩通过后，我一直在思考答辩委员会以及外审评阅专家们对论文提出的修改建议。其间，常与吉喜教授联系请教，聆听教诲。后来，在吉喜教授的指导鼓励下，我在博士学位论文中将原先未引起足够重视的刑事卷证制作制度相关部分进行了增写，进一步充实了本书的内容，因此去掉了博士学位论文的副标题。同时，我将各位专家学者提出的意见建议进行全面梳理、充分吸纳，并再次校对修正了其中的一些内容。现在，终于得以成稿，也算了却自己的一桩心愿。

在本书付梓之际，首先要由衷感谢吉喜教授。他不仅为我的博士学位论文的选题、构思、写作、打磨进行了悉心指导、付出了艰辛劳动，还为本书的修改、出版提出了中肯建议，让本书从内容到形式得到了进一步完善。特别是此次出版，吉喜教授又在百忙之中为本书作序。

在博士学位论文的开题过程中，孙长永教授等老师向我提出了许多宝贵的意见和建议。博士学位论文的写作艰辛漫长，贵州省高级人民法院相关领导和同事给予了我宝贵的支持和一定的照顾，使我有更加充分的时间和精力投入论文写作。论文初稿完成后，西南政法大学潘金贵教授等老师提出了宝贵意见，让我获益匪浅。博士学位论文预答辩时，四川大学龙宗智教授和西南政法大学潘金贵教授、李昌盛教授、刘梅湘教授对论文的修改提供了专业精深的指导。在博士学位论文正式答辩过程中，答辩委员会主席、中国政法大学熊秋红教授，答辩委员会委员四川大学龙宗智教授、上海交通大学孙长永教授、中南财经政法大学姚莉教授、西南政法大学闫召华教授和艾明教授对论文的修改提出了独到的见解和创造性的建议。在此，衷心感谢上述诸位师长的关心、帮助和各位领导、同事的支持、鼓励。

在读博期间，我还认识了很多同学：同届的唐益亮博士、李艳飞博士、林偶之博士、施珠妹博士、龙浩博士、李珺博士、张靖雪博士、林需需博士以及上一届的冯科臻博士、王志坚博士、唐昕驰博士等。他们都曾给予我很多帮助，借此机会一并表示感谢。尤其要感谢留学日本的林偶之博士，她为我收集提供了多篇日文文献资料，让本书的外文研究资料得以进一步充实；感谢同寝室的唐益亮博士，他为我的博士学位论文写作提纲提出了完善建议。

衷心感谢北京大学出版社的杨玉洁编辑、孙辉编辑。她们为本书的出版付出了辛勤劳动，她们的专业与敬业、耐心与用心保证了本书的编校质量，为本书增色不少。

最后，衷心感谢长期以来默默支持我的家人。思想开明的父亲孔令柱先生和母亲马开兰女士始终是我学习、生活、工作的精神支柱；身体欠佳的岳父马武银先生和岳母所银菊女士精心照顾我们的孩子，奉献颇多；坚强的爱妻马丽飞始终是我学习、生活、工作的友好伙伴；聪颖灵慧的爱子鸿森和梁岐始终是我学习、生活、工作的动力之源。

刑事卷证制度技术性强，与刑事庭审实质化休戚相关，后续研究仍需努力。本书是我博士求学生涯的一个小结，姑且算作我研究刑事卷证制度的起点，也是鼓励我继续从事学术研究的起点。囿于笔者知识、学识、笔力、精力，本书的局限性以及书中的谬误在所难免，恳请师长、同人批评指正。我也会将相关领域的研究继续深入下去。

孔德伦

2025 年 6 月 11 日于贵阳·观山左岸

图书在版编目(CIP)数据

刑事卷证制度研究 / 孔德伦著. -- 北京：北京大学出版社, 2025. 6. -- ISBN 978-7-301-36495-6

Ⅰ. D925.213.4

中国国家版本馆 CIP 数据核字第 2025183UD4 号

书　　　名	刑事卷证制度研究 XINGSHI JUANZHENG ZHIDU YANJIU
著作责任者	孔德伦　著
责 任 编 辑	孙　辉
标 准 书 号	ISBN 978-7-301-36495-6
出 版 发 行	北京大学出版社
地　　　址	北京市海淀区成府路 205 号　100871
网　　　址	http://www.pup.cn　http://www.yandayuanzhao.com
电 子 邮 箱	编辑部 yandayuanzhao@pup.cn　总编室 zpup@pup.cn
新 浪 微 博	@北京大学出版社　@北大出版社燕大元照法律图书
电　　　话	邮购部 010-62752015　发行部 010-62750672 编辑部 010-62117788
印 　刷 　者	大厂回族自治县彩虹印刷有限公司
经 销 者	新华书店
	650 毫米×980 毫米　16 开本　18.5 印张　294 千字 2025 年 6 月第 1 版　2025 年 6 月第 1 次印刷
定　　　价	89.00 元

未经许可，不得以任何方式复制或抄袭本书之部分或全部内容。

版权所有，侵权必究

举报电话：010-62752024　电子邮箱：fd@pup.cn

图书如有印装质量问题，请与出版部联系，电话：010-62756370